F.-X. Kaufmann
Theologie in soziologischer Sicht

Franz-Xaver Kaufmann

Theologie
in soziologischer Sicht

#6752

Herder
Freiburg · Basel · Wien

Alle Rechte vorbehalten – Printed in Germany
© Verlag Herder Freiburg im Breisgau 1973
Herder Druck Freiburg im Breisgau 1973
ISBN 3-451-16561-9

Vorwort

> „Si l'église veut être universelle,
> il faut bien, qu'elle ait
> quelque chose pour tout le monde."

Die Vorstellung, es sei mit Hilfe soziologischer Einsichten möglich, kirchliches Denken vom Ballast überholter Welt- und Sozialvorstellungen zu befreien, und der Wunsch, hierzu beizutragen, haben seinerzeit meine Entscheidung, mich der Soziologie zuzuwenden, mitbestimmt. Seit 1963 hatte ich wiederholt Gelegenheit, für ein theologisch orientiertes Publikum religionssoziologische oder sonstige, aus theologisch-kirchlichen Horizonten formulierte Fragestellungen zu erörtern und dabei in engeren Kontakt mit kirchenpolitischen und theologischen Fragestellungen aus katholischer Perspektive zu kommen.

Diese beiden Umstände bilden die persönlichen Voraussetzungen dieses Bandes, der aus einer Reihe von Einzelarbeiten hervorgegangen ist, die ich in den letzten drei Jahren – zunehmend im Hinblick auf ihre gemeinsame Veröffentlichung – geschrieben habe. Sie werden hier in überarbeiteter Form vorgelegt, in der der Zusammenhang der Überlegungen deutlicher hervortritt; dennoch ließ sich der fragmentarische Charakter mancher Erörterungen nicht beseitigen. Mit der Publikation soll ein Beitrag zur neuerdings lebhaften Diskussion um das Verhältnis von Soziologie und Theologie[1] geleistet werden, ohne daß der Anspruch erhoben wird, sie bereits in systematische Bahnen zu lenken. Es wird jedoch angestrebt, über traditionelle Ansätze der Religionssoziologie hinauszugehen und die Probleme von neueren Versuchen soziologischer Theorie her zu denken.

Die ersten beiden Kapitel wollen den gegenwärtigen Stand der religionssoziologischen Diskussion im Hinblick auf bestimmte theologische Bereiche und Fragestellungen festhalten. Gegen Ende des 2. Kapitels wird sodann das leitende theoretische Konzept des Bandes erstmals angesprochen, welches in der Folge von verschiedenen Aspekten her thematisiert wird: Die neuzeitliche Gesellschaftsentwicklung läßt sich theoretisch vor allem als Prozeß struktureller und funktionaler Differenzierung von Gesellschaft begreifen. Diese Form der Gesellschaftsentwicklung bringt bestimmte Folgeprobleme mit sich, die hier im Hinblick auf Kirche, Individuum und Religion durchdacht werden sollen. Die grundlegenden Einsichten, von denen dabei auszugehen ist, wurden bereits von den Klassikern, insbesondere von Herbert *Spencer,* Émile *Durkheim* und Georg *Simmel,* entwickelt. Aber erst in den letzten Jahren ist das Phänomen gesellschaftlicher Differenzierung erneut zum Ausgangspunkt soziologischer Theoriebildung gemacht worden, in Deutschland vor allem durch Niklas *Luhmann.* – Das 3. Kapitel erörtert die Folgen dieses Prozesses für sozialethische Fragestellungen. Im 4. Kapitel wird mittels einer wissenssoziologischen Analyse der Renaissance des neuscholastischen Naturrechtsdenkens ein Beitrag zur soziologischen Makrotheorie der katholischen Kirche versucht und gleichzeitig eine nunmehr historisch werdende Epoche des Katholizismus thematisiert, an die m. E. die gegenwärtige, sich selbst als emanzipatorisch verstehende Theologie dialektisch gebunden bleibt: Die Selbstsicherheit ihres emanzipatorischen Dranges beruht auf der Spannung zu Strukturelementen bisherigen Kirchentums, das keineswegs so unveränderlich ist, wie andere von ihm glauben, und wie es sich selbst versteht. – In den beiden letzten Kapiteln werden Probleme erörtert, die im Zusammenhang mit dieser Entwicklung stehen und in der gegenwärtigen innerkirchlichen Diskussion besonders aktuell erscheinen.

Bei meinen Ausführungen habe ich mich um wohlwollende Neutralität gegenüber kirchlichen Selbstdeutungen und Entwicklungstendenzen bemüht. Wohlwollend deshalb, weil ich dieser ältesten Institution des Abendlandes nach wie vor eine gewisse Widerstands- *und* Wandlungsfähigkeit zutraue; neutral deshalb, weil nur die Einklammerung der Frage nach der Wahrheit der kirchlichen Selbstdeutungen Distanz und damit Reflexions- und neue Handlungsmöglichkeiten schafft.

Damit ist auch der methodische Standort des Verfassers angedeutet: Ich halte wenig von einem theologisch-soziologischen Synkretismus, wie er in der traditionellen kirchlichen Apologetik, in weiten Bereichen der katholischen Soziallehre, aber auch bei einigen ,fortschrittlichen' Theologen anzutreffen ist. Da die Entwicklung glaubhafter Vermittlungen von theologischer und soziologischer Reflexion nicht nur durch einen einzelnen zu leisten ist, bleibt mir zunächst nichts übrig, als mich den verschiedenen Formen des Synkretismus durch eine gelegentlich vielleicht allzu wertabstinent anmutende Haltung des Nur-Soziologen zu verweigern. Dennoch rechne ich damit, daß diese Haltung meinen ,religiös unmusikalischen' (wie Max *Weber* von sich sagte) Fachkollegen bereits als zuwenig distanziert erscheinen wird. Eine Anpassung hinsichtlich des Kommunikationsstils und des gewählten Abstraktionsniveaus an den gesellschaftlichen Bereich, in dem ein Soziologe wirksam werden möchte, scheint mir jedoch unumgänglich.

Für zahlreiche Anregungen habe ich den Herren Johannes Caminada (z. Z. Chuquicamata, Chile), Lutz Hoffmann und Joachim Matthes (beide Bielefeld) zu danken, wie auch meinen theologischen Gesprächspartnern der letzten Jahre. Ebenso danke ich Fräulein Traute Groß, Bielefeld, für ihre vielfältige administrative Hilfe.

Gewidmet sei dieser Band meinen beiden Brüdern, Bundesrichter Prof. Dr. Otto K. Kaufmann (Lausanne) und P. Ludwig Kaufmann S. J. (Zürich), sowie einer mir im übrigen unbekannten normannischen Bäuerin, die mich im Jahre 1957 als Anhalter von Ronchamps nach Paris mitnahm. Ihr verdanke ich das Motto dieses Buches. Mit ihm akzeptierte sie das ihr unverständliche Bauwerk Le Corbusiers. Auch mir hat dieser Satz über manchen kirchlichen Ärger hinweggeholfen.

Bielefeld, im Januar 1973   *Franz-Xaver Kaufmann*

Inhalt

1 Soziologie und Theologie
Ein Überblick

Ein Überblick über die Beziehungen zwischen Theologie und Soziologie kann sich, was die konkreten Kontakte zwischen diesen beiden Wissenschaften betrifft, kurz fassen. Wenigstens die Soziologen haben die Theologen bisher kaum als Gesprächspartner gesucht, und bis vor kurzem dominierte in den herrschenden Richtungen der katholischen Theologie eine ausgeprägte Abwehrhaltung gegenüber soziologischen Gedankengängen.

Zwar hat sich im Bereich der Exegese seit Ende des letzten Jahrhunderts zunächst in der evangelischen, dann auch zunehmend in der katholischen Theologie eine implizit wissenssoziologische Betrachtungsweise der biblischen Texte durchgesetzt, indem die Aufhellung des jeweiligen kulturellen Hintergrundes als für das Verständnis der Texte unerläßlich erkannt wurde. Ebenso sind im Bereich der Kirchengeschichte Zusammenhänge zwischen dem kirchlichen Leben und den jeweiligen gesellschaftlichen Verhältnissen seit langem gesehen worden. In ihrem zentralen Bestand versteht sich die Theologie jedoch weiterhin als ein von der Kontingenz historischer Wandlungen und unterschiedlicher sozio-kultureller Konstellationen unabhängiges Wissenssystem, wie auch der konkreten Verfaßtheit der Kirche ein im Kern dauerhaftes, wenn nicht ewiges Wesen zugeschrieben wird. Solch einem Selbstverständnis muß der relativierende Zugriff soziologischen Denkens verdächtig erscheinen [1].

1.1 Bereiche der Konfrontation zwischen Theologie und Soziologie

Bereits in den dreißiger Jahren und zunehmend seit dem Zweiten Weltkrieg ergab sich aus den Aporien, in die das theologische Denken und das kirchliche Handeln angesichts der modernen gesellschaftlichen Entwicklungen gerieten, ein zunehmendes Bedürfnis nach einer verstärkten soziologischen Orientierung der Theologie, insbesondere der Sozialethik und der Pastoraltheologie. Dabei wurden zunächst im wesentlichen einzelne Begriffe und empirische Befunde der Wirtschafts- und Sozialwissenschaften punktuell übernommen, soweit dies hinsichtlich der Beurteilung konkreter Probleme der Gegenwartsgesellschaft nützlich schien[2]. Auch diese Rezeption blieb hinsichtlich der Kerngebiete theologischen Denkens relativ folgenlos.

Mehr ins Zentrum visierten dagegen die Versuche einer ‚Sozialtheologie', innerhalb deren die gesellschaftliche Dimension von Religion theologisch eingefangen werden sollte[3]. Religionssoziologie – so wird hier gefordert – kann nur von einer theologischen Position her fundiert betrieben werden. Dieser Ansatz führte zu einer eklektischen Rezeption soziologischer Kategorien, die zudem häufig mit theologischem Sinngehalt gefüllt wurden, ohne danach zu fragen, welches die heuristische Funktion dieser Kategorien im Rahmen des soziologischen Denkens ist[4]. Ebenso wurden einzelne soziologische Befunde im apologetischen Sinne für die eigenen Gedankengänge fruchtbar gemacht, indem man sie mit entsprechenden wertenden Kommentaren versah. Alles in allem läßt sich diese erste – und von der Theologie wissenschaftstheoretisch bis heute noch nicht ausdrücklich überwundene – Versuch einer Rezeption soziologischen Gedankengutes nach dem Modell der ‚ancilla theologiae' beschreiben. Dem liegt ein Selbstverständnis der Theologie zugrunde, die die Vorstellung ihrer Allzuständigkeit noch nicht abgestreift hat.

Aber auch die Soziologie hat sich in ihren Anfängen Kompetenzen zugemutet, die weit in den Bereich hineinragten, der von der Theologie beansprucht wird. Insbesondere Auguste *Comte* sah in den Soziologen eine Art Priesterkaste des neuen, ‚positiven Zeitalters', allerdings erst in seinem Spätwerk, nachdem er durch eine unglückliche Liebesgeschichte vom rechten Pfad des Rationalismus abgebracht worden war[5]!

Immerhin ist die *radikale* Konkurrenz als *Ausgangspunkt* der Konfrontation von Soziologie und Theologie festzuhalten. Besonders in der laizistischen französischen Tradition der Soziologie, als deren wichtigster Repräsentant Émile *Durkheim* anzusehen ist, blieb im Anschluß an Auguste *Comte* das Bestreben lebendig, durch eine ‚wissenschaftliche Moral' den modernen Menschen von der Vormundschaft geistlicher Gewissensherrschaft zu befreien, ohne ihn jedoch in die Beliebigkeit subjektivistischer Ungebundenheit zu entlassen[6].

Gegen einen universalistischen Wahrheitsanspruch der Soziologie wird nicht zu Unrecht der Einwand des ‚Soziologismus' erhoben. Dieses Problem scheint heute – wenigstens theoretisch – überwunden[7]. Die Religionssoziologie hat sich als von der Theologie unabhängige empirische Wissenschaft auch im katholischen Raum weitgehend Anerkennung verschafft[8]. Ein problemloses Nebeneinander von Soziologie und Theologie ist allerdings nur dort auf die Dauer zu erwarten, wo sich die Soziologie auf die Analyse von aus kirchlicher Perspektive eher peripheren, ‚rein empirischen' Phänomenen beschäftigt. Wo Strukturen, Doktrinen und Selbstdeutungen der Kirche soziologisch interpretiert werden, reichen die traditionellen Grenzziehungen, die in etwa der Soziologie die ‚wertfreie Analyse', der Theologie die ‚wertende Interpretation' zuweisen, nicht mehr aus. Unsere Überlegungen werden deshalb über diese ‚positivistische' Grenzziehung des öfteren hinausgehen müssen, um die interessanten Fragen nicht durch methodische Einschränkungen vorweg auszuklammern: In vielen Fällen geht es um abweichende Interpretationen ein und desselben Phänomens in theologischer und soziologischer Perspektive!

Obwohl nicht bestritten werden kann, daß die Motive, die zur Entwicklung der Soziologie und der Religionssoziologie im besonderen geführt haben, im wesentlichen aus antikirchlichen und religionskritischen Quellen stammen, haben sich Selbstverständnis und wissenschaftliche Leitbilder der Soziologen so gewandelt, daß von einer direkten Konkurrenzsituation zwischen Soziologie und Theologie nicht mehr die Rede sein kann[9]. Es seien deshalb im folgenden nicht diejenigen Fragen der Soziologie an die Theologie gestellt, die aus der immanenten Entwicklung der Soziologie heraus obsolet geworden sind, sondern es sei versucht, einige Fragen aus denjenigen Bereichen zu entwickeln, in denen die Konfrontation zwischen Soziologie und Theologie weithin aktuell erscheint.

Derartige Fragen ergeben sich vor allem in bezug auf Bereiche, über die sowohl Theologie wie Soziologie Aussagen machen. Im Sinne einer nicht abschließenden Aufzählung seien erwähnt:

a) *Menschliches* Verhalten, insbesondere ‚moralisches‘ Verhalten, seine Begründungen und Funktionen.

b) *Religiöse* Phänomene und Institutionen: Obwohl diese aus der Sicht des Soziologen ebenfalls unter a) genannt werden könnten, scheint es zweckmäßig, den Bereich des Religiösen als besonderen Gegenstandsbereich hervorzuheben, hinsichtlich dessen eine Konfrontation zwischen Soziologie und Theologie zusätzliche Probleme aufwirft. Während ‚weltbezogenes‘ menschliches Verhalten zwar ebenfalls als theologisch deutungs- und normierungsbedürftig erscheint, geht es hier doch nicht um den eigentlichen Gegenstandsbereich und die Voraussetzungen der Theologie. Sobald jedoch die Verhaltensweisen und Phänomene angesprochen werden, die im Sinne einer bestimmten religiösen Orientierung als dieser zugehörig angesehen werden, verändert das Einbringen der soziologischen Betrachtungsweise das theologische Denken vermutlich tiefgehender, weil hier u. U. die Voraussetzungen in Frage gestellt werden, von denen es ausgeht.

c) Mit einiger Spitzfindigkeit, aber nicht ohne Berechtigung läßt sich aus den bereits genannten Bereichen noch ein dritter hervorheben, der das *theologische* Denken und Handeln selbst betrifft. Zwar ist Theologie ein Phänomen, das in den Bereich des Religiösen fällt, und das Treiben von Theologie eine Form moralischen, d. h. unter gewissen Glaubensvorstellungen, Regeln und Leitbildern stehendes Handeln. Das theologische Denken hat jedoch im Gesamt des kirchlichen Lebens eine sich im Laufe der Jahrhunderte immer schärfer profilierende Eigenständigkeit und eine bis zu einem gewissen Grade selbständige Funktion gewonnen: diejenige der Reflexion der bestehenden kirchlichen Verhältnisse und die der Entfaltung, Fortentwicklung und möglicherweise auch Anpassung jenes Kosmos von Deutungen der Beziehungen von Gott, Mensch und Welt, die das herrschende kirchliche Bewußtsein zwar beeinflussen, ohne jedoch mit ihm identisch zu sein. Theologie ist – mindestens in der Neuzeit – zu einem zwar offiziell dem kirchlichen Lehramt unterworfenen, aber in ihrem praktischen Vollzug weitgehend abgegrenzten professionellen Denk- und Handlungszusammenhang geworden, der sich etwa in den theologischen Fakultäten, Zeitschriften, Kongressen und weiteren Kommunikationszusammenhängen stabilisiert. Gerade solche Theologie, die sich selbst als Wissenschaft versteht und – soziologisch gesehen durchaus in Analogie zu den übrigen Wissenschaften – sich aus den praktischen Handlungszusammenhängen herausdifferenziert hat, tritt als möglicher Gesprächspartner anderer Wissenschaften auf. In dieser Perspektive kann die Theologie selbst zum Objekt der Soziologie werden, sei es hinsichtlich ihrer Stellung innerhalb von Kirche und Gesellschaft, sei es hinsichtlich der gesellschaftlichen Bedingungen ihrer Verselbständigung und ihres Denkens.

Die letzte Überlegung führt zu einer weiteren Differenzierung unserer Fragestellung: Die relative Verselbständigung der Fachtheologie innerhalb des gesamtkirchlichen Zusammenhangs bringt es mit sich, daß diese, sofern sie an der Soziologie interessiert ist, ihr ein unter Umständen anderes Interesse entgegenbringt als etwa die kirchliche Hierarchie[10]. Denn deren Funktion besteht nicht primär in der Reflexion und Ausdeutung des religiösen Sinnzusammenhangs, sondern in der praktischen Organisation und Leitung der institutionell verfaßten Kirche. Bei der Erfüllung solch praktischer Aufgaben, die im weitesten Sinne als gesellschaftsgestaltende bezeichnet werden können, ist die soziale Dimension des Handelns unmittelbar evident: In ihrem Vollzug fallen Überlegungen und Probleme an, die mit Glauben und Theologie unmittelbar wenig, mit Fragen der Wirtschaftlichkeit, der rationellen Organisation, politischer Nebenwirkungen oder – ganz allgemein gesprochen –

gesellschaftlicher Wirksamkeit dagegen sehr viel zu tun haben. Solches Handeln scheint im wesentlichen den gleichen Gesetzlichkeiten wie jedes andere soziale Handeln zu unterliegen, und sofern seine Verwissenschaftlichung angestrebt wird, müssen die entsprechenden Methoden und Erkenntnisse unmittelbar den Wirtschafts- und Sozialwissenschaften entnommen werden. Hier entsteht das Problem, wie profanes Wissen in kirchliche Handlungszusammenhänge umgearbeitet wird, die – ihrem eigenen Selbstbewußtsein nach – sich als etwas von der übrigen ‚Gesellschaft' zu Unterscheidendes und unter *besonderen* Gesetzlichkeiten Stehendes begreifen. Dabei ergibt sich eine Konfrontation von Soziologie und Theologie nicht primär auf der Ebene der Reflexion, sondern des praktischen Handelns. Dieses Thema wird im folgenden nicht erörtert und bedürfte einer gesonderten Untersuchung.

1.2 Soziologie als Wissenschaft ‚moralischer Tatsachen' und Moraltheologie

Wie auch immer man den Gegenstand der Soziologie im einzelnen bestimmen mag, stets wird man auf Phänomene stoßen, die die Regelung menschlichen Zusammenlebens betreffen. Im wesentlichen befaßt sich die Soziologie sogar nur mit denjenigen Aspekten menschlichen Zusammenlebens, die geregelt sind. Diese Regelhaftigkeit kann entweder den Charakter bloßer Regelmäßigkeit oder denjenigen der Verbindlichkeit tragen. Die zentralen Beobachtungen der Soziologie als Erfahrungswissenschaft beziehen sich auf ‚Patterns', auf Verhaltensmuster, deren gleichförmige Wiederkehr bei verschiedenen Personen ihren gesellschaftlichen Charakter beweist[11]. Unter sozialen Normen im engeren Sinne versteht die Soziologie verbindliche Verhaltensregeln, d. h. solche, deren Verletzung in der Regel durch Sanktionen geahndet wird (Näheres siehe 3.1).

Die Kirchendisziplin und die Moraltheologie interessieren sich offensichtlich nicht für alle Formen normierten sozialen Verhaltens. Insofern sie sich dafür interessieren und selbst ein bestimmtes

Verhalten vorschreiben, wird dieser Vorschrift in der Regel eine direkte oder indirekte religiöse Sinndeutung gegeben. Es wird ein bestimmtes Verhalten vorgeschrieben oder ausgeschlossen, nicht etwa deshalb, weil die Normverletzung für den Abweichenden unmittelbar erfahrbare Nachteile mit sich bringt, sondern weil er damit eine natürliche oder göttliche Ordnung verletzt. Wir können deshalb die moralischen Normen als soziale Normen wertrationalen Handelns interpretieren, d. h. eines Handelns, das sinnhaft motiviert ist „durch bewußten Glauben an den – ethischen, ästhetischen, religiösen oder wie sonst zu deutenden – unbedingten *Eigenwert* eines bestimmten Sichverhaltens rein als solchen und unabhängig vom Erfolg" [12].

Bereits diese Definition zeigt die spezifische Denkweise der Soziologie als einer Wissenschaft der ‚moralischen Tatsachen‘ [13]. Sie vermag diese durchaus adäquat zu beschreiben, ohne zur Frage ihrer ‚Wahrheit‘, d. h. dem Charakter ihrer Verbindlichkeit, Stellung zu nehmen. Auf dem Weg über die säuberliche Trennung von Erfahrungsurteil und Werturteil scheinen sich im Gefolge Max *Webers* die Zuständigkeitskonflikte zwischen ‚Erfahrungswissenschaften‘ und ‚normativen Wissenschaften‘ von selbst erledigt zu haben, genau dadurch nämlich, daß sich einzelne Wissenschaftszweige ihrem Selbst- und Fremdverständnis nach als Erfahrungs- bzw. normative Wissenschaften konstituiert haben. Dennoch ist dieser Zustand keineswegs befriedigend. Durch die Verdinglichung analytischer Unterscheidungen wurden hier Trennwände errichtet, die im konkreten Handeln doch stets übersprungen werden müssen, weil Handeln stets erfahrungs- *und* wertorientiert verläuft.

Als erste Folge ergibt sich eine Defensivstellung der normativen Wissenschaften, z. B. der Moraltheologie: Wenn etwa gezeigt werden kann, daß die Verinnerlichung bestimmter kirchlich sanktionierter Normen zu schweren psychischen Konflikten führt oder daß eine bestimmte historische Form kirchlich geprägter Moralität in ihrer Konsequenz zu politischen Strukturen führt, die nach übergeordneten und auch von der Kirche vertretenen Gesichtspunkten als fragwürdig gelten, wenn also mit anderen Worten die Soziologie latente Funktionen kirchlich vertretener Moral aufzeigt, so wird diese Moral selbst und ihre Legitimität in ein ambivalentes Licht gerückt.

Der erste Fragenkomplex, der durch die Entwicklung der Soziologie an Kirche und Theologie herangetragen wird, läßt sich somit zu der Frage verdichten: Wie stellen sich das kirchliche Lehramt, die kirchliche Hierarchie und die Theologie zu den latenten, d. h. *nicht beabsichtigten Wirkungen ihres normierenden Handelns?*[14] Das Aufzeigen latenter Wirkungen institutionsgebundenen Handelns darf als eine der zentralen praktischen Funktionen der Soziologie gelten.

Der Unterschied zwischen manifesten und latenten Wirkungen sozialen Handelns muß analytisch verstanden werden[15]; einzelne sozial Handelnde können sich der uneingestandenen oder zum mindesten nicht als Handlungszweck deklarierten Nebenwirkungen ihres Handelns durchaus bewußt sein. Die zentralen manifesten Funktionen der katholischen Kirche lassen sich etwa als Heilsvermittlung, Verkündung der Frohbotschaft Christi oder als Lehr-, Priester- und Hirtenamt bestimmen; außerdem hat die Kirche im Laufe der Geschichte zahlreiche weitere Funktionen übernommen: von der Caritas über nationalistische bis zu ausgesprochen politischen Funktionen. Inwieweit diese Funktionen als zum ‚Wesen der Kirche' gehörig empfunden und dargestellt wurden (und demzufolge als manifeste Funktionen anzusehen sind), variierte ebenfalls mit den historischen Konstellationen. Nicht selten wurden dabei theologisch sekundäre Funktionen in apologetischer Absicht herausgestellt, etwa die Bedeutung des Glaubens für das Familienleben oder für die Befriedung der Völker.

Die Kirche hat also gewisse ihrer gesellschaftlichen Funktionen durchaus gesehen und sogar für sich in Anspruch genommen. Hier wäre nun zu fragen, nach welchen Kriterien die Kirche ihre gesellschaftliche Wirksamkeit bemißt und inwiefern diese für das Kirchenverständnis relevant ist. Wie sind insbesondere allfällige negative Wirkungen kirchlicher Lehre und legitimer kirchlicher Handlungen theologisch einzufangen? Dabei müßte berücksichtigt werden, daß eine bestimmte Norm oder ein Normenkomplex in einer bestimmten Konstellation durchaus ‚funktional‘[16] sein kann, später jedoch infolge sozialen Wandels in anderen Bereichen ‚dysfunktional‘ – sozial störend – werden kann. Bleibt ihre moralische Qualität in beiden Fällen dieselbe? Oder ist gar Funktionalität selbst ein Kriterium ‚richtiger‘ Normen, und wenn ja – welches Referenzsystem bestimmt über die ‚Funktionalität‘?[17]

Mit anderen Worten: Die Theologen müßten die Bedeutung der gesellschaftswirksamen Dimension von Kirche und ihrem Verhältnis zur übernatürlichen Wirklichkeit, die die Kirche zu repräsentieren beansprucht, klarer herausarbeiten. Dieser Frage steht das kirchliche Denken so lange relativ hilflos gegenüber, als es sich selbst an einer statischen Ordnungsvorstellung orientiert, in der Seiendes und Sein-Sollendes in eins fließen. Das Naturrechtsdenken darf in der jüngeren katholischen Tradition als der hervorstechendste Ausdruck solch statischen Ordnungsdenkens gelten (vgl. Kap. 4).

Der Gedanke einer „natürlichen“ oder „gottgegebenen“ innerweltlichen Ordnung wird durch die Soziologie noch auf andere Weise in Frage gestellt: Sofern eine solche Ordnung als eine nicht nur metaphysisch geltende, sondern durch menschliche Erfahrung in der Wirklichkeit aufweisbare Ordnung verstanden wird – und gerade darin lag die Überzeugungskraft der aristotelisch-thomistischen Tradition –, muß sich solches Denken dem Einwand stellen, daß eine universale Ordnung menschlicher Verhältnisse sich im interkulturellen Vergleich nicht nachweisen läßt. Zwar lassen sich die Ergebnisse erfahrungswissenschaftlicher Anthropologie zur These verdichten, daß der Mensch ein ‚moralisches‘ – d. h. auf Führung durch verbindliche Normen angewiesenes – Wesen sei, doch lassen sich kaum irgendwelche inhaltlich gleichartige Normen nachweisen, die in allen Kulturen verbindlich sind[18].

Ob sich die dadurch entstehenden Einwände durch einen Rückzug auf die Unwandelbarkeit der ‚principia prima‘ des Thomas von Aquino bei gleichzeitiger historischer und interkultureller Wandelbarkeit der ‚conclusiones‘ beseitigen lassen, bleibe dahingestellt. Auf jeden Fall hat sich dann die Moraltheologie wie jede normative Wissenschaft der Frage zu stellen, nach welcher Methode sie konkrete, verbindliche Aussagen gewinnt. Dabei ist die gesteigerte Differenziertheit der gesellschaftlichen Verhältnisse *innerhalb* einer Kultur, wie sie für die gegenwärtige weltweite Entwicklung charakteristisch ist, besonders zu berücksichtigen: Der Prozeß der internen Differenzierung und des Größenwachstums von ‚Gesellschaft' führt zur Bildung zahlreicher, relativ autonomer Teilsysteme mit spezifischen Gesetzlichkeiten, die jedoch gleichzeitig die Individuen nur noch aspekthaft (und nicht mehr umfassend, wie etwa im alteuropäischen ‚Oikos') betreffen. Daraus ergibt sich vermutlich eine stärkere Dissoziation von Individualethik und Sozialethik und eine durchaus prekäre Vermittlung zwischen beiden als einzig realistische Möglichkeit normativen Denkens (vgl. Kap. 3).

1.3   Religiöse Verhaltensforschung und Pastoraltheologie

Bei einer engen Auslegung des Begriffs Soziologie wäre die religiöse Verhaltensforschung bereits der Sozialpsychologie zuzuordnen; der Ort der beobachtbaren ‚Religiosität' oder ‚Kirchlichkeit' ist hier stets das Individuum, und wenn etwa von der ‚religiösen Vitalität' einer Pfarrei oder Gegend die Rede ist, so pflegt man dies durch Prozentwerte der Teilnahme von Individuen am kirchlichen Leben zu definieren. Ob hier jedoch soziologische oder sozialpsychologische Fragen angesprochen sind, spielt im vorliegenden Zusammenhang keine Rolle, um so mehr, als die Frage nach den Auswirkungen institutionellen Handelns auf die von ihm betroffenen Individuen zweifellos der Soziologie zuzurechnen ist. Festzuhalten ist aber, daß das empirische Objekt dieser Forschungen stets Individuen sind, und zwar in der Regel Individuen, die außerhalb der klerikalen Organisation der Kirche stehen, also die Laien oder – ökonomisch formuliert – die Konsumenten oder potentiellen Konsumenten des religiösen Angebots der Kirche.

Träger der religiösen Verhaltens- und Einstellungsforschung sind zu einem erheblichen Teil kirchliche oder von regionalen Kirchenverbänden unterstützte Forschungsinstitute; das gilt vor allem für den katholischen Raum[19]. Man darf diese Forschungsrichtung sogar mit gutem Grund als den spezifischen Beitrag katholischer Kreise zur Religionssoziologie bezeichnen. Sie hat umfassende Informationen über die Verteilung kirchlicher Praxis nach Regionen, sozialen Schichten, Geschlecht, Alter und anderen sozialstatistischen Merkmalen beigebracht und vor allem gezeigt, daß die religiöse Praxis in traditional geprägten Gebieten, in denen die Kirche seit jeher eine große Rolle spielte, wesentlich höher ist, als in den für die moderne Gesellschaft charakteristischen Zonen. Sie unterstützte damit maßgeblich die Vorstellung einer ‚Entkirchlichung' oder gar ‚Entchristlichung' der modernen Gesellschaft.

Bezeichnend für diese Forschungsrichtung, die sich in Deutschland gerne selbst als ‚Pastoralsoziologie' bezeichnet, ist vor allem, was von ihr bisher *nicht* erforscht wurde[20]. Versteht man mit K. *Rahner* und H. *Schuster* das Programm der Pastoral*theologie* als ‚praktische Theologie', so muß sie „auf der einen Seite *alle* Träger des Vollzugs der Kirche, alle Funktionen, durch die sich die Kirche verwirklicht… alle anthropologischen und soziologischen Grundstrukturen ins Auge fassen und auf der andern Seite die je jetzt vorliegende Gegenwartssituation einer theologisch-soziologischen Analyse unterziehen"[21]. Wenn somit das Materialobjekt der Pastoraltheologie nicht nur „das pastorale, geistliche Amt, sondern die Kirche selbst und als ganze"[22] ist, so müßte auch das Forschungsprogramm der sog. Pastoral*soziologie* wesentlich weiter gefaßt werden. Bisher wurden neben der religiösen Praxis und religiösen Einstellungen (vor allem Jugendlicher) die Probleme des Priester- und Ordensnachwuchses sowie des Priestereinsatzes und der regionalen Planung der Seelsorge untersucht. Betrachtet man diese Themen im Zusammenhang, so zeigt sich, daß sie ziemlich genau jenen Bereich betreffen, der im Bereich der Privatwirtschaft von der Marktforschung abgedeckt wird: Erforschung der Absatzmärkte (Gläubige und zu Bekehrende), Erforschung des Arbeitsmarktes (Nachwuchsproblem) und Planung des Vertriebs der Dienstleistungen (Seelsorge). Diese verfremdende Betrachtungsweise verfolgt keinen polemischen Zweck, sie soll vielmehr bestimmte Strukturanalogien verschiedener sozialer Organisationen deutlich machen[23]. Die Pastoralsoziologie erscheint in dieser

Perspektive somit im wesentlichen als ‚kirchliche Marktforschung‘, d. h., sie befaßt sich nahezu ausschließlich mit Problemen, die die *Außen*beziehungen der organisatorisch verfaßten Kirche betreffen. Erst neuerdings finden sich einige Untersuchungen über die sozialen Probleme des Pfarreipriesters – bezeichnenderweise erst, nachdem die Zölibatsdiskussion das Problem aktualisiert hatte[24]. Untersuchungen über die kirchliche Hierarchie, ihre Organisation und ihr Selbst- und Weltverständnis fehlen völlig. Die Einsichten der Organisationssoziologie wurden bisher für eine Analyse des Katholizismus noch kaum fruchtbar gemacht[25]. Alle Ansätze zur Erfassung kirchlicher Strukturen (die im übrigen meist außerhalb der kirchlichen Forschungsinstitute durchgeführt wurden) beschränken sich auf die unterste Ebene der Pfarrei; zumeist vernachlässigen sie bereits die Beziehungen zur Dekanats- und Diözesanorganisation[26]. Es gibt keinerlei Untersuchungen des kirchlichen Disziplinarwesens oder der internen Struktur der Episkopalverwaltung und der römischen Kurie sowie der Kommunikationsprozesse zwischen Vatikan und territorialer Kirchenorganisation. Dem Soziologen ist dies durchaus verständlich, denn auch hier zeigen sich Analogien zu anderen sozialen Organisationen, die eine deutliche Tendenz zur Abschließung nach außen und zur Wahrung ihrer ‚Arkana‘ zeigen, nicht selten zu ihrem eigenen Nachteil.

Die Tatsache, daß bisher von seiten der kirchlichen Forschungsinstitute keinerlei Versuche zur Erforschung oder auch nur zur Formulierung entsprechender Hypothesen vorgelegt worden sind, gibt immerhin zu denken; beispielsweise hinsichtlich der Abhängigkeit von den kirchlichen Finanzquellen und Generalvikariaten.[26a] Wenn das einleitend zitierte Programm einer ‚praktischen Theologie‘ wirksam werden soll, wird die Analyse der internen kirchlichen Organisation unumgänglich sein.

Auch die tatsächlichen Leistungen der kirchlich-religiösen Sozialforschung verdienen eine vertiefte kritische Diskussion sowohl von seiten der Theologie wie der Soziologie (vgl. auch Kap. 2). Der ganz überwiegende Teil dieser Forschung bezieht sich auf die statistische Erfassung der institutionell definierten Teilnahme am kirchlichen Leben: Messebesuch und Sakramentenempfang. Auf die methodischen Probleme der Datengewinnung sei hier nicht eingegangen. Sowohl theologisch wie soziologisch bedeutungsvoller ist die Frage nach der *Gültigkeit* solcher Erhebungen, d. h. nach der Bedeutung, die ihnen im theologischen oder soziologischen Bezugsrahmen zuzusprechen ist[27]. Das gilt insbesondere für das Kriterium des Messebesuchs, das auch in zahlreichen profan-soziologischen Untersuchungen als Kriterium von Kirchlichkeit angesehen wird. Es mag etwa zur Prognose von Wahlresultaten durchaus tauglich sein[28], aber in religionssoziologischer Perspektive begegnet dieser Index zunehmendem Mißtrauen. Zwar hat eine solche Definition von ‚Religiosität' oder ‚Kirchlichkeit' den Vorteil des eindeutigen institutionellen Bezugs, doch zeigen empirische Forschungen und theoretische Überlegungen zunehmend, daß es durchaus fragwürdig ist, hier von einem Schwellenwert zu sprechen. Implizit beruht eine solche oder ähnliche Definition auf der Annahme, daß Kirchlichkeit ein *eindimensionales* Phänomen sei, daß sich also bestimmte Stufen von Kirchlichkeit oder Religiosität definieren lassen, die im Sinne eines Mehr oder Weniger einander unterzuordnen sind: „Sofern Definitionen vom Typus: ‚...wer an Kulthandlungen (n + 1)mal teilnimmt, ist kirchlicher bzw. religiöser, als wer n-mal teilnimmt' in einem bestimmten Referenzrahmen als relevant angesehen werden, ist gegen dieses Kriterium nichts einzuwenden. Wer dieses Kriterium jedoch als ‚Annäherungswert' bestimmt, setzt voraus, daß das Kriterium sozusagen symbolischen Charakter habe und in einem engen Zusammenhang mit all jenen weiteren Verhaltensweisen, Vorstellungen, Überzeugungen und Erfahrungen stehe, die den ‚homo religiosus' nach der Tradition der verschiedenen Lehren oder nach einem allgemeineren religionswissenschaftlichen Kriterium auszeichnen."[29]

Bei dieser Frage scheint es unerläßlich, daß ein Gespräch zwischen Soziologen und Theologen in Gang kommt. Die Religionssoziologie bemüht sich zunehmend, Typologien und Klassifikationen religiösen Verhaltens und religiöser Einstellungen zu entwickeln, die der nun angenommenen Multidimensionalität des Phänomens gerecht werden. So unterscheidet beispielsweise Charles Y. *Glock* fünf Dimensionen der Religiosität[30]:

1. die *ideologische* Dimension der religiösen Glaubensinhalte, z. B.
   der Dogmen und Bestandteile ‚katholischer Weltanschauung‘;
2. die *rituelle* Dimension der religiösen Praxis, z. B. Gottesdienst,
   Gebete, Bußhandlungen, Fasten, Bekenntnisakte, Geldopfer
   usw.;
3. die Dimension *religiöser* Erfahrung. Sie umfaßt nicht nur die
   hervortretenden, häufig mystisch gefärbten religiösen Erleb-
   nisse, sondern ebenso subtilere Erfahrungen wie diejenige des
   Gottvertrauens, der Zuversicht, des Gemeinschaftserlebnisses;
   bis hin zum bloßen Erlebnis einer ‚Leere‘ in bezug auf die welt-
   immanente Beantwortung der Sinnfrage menschlichen Lebens.
4. die *intellektuelle* Dimension des religiösen Wissens. Im Unterschied zu Punkt 1 geht es hier nicht um die konkreten Glaubensinhalte, sondern um die Wissens*arten,* die als Indikatoren religiöser Bindung anzusehen sind. Sie sind zwischen den
   Religionen und vermutlich auch in der historischen Entwicklung
   ein und derselben Religion recht verschieden. In der katholischen Kirche ist beispielsweise in den letzten Jahrzehnten eine
   starke Aufwertung des biblischen Wissens gegenüber dem Wissen über Heiligenleben festzustellen. In diese Dimension gehört
   etwa auch die Frage, welcher Stellenwert der kritischen Reflexion gegenüber einer naiven Frömmigkeit eingeräumt wird;
   beide enthalten zweifellos unterschiedliche Wissensarten.
5. die Dimension der *Konsequenzen religiöser Überzeugung.* Hier
   geht es um die Frage, welche Wirkungen religiöse Überzeugungen im außerreligiösen Bereich zeigen oder zeigen sollen; z. B.
   welche Arten des Ethos, welche wirtschaftlichen oder politischen Verhaltensweisen sich aus bestimmten religiösen Überzeugungen ergeben.

Diese fünf Dimensionen eignen sich als Klassifikationsschema
sowohl der institutionell definierten Normen und Erwartungen an
die Angehörigen einer Glaubensgemeinschaft als auch der tatsächlich beobachtbaren Orientierungen und Verhaltensweisen bestimmter Bevölkerungsgruppen[31]. Vor allem die Erforschung des
zuletzt genannten Aspekts bietet zahlreiche technische Schwierigkeiten, doch sind erste Schritte in dieser Richtung bereits getan. Was

die Vermittlung zwischen dem institutionell definierten und dem bei den Individuen beobachteten Aspekt der verschiedenen Dimensionen betrifft, so ergeben sich wichtige Probleme, auf die im folgenden Abschnitt zurückzukommen sein wird.

Für die Pastoraltheologie scheinen derartige Versuche vor allem als Primärmaterial für die Untersuchung einer ihrer zentralen Fragen zu interessieren, auf welche Weise göttliche Offenbarung und konkreter Glaube orts- und zeitgebundener Menschen miteinander zu vermitteln sind. Offensichtlich gibt es nicht eine, sondern viele Antworten auf den Anruf Gottes, und zwar sowohl hinsichtlich des sozial vorgeformten ‚Stils‘ als auch hinsichtlich der individuellen Ausprägungen (Religiositätsmuster). Welche dieser Antworten naheliegen, ist vermutlich in erheblichem Maße durch die soziale Situation des Glaubenden bestimmt. Dabei kann nicht vorausgesetzt werden, daß die Bedingungen, unter denen die Mehrzahl der Fachtheologen, der Kirchenbeamten und der Seelsorger – unter sich und im Vergleich mit den verschiedenen Gruppen von Laien – leben, die gleichen sind. Erhebliche Unterschiede in der sozialen Situation und demzufolge in der religiösen Orientierung sind vor allem in der gegenwärtigen gesellschaftlichen Situation zu erwarten (vgl. unten 2.3).

Die unmittelbare Folge hiervon sind Kommunikationsschwierigkeiten im innerkirchlichen Raum: nicht nur zwischen Klerus und Laien, sondern auch unter den Klerikern selbst. Die angenommene ‚Gemeinschaft der Gläubigen‘ ist heute in ihrer Gemeinsamkeit einer harten Belastungsprobe ausgesetzt, über die von seiten der Pastoraltheologie bisher wenig zu erfahren ist.

Es wäre jedoch sicherlich verfehlt, anzunehmen, daß in früheren Jahrhunderten die Vielfalt der religiösen Auffassungen und Verhaltensmuster innerhalb der katholischen Kirche geringer gewesen sei; eher war das Gegenteil der Fall. Das Neuartige der gegenwärtigen Situation besteht jedoch in der gesteigerten Kommunikationsdichte innerhalb der Kirche, wodurch diese Vielfalt und die sich daraus ergebenden Kommunikationsschwierigkeiten erst problematisch werden.

Ohne Berücksichtigung derartiger *Kommunikationsprobleme*

(die gleichzeitig Probleme eines unterschiedlichen Glaubenssinns sind) ist eine der gegenwärtigen Problemlage angemessene Pastoraltheologie schwer vorstellbar. Es scheint mir wahrscheinlich, daß hier die neueren Entwicklungen der Wissenssoziologie zentralere Einsichten vermitteln können als die kirchliche Sozialforschung, die den bisherigen Kernbestand der Pastoralsoziologie ausmacht.

1.4 Religionssoziologie und Kirchentheologie

Die letzten Bemerkungen führten bereits in die Nähe der zentralen Fragen, mit denen die Religionssoziologie die Theologie konfrontieren muß. Ausgangspunkt für diese Fragen ist dabei die Feststellung, daß ‚Religion‘ sich gesellschaftlich durchaus nicht nur in den von den Kirchen offiziell anerkannten Formen antreffen läßt; oder anders ausgedrückt, daß sich die Soziologie veranlaßt sieht, den Theologen bzw. den institutionalisierten Religionen Einseitigkeit in ihrer gesellschaftlichen Selbstdefinition vorzuwerfen.

Mit diesem Vorwurf begibt sich die Soziologie selbst auf ein gefährliches Terrain. Denn wenn sie auch mit guten Gründen an den kirchlichen Definitionen ‚expliziter Religion‘ zweifelt, so vermag sie doch bisher auch kein eindeutiges Kriterium anzugeben, nach dem zu bestimmen wäre, was als ‚religiöses‘ und ‚nichtreligiöses‘ Phänomen zu qualifizieren ist. Vier Tendenzen sind in der jüngeren religionssoziologischen Diskussion zu unterscheiden:

1. *Der essentialistisch-religionsphänomenologische Ansatz.* Hierzu zählen alle Bemühungen, aufgrund inhaltlicher Gemeinsamkeiten verschiedener historisch antreffbarer Religionen zu einem allgemeinen Begriff von Religion zu gelangen. Dazu gehören die religionsphänomenologischen Versuche einer Kategorisierung des ‚Sakralen‘ – oder des ‚Noumenon‘, oder des ‚Heiligen‘[32]; dann auch neuere Tendenzen, die Ergebnisse und Hypothesen der westlichen Religionssoziologie (welche im wesentlichen anhand des Primärmaterials der christlichen Religionen gewonnen sind) durch systematischen Einbezug außerchristlicher Religionen zu prüfen[33].

Dieser Ansatz scheint rasch in eine aporetische Situation zu geraten, sobald mit ihm an konkreten Gegenständen operiert werden soll: „Der Religionssoziologe steht dann ... vor der Schwierigkeit, wie er das, was er an einem sozialen Phänomen als religiös zu erkennen meint, nun auch schlüssig als *Religiöses* aufweisen kann." [34] Die Religionssoziologie gerät hier in einen hermeneutischen Zirkel, dem auch der im folgenden zu besprechende Ansatz verhaftet bleibt [35].

2. *Der funktionalistische Ansatz.* Im Gegensatz zum Vorangehenden wird hier ein Allgemeinbegriff von Religion nicht auf dem Wege inhaltlicher Gemeinsamkeiten, sondern über den Aufweis funktionaler Gleichartigkeit zu gewinnen gesucht. Religion wird hier etwa definiert als „a system of beliefs and practices by means of which a group of people struggles with these ultimate problems of life" (d. h. Leiden und Tod) [36]. Ohne hier in die Details dieser im wesentlichen von Émile *Durkheim* herkommenden Denktradition einzugehen [37], muß als ihr Spezifikum eine Bestimmung von Religion als gesellschaftsintegrierendes *System von Sinndeutung* verstanden werden, das *gleichzeitig* die Funktion eines Bezugsschemas für gesellschaftliche Ordnung (Integration) und für die Entlastung des Einzelnen von der Frage nach dem Sinn des Lebens, insbesondere seiner negativ-erfahrenen Aspekte (Kompensation) hat [38]. – Weshalb und inwieweit diese Doppelfunktion für die Gesellschaft *und* das Individuum empirisch gegeben ist, wird in diesem Ansatz jedoch nicht diskutiert, sondern vorausgesetzt. Gerade diese Vermittlung scheint jedoch in den komplexen modernen Gesellschaften problematisch geworden zu sein, was in den folgenden Ansätzen berücksichtigt wird. Außerdem führt der funktionalistische Ansatz zu einer weitgehenden Loslösung des Religionsbegriffs von den historischen Erscheinungsformen von Religion, und muß konsequenterweise auch auf die nichttheistischen Glaubenssysteme und ‚Weltanschauungen' (z. B. Nationalismus, Kommunismus) ausgedehnt werden [39].

3. Ausgehend von dem vor allem in den westlichen Industriegesellschaften zu beobachtenden Auseinandertreten von in den Kirchen und Denominationen institutionalisierter Religion einerseits

und den individuellen Versuchen der Lösung des Problems der persönlichen Daseinsführung andererseits (worauf implizit auch die These der Säkularisierung hinweist), versuchen vor allem Peter L. *Berger* und Thomas *Luckmann,* die Religionssoziologie auf einen neuen Boden zu stellen. Die institutionalisierte Religion erscheint hier als in sich gespalten und als in einem mehr oder weniger deutlichen Konkurrenzkampf um die Beteiligung der Bevölkerung begriffen, wobei die Individuen – entsprechend ihrer sozialen Position und dem Prestige der einzelnen kirchlichen Organisationen – bereit sind, ihre Kirchenzugehörigkeit ohne Schaden für ihre Identität zu wechseln[40]. Die institutionalisierten Formen der Religion erscheinen in diesem Denkmodell nur noch als gesellschaftliche Randphänomene. Zentral stehen die *Formen der Religiosität,* d.h. die Sinnkomplexe, durch die der moderne, im Schoße einer Kirche nicht mehr zur vollen Entfaltung seines Lebenssinnes gelangende Mensch das Problem der persönlichen Daseinsführung löst[41]. *Luckmann* sieht in diesen heterogenen Versuchen der Konstituierung subjektiven Lebenssinns, die dennoch kulturell typisiert sind, eine neue Sozialform der Religion im Entstehen, die er als das zentrale Thema der modernen Religionssoziologie auffaßt. – Dieser Ansatz bedeutet gegenüber den vorangehenden zweifellos einen Fortschritt, indem er die Frage nach der Religion aus ihrer ahistorischen Perspektive befreit und sie im Kontext einer hochdifferenzierten Gesellschaft und der durch sie bedingten Freisetzung der Subjektivität neu stellt. Damit wird gleichzeitig die verengte Betrachtungsweise von Religion als etwas von der Gesellschaft Unterscheidbarem aufgehoben, wie sie der traditionellen Gegenüberstellung von ‚Kirche‘ und ‚Gesellschaft‘ sowohl im herrschenden Selbstverständnis der bisherigen Religionssoziologie als auch demjenigen der Kirchen entspricht. Religionssoziologie wird hier dezidiert als eine *soziologische* Disziplin verstanden, „die sich nicht mit gewissen isolierten Randerscheinungen des gesellschaftlichen Lebens befaßt, sondern die Wesenszüge der modernen Gesellschaft in ihrer besonderen Perspektive, nämlich im Blick auf Religion, untersucht"[42].

4. Gegenüber diesem Ansatz ist allerdings die Frage zu stellen,

ob er nicht durch die ausschließliche Betonung des Individuums als Ort der Religiosität (worin er sich interessanterweise mit den bisherigen Tendenzen der kirchlichen Sozialforschung trifft – vgl. 1.3) die historische und institutionelle Dimension von Religion allzusehr vernachlässigt. Es scheint, als ob hier die These von der Säkularisierung der modernen Gesellschaft unkritisch übernommen und durch das Konzept einer ‚nachchristlichen Religiosität' die Erforschung neuer Formen der Wirksamkeit des Christentums verstellt wird. Diese Kritik wird insbesondere von Joachim *Matthes* und Trutz *Rendtorff* vorgetragen [43]. Sie kritisieren (wie die unter 3. genannten Autoren) eine Religionssoziologie, die sich selbst auf Kirchensoziologie reduziert; sie fordern jedoch (im Unterschied zu ihnen) eine Thematisierung der Religionssoziologie im Horizont westlicher Industriegesellschaften als *‚Soziologie des Christentums'*, jedoch in der vollen Breite seiner gesellschaftlichen Wirksamkeit [44]. Nur auf diese Weise könnten die Aporien eines allgemeinen Religionsbegriffs (vgl. 1. und 2.) wie auch diejenigen eines diffusen Religiositätsbegriffs (3.) überwunden und ein Forschungsfeld abgesteckt werden, das gleichzeitig von einem eindeutigen Bezugspunkt ausgeht und doch die Dichotomie von ‚Kirche' und ‚Gesellschaft' vermeidet.

Diese knappe Darstellung der innersoziologischen Diskussion gibt m. E. für die Theologie zum mindesten zwei Hinweise: Sie zeigt zunächst in der unter Punkt 4 genannten Richtung eine gewisse Annäherung des soziologischen an das theologische Denken, das ja nicht von einem allgemeinen Religionsbegriff, sondern von der konkreten christlichen Tradition ausgeht [45]. Sie stellt jedoch gleichzeitig das bisherige theologische Denken in ernster zu nehmender Weise in Frage als die ältere Religionssoziologie, weil sie nun genau jenen Erfahrungsbereich anvisiert, für den sich die christliche Theologie als zuständig erklärt. Damit wird eine Zusammenarbeit zwischen Soziologen und Theologen über den Gegenstand ‚Christentum' unerläßlich. „Welche Voraussetzungen erfüllt sein müssen, um eine solche Zusammenarbeit sinnvoll werden zu lassen, ja zu ermöglichen, bestimmt sich danach, inwieweit eine Theologie des Christentums ihrerseits mehr sein kann als Theologie der expliziten Religion."[46] Theologischerseits wird dies durch Begriffe wie religionsloses, anonymes oder außerkirchliches Christentum aufgenommen (vgl. Kap. 5).

Allerdings zeigen sich schon hinsichtlich der ‚expliziten Religion' im kirchlichen Selbstverständnis Unklarheiten, die die Nützlichkeit des soziologischen Gesprächspartners verdeutlichen können. Auch im kirchlichen Denken ist die Grenze zwischen ‚expliziter' und ‚impliziter' Religion fließend, d. h., die Kirche muß sich stets erneut bemühen, das von ihr vertretene Christentum zu definieren. Dies sei hier lediglich an der Frage der Selbstdefinition von Kirche erörtert.

Die *theoretischen* Zugehörigkeitskriterien variieren von einer konditionalen Christusgläubigkeit (Corpus Christi mysticum) über die christliche Taufe, die katholische Taufe, die Kirchensteuerpflicht bis zur Teilnahme am kirchlichen Leben oder gar zu der Erreichung eines gewissen Grades christlicher Glaubens- und Lebenshaltung. Zwischen diesen verschiedenen Kriterien sind durchaus Divergenzen denkbar, so daß hier ein Modell konzentrischer Kreise der Kirchenzugehörigkeit bloß eine theoretische Konstruktion ist[47]. Betrachtet man das *praktische* (d. h. sozial wirksame) Selbstverständnis der Kirche, so kommen weitere Gesichtspunkte ins Spiel: Als ‚zur Kirche gehörig' (im Sinn von ‚der Kirche zurechenbar') gelten keineswegs alle Handlungen christlicher oder katholischer Getaufter oder wenigstens der ‚guten Christen', sondern nur Handlungsweisen von Kirchenangehörigen, *die sich in irgendeiner Weise der Kontrolle der kirchlichen Hierarchie unterwerfen.* Noch enger wird der Begriff von ‚Kirche' dann, wenn auf das Kriterium des kirchlichen ‚Amtes' abgehoben wird, wobei sich dann die ‚Amtskirche', die sich selbst ausschließlich als kirchlich handelnd versteht im wesentlichen auf den Klerikerstand reduziert (vgl. hierzu auch Kap. 6).

Wenn hier gerade die Frage nach der Selbstdefinition von Kirche aufgeworfen wurde, so war dies kein Zufall. Denn jedes *soziale* Gebilde definiert sich u. a. dadurch, daß es seine eigenen *Grenzen* definiert und damit das außerhalb dieser Grenzen Liegende ausschließt. Die verschiedenen Schichten des Selbstverständnisses und die Differenzierung der Mitgliedschaftsrechte – nicht nur hinsichtlich der

rechtlichen Stellung, sondern auch hinsichtlich des Anteils am
‚Gnadenschatz der Kirche‘[48] – zeigen, wie schwer sich die Kirche
und ihre Theologen getan haben, um sich in ihrem Doppelcharakter
als Heilswirklichkeit und gesellschaftliche Realität zu definieren.
Das Wesentliche scheint mir dabei zu sein, daß weder eine klare
Trennung von Heilswirklichkeit und sozialer Realität noch eine
überzeugende Verbindung zwischen beiden gefunden werden
konnte, sondern daß in der Regel *theologische* Argumente zur Legitimation *sozialer* Differenzierungs- und Ausschließvorgänge her-
angezogen wurden. Es ist zu fragen, inwiefern solche soziale Ab-
schließungs- und Ausschließungstendenzen angesichts der theologisch vertretenen Offenheit und Katholizität überhaupt legitim sind
und ob die Betonung der Häresie als Ausschließungskriterium (also
der ‚ideologischen‘ Dimension *Glocks*, vgl. S. 24) nicht eine Ratio-
nalisierung des eigentlichen Ausschließungsgrundes – soziale In-
subordination, ‚Verweigerung des kirchlichen Gehorsams‘ – gewesen ist.

Der Religionssoziologe möchte vermuten, daß sich hierin vor allem das Selbstverständnis einer ‚Klerikerkultur‘ manifestiert, die
sich selbst als ‚die Kirche‘ versteht und in ihrer Eigenschaft als ge-
sonderter Stand nun das Verhältnis von ‚Kirche und Gesellschaft‘
als *dichotomes* zu denken vermag[49]. Die Trennung von Klerikerstand und Laienstand hat zu einer religiösen Überformung geführt,
in der praktisch Klerikerstand als mit Kirche identisch gesetzt
wurde, wie dies zunächst der mittelalterlichen Zwei-Reiche-Theo-
rie entsprach. Dieser ersten Identifikation folgte sodann eine
zweite, indem diese zunächst durchaus nur institutionell verstan-
dene Trennung allmählich zu einer Diastase von ‚Kirche‘ (als Heilswirklichkeit) und ‚Welt‘ (als Bereich der unerlösten, wenn nicht
dem Bösen verfallenen Profanität) umgedeutet wurde, die unter-
schwellig das Kirchenverständnis der Neuzeit bestimmt[50]. Von
daher ist es nur zu verständlich, daß der Schrumpfungsprozeß der
unmittelbar klerikalen Einflußsphäre als Säkularisierung, wenn
nicht gar als Entchristlichung interpretiert wird. Wenn Kirche
identisch ist mit jenem Bereich, in dem der geistlich-klerikale Füh-
rungsanspruch unkritisch akzeptiert wird, dann ist allerdings nicht

zu bezweifeln, daß seit dem Beginn der Neuzeit ein ‚Entkirchli-chungsprozeß' stattfindet, wobei die Forcierung des geistlichen Führungsanspruchs und eine Verschärfung kirchlicher Normen u. U. zur Bildung sektenähnlicher Gruppen innerhalb der kirch-lichen Gesamtorganisation führen können, auf die nur ein aus-gewählter (und zwar entweder traditional orientierter oder am Rande der Gesellschaft stehender) Personenkreis anspricht[51].

Demgegenüber sind Phänomene zu beobachten, die der These eines schwindenden Einflusses des Christentums in den Industrie-gesellschaften zu widersprechen scheinen. Das gilt sowohl für den Bereich der kirchlichen Praxis (die allem Anschein nach auch in der Vergangenheit großen Schwankungen unterworfen war) als auch für die Wirkung, die von kirchlichen Manifestationen auf außer-kirchliche Kreise ausgeht[52]. Die Stellung gerade der katholischen Kirche als ‚moralischer Anstalt' scheint heute unangefochtener als vor einem Jahrhundert. Auch scheinen im herrschenden Ethos der Industriegesellschaften starke, genuin christliche Komponenten eingelagert, deren Verschwinden keineswegs behauptet werden kann (im übrigen datieren die Klagen der Seelsorger über die ‚Ver-derbtheit der Sitten' keineswegs von heute). Es könnte also durch-aus sein, daß zwar einerseits der direkte politische und disziplinari-sche Einfluß der institutionell-verfaßten Kirche wie auch ihre ‚Gemeindefrömmigkeit' seit dem Beginn der Industrialisierung zu-rückgeht, daß jedoch ihre indirekte Wirksamkeit hinsichtlich der kulturellen Anschauungen wie auch der individuellen religiösen Orientierungen nicht generell abnimmt, sondern eher *qualitativen Änderungen* unterworfen ist[53]. Es muß m. a. W. die Frage gestellt werden, *ob die als Entkirchlichung oder Säkularisierung gekenn-zeichneten Wandlungen tatsächlich als Entchristlichung oder nicht vielmehr als Strukturwandel des Christentums zu interpretieren sind.* Es ginge somit um eine mit anderen gesellschaftlichen Wand-lungen interdependente Veränderung der gesellschaftlichen Ver-faßtheit von Religion, wobei über die Zunahme oder Abnahme der statistischen Verteilung und Intensität religiöser Erfahrung, religiö-sen Wissens und Verhaltens noch gar nichts Ernsthaftes in Erfah-rung gebracht werden konnte.

1.5 Wissenssoziologie und das Selbstverständnis der Theologie

Unsere bisherigen Ausführungen sollten zeigen, daß die Religionssoziologie jenes Stadium überschritten hat, in dem sie als vom ‚Wesen der Religion' unberührte Erfahrungswissenschaft ein von der Theologie her unanfechtbares und diese letztlich auch nicht anfechtendes Dasein führte. Die differenzierte Auseinandersetzung mit den historischen Erscheinungsweisen des Christentums läßt nur einen relativ kleinen Bereich ‚innerlicher Religion' übrig, über den sie keine Aussagen macht (und diesen im übrigen nicht der Theologie, sondern der Religionspsychologie zur Analyse zu überantworten geneigt ist). Die Religionssoziologie geht zunehmend daran, die Aussagen der Kirche über sich selbst und ihre Handlungsweisen *ernst* zu nehmen und als historische Manifestation der christlichen Offenbarungsreligion zu interpretieren, wobei selbst der Offenbarungsglaube nicht als ‚Priesterbetrug' abgetan, sondern als Sinngehalt akzeptiert wird. Sie weigert sich allerdings, ihr Religionsverständnis auf die Phänomene allein festzulegen, die von den Kirchen als Folge dieser Offenbarung akzeptiert werden, und die Frage des ‚Wahrheitsanspruchs' solchen Glaubens zu diskutieren. Sie betrachtet Religion als ein „plurifunktionales oder multiples System", als dessen institutioneller Aspekt das jeweilige Kirchensystem einer Gesellschaft zu bezeichnen ist, zu dem jedoch ebenso die ursprünglich von religiösen Sinngehalten abgeleiteten *Kulturmuster* als auch die in kleinen Gruppen entwickelten *Religiositätsmuster* gehören, „in denen explizite Religion und in Kulturmuster transformierte Religion subjektiv angeeignet und in konkrete Sinngebungen und Handlungspräferenzen umgesetzt werden"[54].

Für die Theologie ergibt sich damit die Alternative, entweder den Bereich der ‚expliziten Religion' immer restriktiver zu interpretieren (wie sich das etwa in der positiven Bewertung der Säkularisierungsthese durch einzelne Theologen andeutet[55]) oder aber ihre Funktion neu zu definieren. Es ist zu fragen, *inwieweit sich die Theologie selbst ausschließlich als Organ der institutionell verfaßten Kirche einerseits und als ‚Wissenschaft' andererseits verstehen muß,* ein Zwiespalt, dessen Problematik einer wachsenden Zahl von Theologen bewußt zu werden scheint. Hierzu können hier allerdings nur einige Andeutungen vorgetragen werden.

Um mit letzterem zu beginnen: Der Wandel des Wissenschaftsbegriffs im Zuge der Neuzeit hat dazu geführt, daß anderen Wissensformen als denjenigen der mittelalterlichen Theologie und Philosophie das Kriterium der Wissenschaftlichkeit zugesprochen wird. Die Entfaltung der positiven, ausschließlich weltimmanenten Wissenschaften hat jedoch gleichzeitig die Erkenntnis wachsen lassen, daß sie die Frage nach der Sinngebung menschlichen Lebens und menschlichen Zusammenlebens nicht oder nur in sehr formaler, für die individuelle und kollektive Lebensführung völlig unzureichender Weise beantworten können. Was die sog. Geisteswissenschaften betrifft, so ist ihre Verfangenheit in einem hermeneutischen Zirkel ebenso offenkundig geworden. Offensichtlich sind allen Wissenschaften bestimmte Sinnzusammenhänge vorgängig, bzw. sie werden von ihnen unhinterfragt angenommen. Die Wissenssoziologie, die das Stadium der bloßen Ideologiekritik überwunden hat, versucht heute in Verbindung mit der Sprachanalyse, den Bedingungen und Prozessen kollektiver Sinnkonstitution nachzugehen. Sie zeigt, daß ,Sinn' gerade nicht durch die Zusammenfügung bloßer empirischer Daten entsteht, sondern in aktiver Auseinandersetzung mit ihnen. Die Konstitution von Wissenssystemen ist als ein eminent sozialer Prozeß zu verstehen, in dem die *Sprache* eine dominierende Rolle spielt [56]. Die empirischen Wissenschaften erscheinen in dieser Perspektive ebenfalls als ein spezifisches Wissenssystem, das auf bestimmten Voraussetzungen beruht, die gerade nicht diejenigen der Theologie sind. Unter diesem Gesichtspunkt ist zu fragen, ob die Rezeption positiven Wissens, wie sie zunehmend seitens der Theologie zu beobachten ist, mehr ist als ein zwar notwendiger, aber doch nur peripherer Austauschprozeß zwischen verschiedenen Wissenssystemen (vgl. auch unten 2.4).

Dennoch kann der Theologie nicht angeraten werden, sich weiterhin einzig der Pflege christlicher Traditionen hinzugeben. ,Sinn' ist als menschlich verstehbarer stets an die Voraussetzungen des jeweiligen kulturellen Hintergrundes gebunden, das ist die wesentliche Erkenntnis der neueren Wissenssoziologie. Deshalb ist die Voraussetzung der bisherigen Theologie durchaus fragwürdig, *daß Wahrheit in festgefügten Wortverbindungen von Generation zu Generation überliefert werden könne.* Es könnte sein, daß zentrale Kategorien, wie ‚Substanz‘, ‚Natur‘, ‚Wirklichkeit‘, ‚Zeit‘ usw., im Laufe der Jahrhunderte derart radikalen Sinnwandlungen unterliegen[57], daß das Festhalten an einer verfestigten Sprache gerade jene Funktion der innovatorischen sozialen Sinnkonstitution fragwürdig werden läßt, die als zentrale Aufgabe der Theologie anzusehen ist. Die genuine Leistung der Theologie würde demzufolge nicht in der Aufarbeitung der Vielfalt des Vorfindbaren und seiner Synthese zu einer ‚Weltanschauung‘ bestehen können, sondern in der *stets erneuten Frage nach möglichen Sinnzusammenhängen im Lichte der von ihr als göttlich angesehenen Offenbarung,* die zwar selbst als in Worte gefaßt uns überkommen ist, aber dennoch primär Ereignis war und ist. Theologie wäre dann als ein *Wissenssystem sui generis* anzusehen, das in bewußter Abgrenzung, aber nicht ohne Auseinandersetzung mit den empirischen Wissenschaften sich als Sinnhaftes erhalten und ausstrahlen muß.

Zu solcher Eigenständigkeit bringt die katholische Theologie angesichts ihrer ‚Abdeckung‘ (im Doppelsinne der dogmatischen Absicherung und der organisatorischen Hemmung) durch die kirchliche Hierarchie günstige soziale Voraussetzungen mit. Dennoch ist zu fragen, ob sich die Theologie damit begnügen kann, in Zukunft als ausschließlichen Adressaten ihres Denkens die institutionell verfaßte Kirche und die ihr ausdrücklich Zugehörigen zu betrachten oder ob sie nicht sich *aktiv und unmittelbar mit den nicht kirchlich verfaßten Bestandteilen von Religion in unserer Gesellschaft auseinanderzusetzen hat.* Die gesellschaftliche Funktion der Theologie – und diese läßt sich an dem unmittelbaren Interesse, das ihr seitens kirchlich Ungebundener entgegengebracht wird, nachweisen – muß angesichts der sich wandelnden Struktur des Christentums neu bedacht werden. Die Theologie scheint besonders geeignet, jene Kommunikations- und Austauschprozesse zwischen ‚Kirche‘ und ‚Gesellschaft‘ zu intensivieren, deren Notwendigkeit sich aus der Interdependenz beider ergibt.

2 Zur Rezeption soziologischer Einsichten in die Theologie

Was kann die Theologie mit den Ergebnissen der Soziologie anfangen? Welche Bedeutung können die Ergebnisse der empirischen Sozialforschung oder theoretische Aussagen der Soziologie für die Theologie oder gar für die Entscheidungen oder Maßnahmen der kirchlichen Hierarchie haben? Unter welchen Bedingungen ist eine Verständigung zwischen ,profaner' Soziologie und kirchlich-theologischem Denken möglich?

Diese Fragen scheinen relativ harmlos, solange der Gegenstand der Verständigung selbst profaner Natur ist. Vor allem im Bereich der Ethik läßt sich seit längerem eine Rezeption sozialwissenschaftlicher Erkenntnisse in den Argumentationszusammenhang beobachten, bis hin zu den päpstlichen Enzykliken. Die Annahmen über die Wirklichkeit, die den ethischen oder politischen Argumentationen der Kirche zugrunde liegen, wandeln sich unter dem Einfluß der Human- und Sozialwissenschaften, ohne daß dabei erhebliche Schwierigkeiten der Rezeption aufgetaucht wären. Anders steht es dagegen, wenn das Objekt der Verständigung selbst ,religiöser' Natur zu sein scheint. Hier ergeben sich spezifische Widerstände und Verständigungsschwierigkeiten, hier erhalten unsere einleitenden Fragen ihr volles Gewicht. Zwar muß zunächst offenbleiben, ob der Unterschied zwischen ,religiös' und ,profan' im Gegenstandsbereich von Soziologie und Theologie an der prinzipiellen Frage der Verständigung etwas ändert, doch liegt die Pointe der Frage aus theologischer Perspektive im religiösen Bereich, auf den ich mich deshalb im folgenden beschränke.

2.1 Die Aktualität des Problems

Die Frage, inwiefern soziologische, insbesondere religionssoziologische Theorien und Befunde für die Theologie fruchtbar gemacht werden können, ist in jüngster Zeit dringlicher geworden. Eine Reihe von Umständen tragen hierzu bei: An erster Stelle ist im Horizont des durch die katholische Kirche geprägten Denkens ein Wandel des Kirchenverständnisses zu nennen. Vorbereitet durch die Betonung des historischen Charakters theologischen Denkens in der ,Théologie nouvelle' nach dem Zweiten Weltkrieg[1], durch die Formel Johannes' XXIII. vom ,Aggiornamento' der Kirche auf den Begriff gebracht, hat sich im Gefolge des Zweiten Vatikanum die Vorstellung einer gewissen *Wandelbarkeit der Kirche* theologisch und kirchenpolitisch durchgesetzt. Seither ist die innerkirchliche Entwicklung nicht stehengeblieben. Auf Grund der konziliaren Legitimation und der zunächst auf dem symbolträchtigen Gebiet der Liturgik in Gang gebrachten Veränderungen scheint die bis dahin ihrem Selbst- und auch dem Fremdverständnis nach im wesentlichen statisch verfaßte Kirche in einem Ausmaß ,in Bewegung geraten', daß sich die Bewegung jeder faktischen oder auch bloß theologischen Kontrolle entzieht. Der soziale Wandel in der Kirche braucht nicht mehr mit theologischen Argumenten gefordert zu werden, er ist inzwischen so sehr im Gange, daß er fürs erste theologisch und erst recht kirchenpolitisch nur mehr schwer einholbar scheint. Versteht man unter ,Geschichte' eine scheinbar spontane, in ihren späteren Formen noch unabsehbare Entwicklung kollektiver menschlicher Existenz, so scheint sich die katholische Kirche – zum mindesten in weiten Gebieten Westeuropas und Amerikas – in einer wahrhaft geschichtlichen Phase zu befinden, von der allerdings noch fraglich ist, ob sie auch ,Geschichte machen' wird[2].

Daß solche epochale Umbrüche verunsichernd wirken, braucht wohl kaum erst betont zu werden. Die Kirche sucht deshalb nach neuen Maßstäben, um sich und ihren Mitgliedern ihre Identität zu versichern. Gesucht wird eine neue Identität, die die Wandelbarkeit der kirchlichen Strukturen mit einschließt[3]. Kann die Soziologie, die sich mit Struktur und Wandel sozialer Gebilde befaßt, hierfür ein geeignetes Hilfsmittel sein?

Auf dieser abstrakten Ebene, auf der es um die Rezeption bzw. Auseinandersetzung mit der soziologischen Theorie geht, hat das Gespräch zwischen Theologen und Soziologen noch kaum begonnen. Im Vordergrund standen zunächst weit konkretere Fragen. Seitdem vor allem in den fünfziger Jahren die Methoden der empirischen Sozialforschung auf die Erforschung religiöser Phänomene angewendet wurden, hat sich ein neuartiges Wissen über Einstellung und Verhaltensweisen der Kirchenangehörigen akkumuliert, dessen theologischer Stellenwert bisher ungeklärt geblieben ist. Man erfuhr zunächst vieles über die unterschiedliche regionale Häufigkeit bestimmter kirchlich normierter Handlungen, und diese Form soziographischer Beschreibung und statistischer Erfassung von im Bezugsrahmen der Kirchenpraxis eindeutig definierten Verhaltensweisen – vor allem der Messebesuch und die Spendung bzw. der Empfang verschiedener Sakramente (Taufe, Kommunion, Eheschließung) – wird inzwischen von zahlreichen kirchlichen oder parakirchlichen Institutionen selbst mehr oder weniger routinemäßig betrieben[4].

Zwar ist die kirchliche Statistik im Vergleich zur staatlichen Statistik immer noch sehr rudimentär. Zahlreiche an sich verfügbare Informationen werden nicht oder nur mit großer zeitlicher Verspätung publiziert[5]. *Vor allem scheint jedoch eine erhebliche Unklarheit darüber zu bestehen, welche Informationen zu welchen Zwecken erforderlich seien. Diese Unklarheit scheint mit der ungenügenden Klärung der theologischen Bedeutung solcher Wissensbestände zusammenzuhängen.* Die sogenannte ‚Pastoralsoziologie‘, von der hier die Rede ist, wird in der Regel entweder von primär theologisch oder primär soziologisch ausgebildeten Katholiken betrieben, die sich zudem ein Grundwissen der jeweils anderen Wissenschaft angeeignet haben. Wohl nicht zuletzt infolge ihrer prekären innerkirchlichen Situation haben sich die Pastoralsoziologen jedoch in der Regel auf eine streng empiristische Selbstdarstellung ihres Tuns zurückgezogen und vor allem auf die praktische, pastorelle Nützlichkeit ihrer Forschungen – beispielsweise für die Pastoralplanungen – hingewiesen; sie haben selten versucht, die von ihnen erhobenen Daten systematisch in soziologischer und theologischer Perspektive zu interpretieren und damit eine Diskussion über die Relevanz solcher Forschungsergebnisse in Gang zu bringen (vgl. auch 1.3).

Dieser Mangel trat so lange nicht deutlich hervor, als die untersuchten Phänomene einen eindeutigen institutionellen Sinn zu haben schienen. Die Pastoralsoziologie hat sich jedoch unter dem Einfluß der nicht kirchlich gebundenen Religionssoziologie zunehmend Problemen zugewandt, für die eine eindeutige kirchliche Interpretation nicht verfügbar ist. Das gilt zunächst bereits für den Aufweis soziologischer Interdependenzen zwischen religiösen und nicht religiösen Phänomenen [6], sodann jedoch auch für die soziologisch strukturierten Untersuchungen kirchlicher Organisationsformen oder der Position des Pfarrerpriesters, die zahlreiche latente, d. h. in der Selbstinterpretation der Kirche nicht berücksichtigte oder gar verpönte Phänomene aufdeckten. Endlich gilt dies in besonderem Maße für die Erforschung religiös geprägter Bewußtseinsinhalte und sozialpsychologischer Einstellungen, mit denen sich die Religionssoziologie in jüngster Zeit zunehmend befaßt [7]. Frans *Haarsma* hat m. W. zum erstenmal systematisch aus *theologischer* Perspektive zu diesbezüglichen Ergebnissen der empirischen Sozialforschung Stellung genommen [8]. Seine Analyse bildet den Ausgangspunkt der folgenden Überlegungen [9].

Die theologische Auseinandersetzung mit den Fragestellungen der Soziologie ist jedoch noch aus einem dritten, *kirchenpolitischen* Grunde heute besonders aktuell. Neuerdings wird den Ergebnissen von Meinungsumfragen zu aktuellen kirchenpolitischen Fragen zunehmend Beachtung geschenkt, ja diese Methode wird sogar von kirchenamtlicher Seite zur Erforschung der Probleme des ‚Volkes Gottes‘ eingesetzt. Nicht nur beim niederländischen Pastoralkonzil; auch die gemeinsame Synode in der BRD wurde im Auftrag der deutschen Bischofskonferenz durch zwei kostspielige Umfragen des Instituts für Demoskopie in Allensbach vorbereitet, und es wird nicht ohne Interesse sein zu beobachten, ob die Auseinandersetzung der Theologen mit den Ergebnissen dieser Umfragen zu mehr als einer naiven Datenrezeption und wertenden Interpretation führt[9]. Denn in gewissem Sinne sind solche (notwendigerweise dilettantisch bleibenden) Rezeptionsversuche einer Methode ohne dazugehörige Theorie bereits durch das Eindringen soziologischen Gedankenguts in die kirchenpolitischen Argumentationen von Priestern und Laien überholt. Am weitesten ist dieser Prozeß in den Niederlanden fortgeschritten, doch auch in der Bundesrepublik scheint sich eine ähnliche Entwicklung anzubahnen[10].

Sowohl in den Diskussionen über Stellung und Aufgabe des Priesters wie in den Überlegungen der ‚politischen Theologie' schwingt die soziologische Argumentation unüberhörbar mit. Vulgarisiertes soziologisches Gedankengut dringt zunehmend in den Argumentationshaushalt der ‚Progressisten' ein, was denn auch zur Rezeption der heute verbreiteten antisoziologischen Vorurteile in konservativen Kirchenkreisen führt. Selbst der Papst sah sich kürzlich zu kritischen Äußerungen über die Soziologie veranlaßt[11]. Doch auch die ‚Konservativen' versichern sich soziologischen Beistands[12].

Diese jüngsten Ansätze zu einer Rezeption soziologischen Denkens vollziehen sich auf einer anderen Ebene als derjenigen der Pastoralsoziologie. Es geht nun nicht mehr primär um ein Faktenwissen, das mit Methoden erhoben wird, die zuerst von Soziologen entwickelt und verwendet wurden. Die Methoden der empirischen Sozialforschung sind relativ theorienneutral, d. h. auf Grund der verschiedensten theoretischen Hintergründe benutzbar[13]. Sie passen sich demzufolge beliebigen Interessen, auch theologischen oder kirchenpolitischen, leicht an, und ihre Ergebnisse sind im strengen Sinne soziologisch nur, sofern der inhaltliche Ansatz von soziologischen Erkenntnisinteressen bestimmt ist.

Das spezifisch Neue der heutigen Rezeptionsversuche besteht vielmehr darin, *daß nun theoretische Aussagen der Soziologie, insbesondere der Religionssoziologie, als theologisch oder kirchenpolitisch relevant angesehen werden,* d. h., es wird nun versucht, die religionssoziologische Analyse kirchlicher Phänomene als gültige Aussage über die Kirche selbst zu interpretieren oder Einsichten über die Funktionsbedingungen nichtkirchlicher Sozialverbände im normativen Sinne an die Kirchen heranzutragen: *Die Kirche selbst*

wird nun soziologisch interpretiert und für solche soziologische In-
terpretation mittelbare oder unmittelbare theologische Relevanz
beansprucht. Dieser Rückgriff auf soziologische Konzepte ist nahezu unausweichlich, wenn man die soziale Dimension der Kirche
thematisieren und mehr als die Trivialitäten einer ‚hausgemachten‘
Soziologie – gemischt aus vom jeweiligen sozialen Standort des Betrachters geprägtem gesundem Menschenverstand und theologischen Spekulationen über ‚Kirche und Welt‘ – aussagen will.

Es ist nicht Aufgabe des Soziologen, die an die Theologie gerichteten Fragen zu beantworten, aber es ist zu vermuten, daß der Beantwortung eine Klärung der methodischen Grundlagen sowohl
der Theologie wie der Soziologie vorausgehen muß, wobei die
Theologie zahlreiche Rückfragen an die Soziologie zu stellen hat.
Die Analyse von *Haarsma* (vgl. Anm. 9) stellt implizit eine Reihe
solcher Rückfragen, und es sei im folgenden versucht, die im angesprochenen Gegenstandsbereich liegenden Probleme einer
Klärung näher zu bringen.

Der Beitrag wirft vor allem folgende Fragen auf, zu denen aus
soziologischer Perspektive Stellung genommen werden kann:

1. Was kann mit den Mitteln empirischer Sozialforschung über den
Glauben der Kirchenmitglieder in Erfahrung gebracht werden?
Welches sind die Implikationen und Gültigkeitsmaßstäbe dieser
Methode? Wo liegen die Grenzen ihrer Aussagefähigkeit? Hiermit
sind eine Reihe methodologischer Fragen angesprochen, die in die-
sem Zusammenhang nur in gebotener Kürze und unter möglichster
Zurückstellung technischer Details abgehandelt werden sollen
(Abschnitt 2.2).

2. Wie sind die festgestellten Abweichungen zwischen der Lehre
der Kirche und dem Glauben ihrer Mitglieder zu erklären? Handelt
es sich hier um ein spezifisches Problem der gegenwärtigen Situation und in welcher Hinsicht? Ist eine vollständige Kongruenz zwischen Kirchenlehre und Kirchengläubigkeit aus soziologischer Perspektive überhaupt möglich und unter welchen Bedingungen?
Welches ist das Verhältnis von Klerus und Laien in bezug auf die

Lehre der Kirche? Die Beantwortung dieser bisher noch kaum systematisch erörterten Fragen kann hier nur in aller Vorläufigkeit versucht werden, wobei es vor allem darum gehen wird, den Stellenwert soziologischer Einsichten, Begriffe und Argumente zu verdeutlichen (Abschnitt 2.3).

3. Unter welchen Bedingungen scheint eine Verständigung zwischen Soziologie und Theologie über das Thema ‚Glauben‘ möglich? (Abschnitt 2.4).

2.2 Inwieweit ist die empirische Sozialforschung für die theologische Frage des Glaubens relevant?

Der Begriff ‚empirische Sozialforschung‘ kann unterschiedlich weit interpretiert werden. In seiner weitesten Fassung umfaßt er sämtliche Methoden und Techniken, mit deren Hilfe soziale Phänomene systematisch beobachtet, beschrieben und im günstigen Falle gemessen werden können[14].

Wichtigste Methoden der empirischen Sozialforschung sind die Befragung, das kontrollierte Experiment, die teilnehmende Beobachtung und die Inhaltsanalyse. Unter empirischer Sozialforschung im engeren, bereits institutionell definierten Sinne[15] versteht man im wesentlichen die Anwendung bestimmter Techniken der Befragungsmethode, von denen die Befragung mit Hilfe ausgearbeiteter Fragebogen mit überwiegend ‚geschlossenen‘ Fragen[16] die weiteste Verbreitung gefunden hat. Befragt wird in der Regel ein zahlenmäßig fixierter Querschnitt – eine Stichprobe – aus einer zunächst nach Gesichtspunkten des Forschungsinteresses abgegrenzten ‚Bevölkerung‘ oder statistischen Gesamtmasse, aus der die Befragungspersonen mit Hilfe verschiedener Zufallsverfahren ausgewählt werden. Bei korrekter Anwendung eines standardisierten Auswahlverfahrens und ausreichender Stichprobengröße darf vermutet werden, daß die Antworten der Befragten für die Gesamtheit der vorher abgegrenzten Bevölkerung ‚repräsentativ‘ sind, d. h., daß sich bei einer Befragung aller zur statistischen Gesamtheit gehörigen Personen keine wesentlichen Abweichungen hinsichtlich der Antworthäufigkeit und der Beziehungen zwischen verschiedenen erhobenen Variablen ergeben würden. Die Begründung hierfür ergibt sich aus der Stichprobentheorie.

Die Techniken der empirischen Meinungsforschung sind heute bereits so weit ausgearbeitet, und die Ausbildung der Forscher in der Regel so ausreichend, daß wir auf die meisten ‚naiven' Einwürfe gegen die Zuverlässigkeit der Methode nicht einzugehen brauchen. Die größte Schwäche der kommerziellen (und leider auch gelegentlich der wissenschaftlichen) Umfragenforschung liegt im Bereich der Auswertung und der Interpretation der gefundenen Daten.

In der Regel werden nur relativ einfache Auszählungen und Kombinationen von zwei Fragen untersucht und die aufwendigeren statistischen Methoden der Mehrfachkorrelationen, der Skalierung, der Faktorenanalyse oder gar der Mehrebenenanalyse nicht angewandt, mit deren Hilfe die Relevanz bzw. Irrelevanz einzelner Daten besser abgeschätzt werden könnte[17]. Häufig werden bereits aus geringfügigen – wenn auch signifikanten – prozentualen Differenzen weitreichende Schlußfolgerungen gezogen, obwohl bei einer korrelations-statistischen Betrachtung das Maß des Zusammenhangs als sehr gering erscheint.

Das zentrale Problem liegt zudem weniger in der unterschiedlichen Raffinesse der verwendeten Techniken als in der Frage, inwieweit das Umfrageverfahren dem zu erforschenden Gegenstand überhaupt angemessen ist und welche Schlußfolgerungen aus den Befragungsresultaten legitimerweise gezogen werden können. Hierüber läßt sich wenig Allgemeines aussagen. Die Frage der Gültigkeit eines Forschungsansatzes und der Dateninterpretation muß in jedem Einzelfall auf Grund sachnaher Überlegungen über den Forschungsgegenstand neu gestellt werden.

Was kann mit Hilfe dieser Methoden erfahren werden? Zunächst: Die vom Interviewer berichteten Reaktionen der Befragten in der Befragungssituation. Um den Einfluß der unterschiedlichen Interviewerwahrnehmung möglichst auszuschalten, werden in dem den Forschungsansatz materialisierenden Fragebogen die interessierenden Reaktionen der Befragten in der Regel bereits vorweggenommen und nur bestimmte Reaktionsmöglichkeiten offengelassen, im Extremfall sogar nur die Antwortmöglichkeiten ‚Ja – Nein – Weiß nicht'. Wir erfahren somit durch Massenumfragen die durch den Forscher vorweg standardisierten Reaktionen der Befragten, wobei im Einzelfalle offenbleibt, wie die Befragten die Fragen verstanden haben, inwieweit die Fragen für sie selbst bedeutungsvoll sind und aus welchen Motiven die jeweils gewählte Reaktion der Befragten auf eine Frage stammt.

Sofern die Antworten auf eine Frage in sich selbst das enthalten, was eigentlich interessiert, und der betreffende Tatbestand im Bewußtsein des Befragten nicht tabuisiert ist, erhält man in der Regel recht verläßliche Informationen mit dieser Methode. Das trifft für Markt- und Wahluntersuchungen in der Regel zu. In vielen Fällen interessieren jedoch Tatbestände, die komplexer sind, als daß sie in einer einzigen Frage angemessen formuliert werden können. *Dann liegt in der Formulierung des Forschungsansatzes bereits eine in ihrer Gültigkeit nicht direkt prüfbare Interpretation des Themas.* Vor allem ist zu berücksichtigen, daß die Forscher (oder deren Auftraggeber) in der Regel weit komplexere Vorstellungen über einen Sachverhalt entwickelt haben, als sie im Bewußtsein der meisten Befragten vorausgesetzt werden können, so daß die Befragten durch viele Fragen, die auf Bewußtseinsinhalte zielen, leicht überfordert werden.

Diese Überlegungen weisen deutlich auf die Schranken hin, die einer Erforschung des ‚Glaubens' der Mitglieder einer Religionsgemeinschaft mit Hilfe von Massenumfragen gezogen sind. *In der Art der Fragenformulierung wie auch in der Wahl der Untersuchungsmethode ist eine implizite Definition dessen enthalten, was als Glauben gelten soll.* Die Befragung visiert zunächst *Bewußtseinsinhalte* an, die vom Interviewer in ihrer Formulierung vorgegeben werden[18]. Es ist deshalb *Haarsma* aus der Sicht des theologischen Glaubensverständnisses völlig zuzustimmen, wenn er im Anschluß an die Unterscheidung von Glaubensbekenntnis und Glaubenshingabe feststellt: „Eine richtige Antwort auf eine Katechismusfrage ist keine Gewähr für persönliche Glaubenshingabe... Eine falsche Antwort ist noch kein Indiz für fehlenden Glauben, ebensowenig wie eine richtige Antwort eine authentische Glaubenshaltung verbürgt." [19] Hierbei wird allerdings eine von der im Umfrageverfahren abweichende Definition von ‚Glauben' vorausgesetzt, die sich aus der kirchlichen und theologischen Tradition ergibt.

Wir sollten jedoch bei dieser kritischen Feststellung nicht stehenbleiben. Die Feststellung, daß eine ‚Operationalisierung' (d. h. die Umsetzung einer bestimmten Vorstellung über einen Sachverhalt in Instrumente, die zur gültigen und verläßlichen Messung dieses Sachverhaltes geeignet sind) von Glauben im theologischen Sinne schwierig, wenn nicht ausgeschlossen ist, besagt noch nicht, daß die Antworten auf Fragen, die solches versuchen, belanglos sind. Wenn beispielsweise die Mehrzahl der von *Greely* und *Rossi* befragten Amerikaner der ‚pelagianisch formulierten' Frage, ob ein guter Mensch sich durch eigene Leistung den Himmel erwerben könne, zustimmt [20], so ist daraus vermutlich nicht auf die Verbreitung einer pelagianischen Auffassung zu schließen, sondern vielmehr auf ein Dominieren der aus einem säkularisierten Puritanismus entstandenen individualistischen Leistungsorientierung, wie sie in der amerikanischen Gesellschaft als ganzer als dominierendes kulturelles Wertmuster institutionalisiert ist.

Sollte dies zutreffen, so ergibt sich daraus ein Hinweis auf die sozio-kulturelle Bedingtheit der jeweiligen Konstitution des individuellen Glaubensbewußtseins: Wie im folgenden Abschnitt noch deutlicher werden soll, baut sich das individuelle Glaubensbewußtsein auf Grund von Integrationsleistungen unterschiedlicher Erziehungseinflüsse auf, in denen nicht ausschließlich religiöse und erst recht nicht ausschließlich der offiziellen Kirchenlehre entsprechende Sinngehalte vermittelt werden. Das individuelle Bewußtsein strebt, so darf auf Grund psychologischer Einsichten angenommen werden, nach einer gewissen Konsistenz seiner Bewußtseinsinhalte und wird auf derartige Fragen eine Antwort suchen, die mit seiner generellen Lebensauffassung vereinbar ist.

Die unterschiedlichen Prozentsätze der Zustimmung zu ‚Glaubensfragen' können zum mindesten als Indizien dafür genommen werden, inwieweit bestimmte Glaubensauffassungen im *öffentlichen Bewußtsein* einer bestimmten Gruppe verankert sind. Da wir auf Grund zahlreicher Experimente wissen, daß Befragte, die zu einer Frage keine dezidierte Meinung haben, in der Regel dazu neigen, eine Antwort zu geben, von der sie annehmen, daß sie derjenigen des Interviewers nicht direkt widerspricht, und da die Befragten über die individuellen Auffassungen des Interviewers (sofern dieser sich richtig verhält) nichts wissen können, tendieren sie dazu, sich bei der Beantwortung von sie nicht direkt betreffenden Fragen an verbreiteten sozialen Normvorstellungen zu orientieren[21]. Die traditionelle Umfragenforschung gerät somit, wenn sie mit Hilfe von Einzelfragen das Glaubensbewußtsein einer Bevölkerung untersuchen will in ein von F. *Haarsma* bereits geahntes Dilemma. Entweder verwendet sie Fragenformulierungen, die einer der kircheninternen ‚Sprachen‘, der Sprache der Theologen oder des Katechismus, entnommen sind; dann läuft sie Gefahr, das subjektive Glaubensbewußtsein der Befragten nicht zu treffen. Oder aber sie orientiert sich in ihrer Fragenformulierung am Sprachgebrauch der Gläubigen[22] und verwendet dann Fragen, die theologisch nicht mehr eindeutig interpretierbar sind.

Es ist daher verständlich, wenn F. *Haarsma* theologisches Unbehagen an den Fragestellungen der Pastoralsoziologen äußert und ihnen bald pelagianische, bald monophysitische Abweichungen vorwirft[23]. Dennoch trifft der Vorwurf in dieser Form m. E. schlecht. Man müßte hier zurückfragen, von was für einem Glaubensverständnis ausgegangen wird, welches die implizite Voraussetzung eines solchen Vorwurfs ist. Beruht er nicht auf der Vorstellung, *daß die Glaubensqualität des durchschnittlichen Gläubigen durch diejenigen Maßstäbe zu messen sei, die sich durch die Definitionen von Orthodoxie seitens des kirchlichen Lehramts ergeben?* Das entspräche jedoch einem reduzierten Glaubensverständnis, das *Haarsma* selbst vorher und nachher ablehnt, wenn er auf die existentielle Dimension des Glaubens hinweist. Ob eine verstärkte Beteiligung von Theologen an der Fragenformulierung zu einer Verbesserung der Untersuchungsergebnisse führen würde, scheint mehr als fraglich. *Die Beteiligung der Theologen müßte auf der grundsätzlicheren Ebene ansetzen, welches die empirischen Merkmale des christlichen Glaubens in einer bestimmten kulturellen und historischen Situation sein können und sollten.* Die Vorstellung, es gebe so etwas wie ein überzeitliches ‚Wesen des Christ-Seins‘ – als empirisch feststellbare Qualität von Individuen – scheint aus wissenssoziologischer Perspektive absurd und ist vermutlich auch kein theologisch notwendiges Postulat.

F. *Haarsma* – wie auch viele andere – versprechen sich Fortschritte durch eine vertiefte Untersuchung der religiösen Einstellungen. Obwohl die Einstellungsmessung zweifellos ein verläßlicheres Instrument der empirischen Sozialforschung ist als die übliche Form der Umfragenforschung, vermag jedoch auch sie keine theologisch eindeutigen Resultate zu vermitteln, ja vielfach werden ihre Resultate sogar in den Sozialwissenschaften zu naiv interpretiert. Meines Erachtens ist zu unterscheiden zwischen massenhaft verbreiteten sozialpsychologischen Einstellungen, wie sie als Resultate von institutionsorientierten Sozialisationsprozessen auftreten, und zwischen im Subjekt auf Grund individueller Integrationsleistungen aufgebauten, lebensführenden Sinnkomplexen. Für das erstgenannte Phänomen scheint der Name ‚Kirchlichkeit‘, für das zweitgenannte der Name ‚Religiosität‘ angemessen. Nur ‚Kirchlichkeit‘ im genannten Sinne läßt sich mit Hilfe der sozialpsychologischen Methode der Einstellungsmessung angemessen erfassen, während ‚Religiosität‘ allenfalls individualpsychologischen Untersuchungsmethoden zugänglich wäre[24]. In beiden Fällen handelt es sich jedoch grundsätzlich um empirisch beschreibbare Phänomene. Es wäre Sache der Theologie, ihren Stellenwert unter dem Gesichtspunkt der ‚fides qua creditur‘ näher zu bestimmen.

Wenn es sich beim Glauben nach gegenwärtigem katholischem Verständnis um ein existentielles Verhältnis des Menschen zu Gott handelt, das durch die Kirche lehramtlich und sakramental vermittelt ist, so ergibt sich bereits aus unseren methodologischen Überlegungen, daß Glauben in diesem Sinne mit den konventionellen Mitteln der empirischen Sozialforschung nicht feststellbar, geschweige denn meßbar ist. Vielleicht wäre es möglich, durch eine Kombination der Methode teilnehmender Beobachtung und sog. Tiefeninterviews bei einzelnen Personen das Maß solchen Glaubens in etwa festzustellen. Immerhin scheint mir hierfür das seelsorgliche Gespräch ein weit aussichtsreicheres Hilfsmittel zu sein, das zwar seiner Form nach dem Tiefeninterview ähneln mag [25], aber doch eine völlig anders strukturierte Situation für den ‚Befragten' darstellt. Auf das situationsbedingte Element – Glaubenssituation versus Interviewsituation – wird deshalb von *Haarsma* zu Recht hingewiesen. Hier stößt der Interviewer in der Regel auf unüberschreitbare Schranken, die er auch nicht zu überschreiten versuchen sollte.

Der entscheidende Unterschied zwischen ‚Glauben' im so definierten theologischen oder pastoralen Sinne und zwischen ‚Glauben' im Sinne der empirischen Umfragenforschung liegt somit nicht darin, daß im ersten Falle eine ‚übernatürliche', im zweiten Falle eine ‚natürliche' Wirklichkeit anvisiert würde. Ob solcher existentieller Glaube ‚Gnade' ist oder das Ergebnis entsprechender psychologischer Eigenschaften, ist damit in keiner Weise entschieden. Der entscheidende Unterschied besteht vielmehr in der *Definition der Situation* durch denjenigen, dessen ‚Glaube' in beiden Fällen in Frage steht und der sich entsprechend seiner Situationsdefinition verhalten wird.

Die entscheidende Frage in diesem Zusammenhang lautet somit nicht, was die empirische Sozialforschung nach Auffassung der Theologen messen sollte, sondern was sie zu messen vermag und welches die theologische Relevanz des so Festgestellten ist. Diese These scheint zunächst leicht mit dem Einwand angreifbar, daß hier einer Dominanz des Methodischen, einem ‚Methodenfetischismus', das Wort gesprochen werde, ein Einwand, der auch von zahlreichen Soziologen gegenüber einer sich selbst als Inbegriff der soziologischen Methode verstehenden empirischen Sozialforschung vorgebracht wird. Doch das Problem ist komplexer. Unser Argument beinhaltet zunächst nur, daß man von einer Methode nicht Leistungen fordern soll, die sie nicht erbringen kann. Sodann muß gefragt werden, was die Methode leistet bzw. welche Erkenntnisinteressen sich mit ihr verwirklichen lassen. Endlich kann gefragt werden, mit welchen anderen Methoden sich ein bestimmtes Erkenntnisinteresse realisieren läßt.

Zusammenfassend ist festzuhalten, daß mit den Mitteln der Umfragenforschung eine Vielzahl massenhaft in ähnlicher Weise verbreiteter sozialer Phänomene angemessen erfaßt werden können, die gemeinhin als kirchen- oder religionsbezogen interpretiert werden. Voraussetzung hierfür ist ein gewisser kultureller und sprachlicher Konsens über die entsprechenden Phänomene, der zu einem guten Teil durch die Kirchen selbst definiert und verbreitet wird. In zunehmendem Maße stammen jedoch die Begriffe, unter denen kirchenbezogene Phänomene interpretiert werden, aus außerkirchlichen (oder zum mindesten außerhierarchischen) Quellen: von Publizisten, Wissenschaftlern oder kirchlichen Gruppen, die sich bewußt außerhalb der Sprachregelungen der Hierarchie stellen. Auf solche Weise verschiebt sich langsam das öffentliche Bewußtsein von Problemen, und nur insoweit bestimmte Begriffe und Probleme im öffentlichen Bewußtsein verankert sind, ist damit zu rechnen, daß sie in Umfragen angemessen zur Sprache kommen können.

Von daher erklärt sich auch, daß sowohl konservative wie progressive Kreise in der Kirche von Umfragenergebnissen in der Regel enttäuscht sind: Sie demonstrieren in vielen Fragen, die von den Kirchen als dogmatisch relevant angesehen werden, eine erhebliche Defizienz der Information und des Für-wahr-Haltens der Kirchenangehörigen, was für die traditionelle Glaubensauffassung schokkierend sein muß. Es ist jedoch in der Regel noch weit schwieriger, im Kirchenvolk Ansätze zu neuen Formen von Gläubigkeit mit Mitteln der empirischen Sozialforschung nachzuweisen. Soweit diese nicht bereits wieder durch die Kirchen oder die Massenmedien auf Formeln gebracht, stereotypisiert und damit dem ‚personalen Glaubensverständnis‘ nach entfremdet sind, werden sie sich mit den Mitteln der Umfragenforschung nicht ermitteln lassen [26].

2.3 Das Verhältnis von Kirchenlehre und Kirchenglaube

Haarsmas zentrales Interesse gilt dem „Spannungsfeld zwischen Glauben und Dogma, zwischen der persönlichen Überzeugung der Gläubigen und der offiziellen Lehre der Kirche" [27]. Daß eine solche Spannung besteht, versucht er anhand von Umfragenergebnissen nachzuweisen, die jedoch nach seiner Interpretation darauf hindeuten, daß sich die Divergenzen der Auffassungen im wesentlichen auf die eher peripheren Glaubensinhalte beziehen, während die in der ‚Hierarchie der Wahrheiten‘ am höchsten stehenden Glaubensinhalte, die dem ‚Kern des Evangeliums‘ (Kerygma) nahestehen, weitaus häufiger akzeptiert würden[28].

Wie aus dem Vorangehenden hervorgeht, wird man hinsichtlich des Rückschlusses von derartigen quantitativen Daten zu qualitativen Begriffen, etwa der Glaubensintensität von Individuen, vorsichtig sein müssen. Immerhin: Was in der öffentlichen Meinung verbreitet und akzeptiert ist, hat im durchschnittlichen Falle größere Chancen, auch verinnerlicht und zum Bestandteil eines eventuell vorhandenen subjektiven Glaubensbewußtseins zu werden. Es wäre also, wenn man sich der Interpretation *Haarsmas* anschließt, der Kernbestand der christlichen Botschaft in den untersuchten Gebieten weiterhin sowohl Bestandteil der öffentlichen Kultur als auch des subjektiven Glaubensbewußtseins. Die beigebrachten Daten sind mit einer solchen Interpretation durchaus vereinbar, nur die Deutung der Glaubensinhalte hinsichtlich ihrer ‚Nähe zum Kerygma‘ ist eine ausschließlich theologische Angelegenheit, die den Daten selbst nicht zu entnehmen ist. Das Vorhandensein einer Art Isomorphie zwischen der theologischen ‚Hierarchie der Wahrheiten‘ und der Hierarchie der Glaubensinhalte im Bewußtsein der Angehörigen einer Glaubensgemeinschaft ließe sich dagegen – unter der Voraussetzung des Vorhandenseins einer gemeinsamen sprachlichen Kommunikationsebene – im Prinzip empirisch testen[29].

Wenn ein solches Vorgehen empfohlen wird, so unterliegt dem natürlich auch eine bestimmte Interpretation des Verhältnisses von Kirchenlehre und Kirchenglaube: Die Kirchenlehre wird als potentieller Bestandteil der allgemeinen Kultur oder einer bestimmten Subkultur angesehen, und es wird angenommen, daß sich der Glaube der Kirchenangehörigen, so wie er in deren Antwortreaktionen auftritt, entweder aus einer verbalen oder aber sinnhaften Übernahme bestimmter Glaubensinhalte ergibt. Es gibt Anzeichen dafür, daß in sehr vielen Fällen lediglich eine verbale Übernahme bestimmter Glaubensformeln erfolgt, ohne daß diese Bestandteil des lebensführenden Denkens eines Subjekts geworden wären[30]. Ob und unter welchen Bedingungen eine solche sinnhafte Rezeption günstige Chancen hat, ist ebenfalls eine grundsätzlich mit empirischen Methoden untersuchbare Frage, die in den Bereich der Sozialisationsforschung gehört. Um hier jedoch zu einigermaßen angemessenen Ergebnissen zu kommen, müßten vor allem hinsichtlich der theoretischen Interpretation der angedeuteten Fragen weitere Fortschritte gemacht werden. Neuere Entwicklungen im Bereich von Psychologie und Soziologie leisten hierfür wertvolle Vorarbeit[31]. Im folgenden können hierzu nur einige Hinweise gegeben werden. Da ich glaube, daß die Theologie von den Daten der empirischen Sozialforschung nur in dem Maße wird profitieren können, als sie sich mit den ihren Ansätzen zugrunde liegenden theoretischen Auffassungen auseinandergesetzt hat, sei ein vorläufiger Versuch zur wissenssoziologischen Darstellung des Verhältnisses von Kirchenlehre und Kirchenglaube gewagt.

Jedes Wissenssystem steht vor dem Problem, seine Identität zu erhalten. Hierzu muß es zwei Probleme lösen, nämlich dasjenige der Aufrechterhaltung seiner sinnhaften Integration – seine Darstellung objektiver Wirklichkeit – und dasjenige seiner Vermittlung in das Bewußtsein der Menschen, die es weiterhin tragen sollen. Konkret gesprochen: Die Fortexistenz des katholischen Glaubens ist davon abhängig, ob es erstens gelingt, die Lehre der Kirche als symbolische Sinnwelt zu erhalten, und zweitens vom Maße, in dem diese symbolische Sinnwelt von Menschen zu ihrer eigenen subjektiven Daseinsdeutung übernommen wird. Keine dieser beiden Bedingungen ist grundsätzlich ohne die andere denkbar: Glaube als Glaubensinhalt (fides quae creditur) kann sich im Zeitablauf nur erhalten, insoweit er von angebbaren Menschen geglaubt und von diesen wiederum an andere Menschen weitergegeben wird[32]. *Die subjektive Aneignung (fides qua creditur) ist somit – im Zeitablauf gesehen – einmal Folge und einmal Bedingung der Existenz objektivierter Glaubensinhalte.*

Im einfachsten Denkmodell, demjenigen einer geschlossenen Gruppe mit einem einzigen bekannten Wissenssystem, das eine konkurrenzlose Erklärung der ‚ganzen Welt' anbietet, ist das Problem der Identitätserhaltung relativ einfach. Zwar wird es auch hier in der Regel eine unterschiedliche Verteilung des Wissens geben, d. h., die Herrschenden oder besondere Spezialisten (z. B. Zauberer, Priester) wissen mehr, können mehr Ereignisse sinnhaft interpretieren als die einfachen Gruppenglieder. Gerade dies ermöglicht sogar, das Identitätsproblem auf einfache Weise zu lösen: Nur relativ wenige Personen brauchen in den Gesamtbestand des Wissens eingeführt zu werden, der überdies einfach genug ist, um von einem Individuum auf das andere übertragen zu werden. Hier wird auch unser zentrales Argument besonders deutlich: ‚Vergißt' ein Spezialist, seinen Nachfolger in ein bestimmtes Wissen einzuführen, so ist dieses für die Gruppe verloren, was gleichzeitig Anlaß zu einer kulturellen Innovation sein kann.

Im Gegensatz dazu sind Kirchen hochkomplexe Organisationen mit einem vielfältigen Wissensbestand, der in keinem Menschen voll vorhanden sein kann. Die Verteilung des Wissens ist demzufolge notwendigerweise breiter, andererseits (selbst unter der Voraussetzung, es gebe keine konkurrierenden Wissenssysteme) die Gefahr abweichender Interpretationen des Wissens (Häresien) wesentlich größer, da jedes Subjekt notwendigerweise nur eine Auswahl des im System vorhandenen Wissens sich aneignen kann. Die Identität des Wissenssystems kann sich daher nicht mehr auf den Gesamtbestand des Wissens beziehen, sondern nur noch auf eine *Auswahl* dieses Wissens, auf einige zentrale Vorstellungen, die für allgemein verbindlich erklärt und auf deren Weitergabe besonders geachtet wird. Die Annahme dieser zentralen Vorstellungen (z. B. Dogmen, Zehn Gebote) wird gleichzeitig zur Zugehörigkeitsbedingung. Sie werden als besonders wertvoll dargestellt, und es geht bei der Übertragung dieses Wissens nicht nur um die Übertragung der Wissensinhalte, sondern gleichzeitig um die Übertragung der Werthaftigkeit dieser Wissensinhalte, wodurch sie gleichzeitig zu Selektionskriterien für die übrigen (nicht zentralen) Wissensinhalte oder – psychologisch ausgedrückt – zu Bestandteilen der Motivationsstruktur werden.

Aus dieser hier nur fragmentarisch entwickelten Perspektive läßt sich – und dies führt zur Ausgangsfrage zurück – eine sozialpsychologische Bestimmung von ‚Glaube‘ geben, die sowohl mit dem pragmatischen Alltagswissen der Seelsorge übereinstimmt als auch einige Relevanz für die theologische Reflexion besitzen dürfte: *Von ‚Glaube‘ im Sinne des persönlichen Glaubens (der fides qua creditur) kann nur gesprochen werden, insoweit bestimmte Glaubensinhalte in der Weise von einem Subjekt angeeignet werden, daß sie Bestandteil der Motivationsstruktur des Subjekts werden und demzufolge sein Verhalten steuern. Und zwar muß die Übernahme so geschehen, daß die im Subjekt aufgebauten Motive sein Verhalten so steuern, daß es seinerseits durch sein Verhalten die von ihm Abhängigen im Sinne einer weiteren Übernahme von Inhalt und Werthaftigkeit der zentralen Glaubensvorstellung zu beeinflussen vermag.* Als Ausdruck eines ‚lebendigen Glaubens‘ wird demzufolge ein Verhalten angesehen, das die Motivationskraft der übernommenen Glaubensinhalte erkennen läßt, was wiederum nur im Horizont der die zentralen Vorstellungen übergreifenden Sinngehalte eines ‚christlichen Lebens‘ möglich ist. Ein Mensch wäre demzufolge um so ‚gläubiger‘, je stärker er sich in der Konstitution seines Lebenssinnes von den zentralen Inhalten des christlichen Glaubens leiten läßt und je mehr es ihm gelingt, seinen Glauben ‚glaubhaft‘ zu machen.

Es dürfte nicht schwerfallen, diese Gedanken in vorreflexiver Form als Bestandteil der praktischen Vernunft der Kirche nachzuweisen, zum mindesten was diejenigen betrifft, die sie als ihre eigenen Repräsentanten ansieht. Allerdings müßten beim detaillierten Nachweis dieser praktischen Vernunft zahlreiche Differenzierungen angebracht werden: Je nach der jeweiligen organisatorischen und sozio-kulturellen Konstellation werden andere Aspekte des Identitätsproblems gesehen und andere Maßnahmen getroffen, um den ‚einen Glauben‘ lebendig werden zu lassen: vom Katechumenat der frühen Kirche über die Kirchenversammlungen der nachkonstantinischen Zeit, den Ausschluß häretischer Gruppen, die Inquisition, die Katechese, die Seminarausbildung des Klerus bis hin zum Elternrecht und der Konfessionsschule – oder den jüngsten nationalen Kirchenversammlungen unter Einbezug der Laien. Die Identität des Wissenssystems erfordert dabei keineswegs, daß seine sämtlichen Inhalte identisch bleiben, sondern nur, daß die Veränderungen der Inhalte nicht jenen fundamentalen Konsens zerstören, der die Basis einer gruppenmäßigen Zusammengehörigkeit bildet, die als das gesellschaftliche Substrat des Wissenssystems anzusehen ist. Wissenssystem und gesellschaftliches Substrat (d.h. Sozialstruktur bzw. Organisation der Kirche) stehen dabei in einem interdependenten Verhältnis und stabilisieren sich gegenseitig; auch Impulse zur Veränderung können auf beiden Seiten auftauchen.

Wenn gegenwärtig die Spannung zwischen der persönlichen Überzeugung der Gläubigen und der Lehre der Kirche besonders intensiv empfunden wird, so kann dies sowohl durch Spannungen zwischen dem kirchlichen Wissenssystem und anderen Bestandteilen der allgemeinen Kultur als auch durch Spannungen innerhalb des gesellschaftlichen Substrats dieses Wissenssystems bedingt sein.

Für beide Hypothesen lassen sich Argumente anführen: Während die Auseinandersetzungen zwischen dem kirchlichen Wissenssystem und anderen Bestandteilen der allgemeinen Kultur seit langem offenkundig sind – der Gegenstand dieses Buches ist selbst ein Moment dieser Auseinandersetzung –, dringen die Auseinandersetzungen um die Sozialstruktur der Kirche erst allmählich ins kirchliche Bewußtsein. Zwei Spannungsfelder scheinen dabei zu dominieren, nämlich einerseits dasjenige zwischen Klerus und jener Minderheit der Laien, die auf Grund ihrer zunehmenden Bildung das Wissensmonopol des Klerus in Fragen der Definition des kirchlichen Wissenssystems in Frage stellen, andererseits das Spannungsfeld innerhalb des Klerus, das sowohl das Verhältnis von Theologie und kirchlicher Hierarchie als auch dasjenige der Über- und Unterordnung im hierarchischen Verband und die dabei immer noch überwiegenden quasi-feudalistischen Herrschaftsmuster betrifft.

Wissenssoziologisch scheint dabei vor allem folgendes bedeutsam: Wurde – zum mindesten seit dem Tridentinum[33] – der Klerus als der eigentliche Garant der Identität der Kirche angesehen, richteten sich demzufolge auf ihn die zentralen Sozialisationsbemühungen zur Erzielung einer lehrkonformen Glaubens- und Lebenshaltung (Seminarausbildung!), so ergibt sich nunmehr mit der zunehmenden Dissoziation von Klerikerbestand und theologischer Ausbildung wie auch mit der Zunahme des Bildungsstandes der nicht primär theologisch gebildeten Laien eine völlig neue soziale Situation hinsichtlich der Diskussion um die kirchlich relevanten Wissensbestände. *Von daher wird die Gläubigkeit der Laien überhaupt erst wieder zum kirchenpolitischen Problem.*

Berücksichtigt man die zunehmende Komplexität kirchlicher Wissensbestände, die sich in etwa an der wachsenden Differenzierung der theologischen Disziplinen ablesen läßt, berücksichtigt man weiterhin, daß für die Konstitution eines subjektiven Lebenssinns die Laien in zunehmendem Maße auf Bestandteile der allgemeinen Kultur angewiesen sind, die im kirchlichen Wissenssystem nicht oder nur mangelhaft zur Geltung kommen, so ergibt sich bereits von daher eine Erklärung für zunehmende Pluralität der Glaubenshaltungen auch unter denen, die sich als gläubige Kirchenmitglieder verstehen[34]. *Die Grenzen zwischen kirchengebundener Gläubigkeit und außerkirchlicher Religiosität werden dabei fließend, weil die Bedingungen der sinnhaften Konsistenz des kirchlichen Wissenssystems und die Bedingungen der subjektiven Sinnkonstitution durch die Individuen infolge der die Moderne kennzeichnenden gesellschaftlichen Differenzierungsprozesse zunehmend auseinandertreten*[35]. Dem einzelnen Subjekt wird dabei eine wesentlich höhere Selektionsleistung hinsichtlich der überkomplexen kulturellen Sinngehalte zugemutet, mit denen es infolge seiner vielfachen und weitgehend unkoordinierten Gruppenzugehörigkeiten konfrontiert wird, als unter elementareren Sozialverhältnissen. Es ist unvermeidlich, daß dabei – sofern die Konstitution subjektbezogener Identität überhaupt gelingt – eine erheblich größere individuelle Variabilität der lebensorientierenden Sinngehalte resultiert als unter Sozialbedingungen mit einheitlicheren Sozialisationseinflüssen. Solange es gelang, wenigstens die Kleriker in einem von außerkirchlichen Einflüssen relativ abgeschlossenen Milieu heranzubilden, und solange auch noch ein erheblicher Teil der Gläubigen in einer überwiegend von kirchlichem Gedankengut imprägnierten Subkultur lebte, konnte es der kirchlichen Hierarchie gelingen, eine gewisse Einheitlichkeit von Kirchenlehre und Kirchenglaube auf einem im Vergleich zum Differenzierungsgrad der allgemeinen Kultur relativ niedrigen Komplexitäts- und Abstraktionsgrad zu erhalten[36].

Auch die Tradierung des ‚Glaubensgutes‘ konnte durch relativ einheitliche Formen der Pastoral noch gesichert werden. Was dabei weitgehend übersehen wurde, war die immer noch starke *kulturelle Homogenität* derjenigen sozialen Schichten, bei denen diese Pastoral im wesentlichen Erfolg hatte. Dabei mußte sich die territorial gegliederte Pastoral dem jeweiligen ‚Milieu‘ anzupassen versuchen, denn die spezifischen Kirchlichkeitsformen waren so sehr Bestandteil der milieuspezifischen Alltagskultur, daß sie davon nicht zu trennen waren[37]. Insoweit die Kirche dies tat, konnte sie jedoch eines gewissen sichtbaren Erfolges sicher sein. Mit der allmählichen Einebnung derartiger subkultureller Homogenitäten verliert sich jedoch auch die spezifische Form der Kirchlichkeit mehr und mehr.

Aus dieser letzten Überlegung läßt sich jedoch noch ein Weiteres ableiten: Auch in früheren Zeiten war das Verhältnis von Kirchenlehre und Kirchenglaube keineswegs so, wie es unserem einleitend erwähnten Idealbild entspräche[38]. Auf Grund unseres fragmentarischen sozialgeschichtlichen Wissens über Kirchenfrömmigkeit, Kirchendisziplin und Kirchenpraxis vergangener Zeiten läßt sich schließen, daß ein ‚personaler Glaube‘, wie er auf Grund der veränderten sozialen Situation heute zunehmend als einzige Glaubensmöglichkeit gefordert wird, in den meisten Epochen der Kirchengeschichte die Ausnahme darstellte[39]. Mehr noch, es ist zu vermuten, daß manches, was heute als Märtyrertum gepriesen wird, mehr auf Gruppenloyalitäten denn auf eine personale Entscheidung zurückzuführen war. Auch seitens der kirchlichen Obrigkeiten wurde dem existentiellen Glaubensverständnis keine derartige Bedeutung zugemessen wie heute. Es sei hier lediglich an die Sakramentenauffassung des ‚opus operatum‘ erinnert, die dem persönlichen Glauben eine nur untergeordnete Bedeutung zumaß. Die Kirche fungierte weit stärker denn heute als Agentin externer sozialer Kontrolle, die sich wenig um das Innenleben der Gläubigen kümmerte, sondern im wesentlichen das konkrete Verhalten und die geäußerten Lehrmeinungen der Theologen und Prediger kontrollierte. Dabei ist angesichts der beschränkten überlokalen Kommunikationen anzunehmen, daß auch zu ein- und derselben Zeit sowohl die Lehrinhalte wie die Frömmigkeitsformen in den verschiedenen Gebieten der Christenheit eine weit höhere Variabilität aufwiesen, als dies heute der Fall ist.

Zusammenfassend ergibt sich aus der historischen und soziologischen Betrachtung, daß das Verhältnis von Kirchenlehre und Kirchenglaube nicht erst in unserer Zeit prekär geworden ist, sondern ein dauerndes Problem der Kirche darstellt. *Neu ist hingegen, daß der Ort der Variabilität mehr und mehr in das Subjekt verlagert wird, während die Variabilität früher stärker zwischen verschiedenen sozialen Gruppen, Schichten und Kulturräumen existierte.* Das entspricht dem Übergang von einer segmentär gegliederten zu einer funktional differenzierten Gesellschaftsform. Gleichzeitig dürfte deutlich geworden sein, daß die Glaubenschancen und Glaubensformen in erheblichem Maße sozio-kulturell bedingt sind und sich aus der Betrachtung dieser soziokulturellen Rahmenbedingungen zahlreiche Erklärungsmöglichkeiten für den Wandel der Glaubensauffassungen ergeben.

2.4 Verständigungsschwierigkeiten zwischen Theologie und Soziologie

Unser letztes Thema ist schwierig: Inwieweit können sich Soziologie und Theologie über das Phänomen des ‚Glaubens‘ verständigen? Wir stoßen hier auf eine der Kernfragen des Verhältnisses von Theologie und Soziologie und behaupten nicht, sie im folgenden befriedigend behandeln zu können. Dennoch sollte man ihr nicht ausweichen.

Traditionellerweise wird die Frage dahingehend beantwortet, daß der Soziologe sich über die ‚Wahrheit‘ oder ‚Echtheit‘ des Glaubens nicht auszusprechen brauche, ja daß er diese Frage im Rahmen seiner unter dem Postulat der ‚Wertungsfreiheit‘ stehenden Methode überhaupt nicht aufwerfen dürfe. ‚Glaube‘ ist demzufolge als empirisches Phänomen unter Vernachlässigung aller Wahrheitsbezüge zu behandeln oder – sofern das nicht möglich ist – kein Gegenstand der Wissenschaft. Diese Antwort ist stringent und war bisher vorteilhaft für Wissenschaft und Religion: Die Wissenschaftler überließen es den Theologen und Kirchenmännern, darüber zu meditieren, was Glaube sei, und wandten sich selbst ,nützlicheren' Beschäftigungen zu. Die Theologen und Kirchenmänner ihrerseits konnten sich stets darauf berufen, daß die wissenschaftlichen Abhandlungen über religiöse Phänomene das ,Eigentliche' nach eigener Aussage nicht meinten, so daß man sich nicht ernsthaft damit auseinanderzusetzen brauchte. Die Disjunktion zwischen theologischer und erfahrungswissenschaftlicher Denkweise wird durch die Norm der Werturteilsfreiheit wissenschaftlicher Erkenntnis zementiert und damit das Problem der Beziehung zwischen beiden Wissenssystemen verdrängt[40].

Wenn es nicht um ein erkenntnismäßiges, sondern um ein praktisches Interesse geht, kann diese Trennung von theologischer und erfahrungswissenschaftlicher Interpretation religiöser Phänomene im Namen der ,wertungsfreien Wissenschaft' allerdings auch in eine naive Sozialtechnologie umschlagen. Analog einer häufig vertretenen Interpretation des Verhältnisses von Wissenschaft und Politik: „Über die Ziele entscheiden die Politiker – die Wissenschaft hat nur die Mittel zur Zielerreichung bereitzustellen", werden die Ergebnisse religionssoziologischer Forschung häufig als direkte Entscheidungshilfen für die Kirchenmänner interpretiert, um die Arbeit der Kirche ,wirksamer' zu gestalten[41].

Sofern sich die Kirchen in direkter Weise die sozialwissenschaftlichen Interpretationen religiöser Phänomene zu eigen machen und ihr eigenes Handeln – z.B. im Hinblick auf eine ,erfolgreiche Pastoral' – an solchen Interpretationen orientieren würden, stünde zu befürchten, daß der zentrale Sinngehalt der christlichen Botschaft keine selbstkritische Funktion in der Kirche mehr ausüben könnte, ja daß durch eine Verbindung von einer zur Sozialtechnologie degenerierten Pastoraltheologie und einer von feudalistischen zu technokratischen Führungsformen gemauserten Kirchenbürokratie jenes Bild der Kirche historische Wirklichkeit würde, das im antiinstitutionellen Affekt mancher heute um ihren Glauben ringender Menschen bereits antizipiert wird: die Vorstellung von Kirche als einem sich mit Heilswissen drapierenden Herrschaftsverband, der – auf seine eigene Erhaltung bedacht – zur Erhaltung der jeweiligen gesellschaftlichen Verhältnisse beiträgt, ohne doch den an sie glaubenden Menschen ein irgendwie erfahrbares Heil ernsthaft vermitteln zu wollen.

Dennoch: Wenn man davon ausgeht, daß die traditionellen Formen der kirchlichen Pastoral revisionsbedürftig sind, wenn man davon ausgehen muß (und dies scheint immer deutlicher zu werden), daß mit den bisherigen Formen der Pastoral die Christen immer weniger zum ,Glauben' gebracht werden können, so muß es als großer Fortschritt bezeichnet werden, wenn sich die Pastoraltheologie mit ,,unbefangener Empirie" (vgl. Anm. 40) beschäftigt. Nur ist leider die Empirie, wie im vorangehenden zu zeigen versucht wurde, so unbefangen nicht. Das haben die antimodernistischen Theologen des ausgehenden 19. Jahrhunderts deutlicher gesehen als manche ihrer Nachfolger. Es kann der Theologie nicht geraten werden, die Erkenntnisse der Erfahrungswissenschaften aufzunehmen, ohne sich über ihren Wirklichkeitsbegriff Gedanken zu machen.

Solange sich die Theologie nicht um die Ergebnisse der Erfahrungswissenschaften kümmerte, war ein friedliches und beiderseits relativ folgenloses Nebeneinander beider Wissenssysteme durchaus möglich, wie wir es nach dem Abklingen antiklerikaler und antimodernistischer Emotionen beispielsweise in der Bundesrepublik beobachten können. Das Verhältnis bekommt jedoch eine neue Qualität in dem Augenblick, wo seitens der Theologie erfahrungswissenschaftliche Ergebnisse aufgenommen werden, wo sie als *theologisch* interessant interpretiert werden. Hierfür ist *Haarsmas* Beitrag charakteristisch. Nun wird von den Erfahrungswissenschaften gefordert, daß sie nicht mehr nur über beobachtbare Einstellungen oder Verhaltensweisen forschen, deren Bezeichnung als ,Kirchlichkeit', ,Gläubigkeit' oder ,Religiosität' theologisch irrelevant und nur im soziologischen Referenzrahmen gültig ist, sondern es wird von ihnen verlangt, daß sie etwas über den ,Glauben' in dem Sinne auszusagen vermögen, in dem die Theologen dieses Wort verstehen, bzw. es wird die Beteiligung von Theologen an der Formulierung der Forschungsansätze oder aber die Orientierung an modernen Theologen statt an früheren Katechismusfragen gefordert[42]. Oder aber: Es wird festgestellt, daß die Ergebnisse der empirischen Sozialforschung nicht das zu messen imstande seien, was die theologische Tradition unter Glauben versteht, aber gleichwohl ein Zusammenhang zwischen jenen meßbaren Größen und dem Glauben im theologischen Sinne angenommen, ohne daß die Art dieses Zusammenhangs explizit gemacht würde.

Es ist zweifellos plausibel, daß zwischen den Antworten auf die Frage nach der Existenz Gottes und nach dem Glauben an die Gottessohnschaft Jesu oder seine leibliche Auferstehung ein starker Zusammenhang besteht und daß Menschen, die alle drei Fragen im Sinne der katholischen Lehre beantworten, auch im theologischen Sinne ‚gläubiger‘ sind als Personen, die auf alle drei Fragen abweichende Antworten geben. Während jedoch die Korrelation zwischen den Antworten auf die genannten Fragen empirisch prüfbar ist[42a], setzte eine empirische Prüfung des Zusammenhangs zwischen ‚kirchenlehrekonformen Antworten‘ und ‚Gläubigkeit im theologischen Sinne‘ zunächst eine nähere Bestimmung dessen voraus, was darunter zu verstehen ist[43].

Die einfachste Antwort seitens der Theologie bestünde auch hier darin, sich auf den übernatürlichen Charakter des Glaubens zurückzuziehen, doch hat gerade die katholische Tradition stets an der natürlichen Basis des Glaubens festgehalten. Dabei scheint jedoch das Verhältnis zwischen Natur und Übernatur wenig geklärt, und zwar sowohl hinsichtlich des individuellen Glaubensaktes als auch hinsichtlich der Entwicklung des Kirchenglaubens, z.B. der Dogmenentwicklung[44].

Das Dilemma der Theologie, insbesondere der Pastoraltheologie, scheint nun in folgendem zu bestehen: *Sie kann einerseits nicht umhin, im Glauben eine Wirklichkeit sui generis festzuhalten, die mit der von den Erfahrungswissenschaften dargestellten Wirklichkeit nicht identisch ist. Sie kann andererseits unter dem Gesichtspunkt der Wirksamkeit kirchlicher Pastoral Erkenntnisse nur auf der Wirklichkeitsebene der Erfahrungswissenschaften sammeln.* Man kann angesichts dieses Dilemmas kirchliche Gruppen verstehen, die einem innerweltlichen Aktivismus (sei es im sozialrevolutionären Engagement oder in pastoralplanerischer Generalstabsarbeit) oder umgekehrt unter Berufung auf die innerweltliche Erfolglosigkeit des Kreuzestodes Christi und das Wort von der ‚Kleinen Herde‘ bewahrender Resignation verfallen. Beide Haltungen scheinen allerdings nicht von besonderer Glaubensstärke zu zeugen.

Aus soziologischer Perspektive, insbesondere aus der Perspektive der neueren Wissenssoziologie, erweist sich das geschilderte Dilemma als *ein Konflikt zwischen unterschiedlichen Wissenssystemen*, d. h. unterschiedlichen ‚gesellschaftlichen Konstruktionen der Wirklichkeit‘, die heute – vor allem in der Pastoraltheologie – aufeinanderprallen. Fragen wie diejenige nach dem Verhältnis statistisch gemessener ‚Gläubigkeit‘ und Gläubigkeit im theologischen Sinne lassen sich nach dieser Auffassung punktuell einfach nicht beantworten, weil hinter beiden Begriffen unterschiedliche Wissenssysteme stehen: die institutionalisierten Sozialwissenschaften oder der kirchliche Glaube. Beide Wissenssysteme beinhalten unterschiedliche Sinnstrukturen, innerhalb deren dasselbe Faktum oder der gleiche Begriff einen unterschiedlichen Stellenwert erhält. Die theologische Naivität mancher religionssoziologischer Aussagen wird von daher ebenso verständlich, wie die soziologische oder psychologische Verwaschenheit mancher theologischer Aussagen über die Natur von Mensch und Gesellschaft.

Eine weitere Schwierigkeit der Verständigung beruht auf folgendem Umstand: Im Selbstverständnis der Sozialwissenschaften hat sich eine weitgehende Dissoziation von theoretischer und pragmatischer Absicht durchgesetzt, und zwar unter Berufung auf das Postulat der ‚Wertungsfreiheit‘ und bestimmte Theoreme einer positivistischen Wissenschaftstheorie. Im Bereich der Theologie ist diese Dissoziation nie theoretisch legitimiert worden, obwohl für den wissenssoziologisch geschulten Beobachter (und nicht nur für ihn) durchaus verschiedene Arten von Wissenssystemen im Horizont des Christentums der verschiedenen Konfessionen sichtbar sind: theoretische (z. B. dogmatische), kontemplative (z. B. mystische) und pragmatische (z. B. seelsorgerliche, kirchenpolitische), um nur die wichtigsten Arten zu nennen. Die Einheit des Wissenssystems scheint von großer Bedeutung für Identität und Fortbestand einer Kirche, so daß das normative Festhalten an solcher ‚Einheit' durchaus verständlich ist[45].

Die Dissoziation von Theorie und Praxis im Bereich der profanen Wissenschaften steht mit einer Verselbständigung dieser Wissenschaften im Zusammenhang, wodurch erhebliche Erkenntnisfortschritte, insbesondere die Entwicklung komplexerer Denk- und in der Folge auch Handlungsansätze, möglich wurden. Die gegenwärtige Diskussion zum Verhältnis von Theorie und Praxis in den Sozialwissenschaften zeigt jedoch, daß das Problem der Vermittlung zwischen beiden hier keineswegs befriedigend gelöst ist. Dabei ist jedoch bereits eine weitere Entwicklungsstufe angestrebt: Erreichte Differenzierungen müssen reintegriert werden. *Im Bereiche des kircheninternen Denkens scheint dagegen noch eine weitgehend naive Vorstellung über die mögliche Vermittlung von Theorie und Praxis zu herrschen, die nur in elementaren Sozialverbänden tragfähig ist.* Die Verständigungsschwierigkeiten zwischen der Theologie und den Erfahrungswissenschaften beruhen somit nicht nur auf den unterschiedlichen Prämissen beider Wissenssysteme, sondern auch auf einem unterschiedlichen Komplexitätsgrad bzw. einer unterschiedlichen Art der Komplexität des Denkens.

Der angemessene Einbezug erfahrungswissenschaftlicher Resultate und Überlegungen in das kirchliche und insbesondere in das theologische Denken setzt demzufolge eine Umstrukturierung dieses Denkens voraus, die nur dann nicht zum Verlust der Identität der Theologie führen dürfte, wenn sie ihre eigenen Prämissen in einer Art kritischer Metareflexion tiefer zu begründen vermag. Ausgangspunkt könnte dabei einerseits die Frage nach dem Verhältnis von ‚Natur' und ‚Übernatur', andererseits die Frage nach dem Verhältnis von ‚Zeitbedingtem' und ‚Ewigem' sein. Ich vermute allerdings, daß beide Fragen in dieser Form nicht weiterführen; die erste könnte vielleicht als Frage nach dem Verhältnis von Offenbarung und Sinnkonstitution (im Individuum und in der Kultur), die zweite als die Frage nach dem Verhältnis von Geschichtlichkeit und Identität des Christentums weiterverfolgt werden.

3 Norm und Freiheit: Zu einem Dilemma der Moraltheologie

Die folgenden thesenartigen Überlegungen wurden zuerst einem Kreis von Moraltheologen vorgetragen, der sich mit dem Thema ‚Gesetz und Gnade‘ zu beschäftigen beabsichtigte. Ich wurde gebeten, ein soziologisches Einleitungsreferat zu halten, in dem ich zur Situation der Moral in der Gegenwart, insbesondere zum Problem des sogenannten Normenzerfalls, Stellung nehmen sollte. Ich hatte den Eindruck, daß man sich von der Soziologie eine Art Hilfestellung erhoffte, die es den Moraltheologen gestattet hätte, ihre Aussagen ‚zeitgemäßer‘ oder ‚wirklichkeitsnäher‘ zu machen. Wenn man der Auffassung ist, die Theologie sei eine ‚Wissenschaft‘, die –zwar mit eigenen Gegenständen und eigenen Methoden – doch grundsätzlich mit den übrigen Wissenschaften vergleichbar sei, wird die Tendenz verständlich, die Erkenntnisse anderer Wissenschaften im Sinne von Hilfswissenschaften der Theologie heranzuziehen und die eigenen Aussagen dadurch zu fundieren. Über die substantiellen Veränderungen, die sich daraus für die Theologie ergeben könnten, wurde im vorangehenden bereits gesprochen. Ich hielt es deshalb für das Richtigste, einige ziemlich allgemeine Thesen aus einer streng soziologischen Perspektive heraus zu formulieren und auf ‚Übersetzungsversuche‘ in die Denkweise der Theologie zunächst zu verzichten.

Das theologische Korreferat von J. M. *Pohier*[1] nahm die Ausführungen in einer Weise auf, daß es gerechtfertigt ist, seine Gedanken einleitend zu resümieren.

Pohier stellte zunächst fest, daß die Aussagen der Soziologie nur in soziologischer Perspektive in Frage gestellt werden könnten, auch wenn sie theologisch unangenehm seien. Sofern die Aussagen von Vertretern anderer Wissenschaften als sachkompetent gelten könnten, habe es wenig Sinn, wenn die Theologie diese Wissenschaften in Frage zu stellen suche, anstatt die Ergebnisse dieser Wissenschaften in Fragen an die Theologie umzuformulieren.

Pohier stellte sodann fest, daß er von meinen Ausführungen bei der ersten Lektüre recht enttäuscht gewesen sei, weil sie nicht zum Problem von Gesetz und Gnade beitrügen. In der Folge sei ihm jedoch klar geworden, daß die Sprechweise der Theologie von ,Gesetz' von ihm allzu selbstverständlich vorausgesetzt worden sei. Wenn die Soziologie zeige, daß die Funktion von Gesetzen in der Gegenwartsgesellschaft eine andere sei, als die Theologie es in ihrem Gesetzesbegriff voraussetze, so müsse sich die Theologie fragen, ob sie die von ihr gemeinte Wirklichkeit heute noch im Begriff des ,Gesetzes' formulieren könne. „Wir müssen begreifen, daß die Weigerung der Soziologie wie der anderen Wissenschaften vom Menschen nicht in erster Linie aus schlechtem Willen, aus Unwissenheit oder aus Verblendung in philosophischer oder theologischer Hinsicht erfolgt. Sie resultiert vor allem aus der Tatsache, daß die Erfahrung der Wirklichkeit kein Äquivalent hergibt, um im Begriff des Gesetzes etwas zu denken, das gleichzeitig einzigartig und wertvoll für alle ist."[2]

3.1 Zum soziologischen Begriff der Norm

Ob die gegenwärtige gesellschaftliche Situation als eine solche des ,Normenzerfalls' sinnvoll interpretiert werden kann, ist von der Definition des Begriffs ,Norm' abhängig. Die in manchen Wissenschaften und nicht zuletzt der Soziologie zu beobachtenden *divergierenden Auffassungen über den Begriff der Norm sind selbst ein Indiz für historische Veränderungen* im Bereich der normativen Auffassungen, die als ,Normenverfall' zu bezeichnen nur eine mögliche Interpretation der historischen Vorgänge ist. Diese Interpretation ist – wie schon der Ausdruck zeigt – retrospektiv (weil an einer früheren Auffassung oder Realität von ,Normen' orientiert) und legt eine kulturkritische, konservative oder restaurative Interpretation des Vorgangs mindestens nahe.

Von *Normen* ist im folgenden stets im Sinne einer erfahrungswissenschaftlich orientierten Soziologie die Rede. Normen ‚gelten‘; Geltung von Normen ist ein soziales Phänomen, das näher zu bestimmen ist. Auch die *Legitimation der Geltung* von Normen ist für den Soziologen ein beschreibbares, unter Umständen verstehbares und auf weitere soziale Bedingungen zurückführbares Phänomen. Die Vorstellung, daß Normen ‚an sich‘ gelten bzw. aus metaphysischen Geltungsgründen ableitbar sind, ist als solche beschreibbar, jedoch hinsichtlich ihres Wahrheitsanspruchs von der Soziologie weder zu beweisen noch zu widerlegen. Allenfalls kann das ‚Passen‘ bestimmter metaphysischer Vorstellungen durch ihre Ableitung aus einer historischen Konstellation für eine bestimmte Zeit glaubhaft gemacht werden[3].

Das Wortsymbol ‚Norm‘ kommt vom lateinischen ‚norma‘, was ursprünglich Winkelmaß, dann figürlich Richtschnur, Regel, Vorschrift bedeutete. ‚Normal‘ (normalis) bedeutet ursprünglich: mit dem Winkelmaß gemacht, dann genereller der Vorschrift entsprechend, bekommt jedoch früh die *Doppelbedeutung des als Norm dienenden und des Normgemäßen.* Das lateinische Wort hat auch in die französische und englische Sprache Eingang gefunden; es spielte – soweit die sprachgeschichtlichen Nachweise hier verläßlich sind – im späten Mittelalter eine gebräuchliche Rolle, geriet seit dem 17. Jahrhundert in Vergessenheit und tauchte erst nach der Mitte des 19. Jahrhunderts erneut auf und ging allmählich in den Sprachgebrauch über. Als soziologischer Begriff findet es sich erst nach 1930. Es hat hier die Funktion eines Oberbegriffs für zahlreiche konkretere Begriffe, wie Brauch, Sitte, Vorschrift, Gesetz usw. Die Abgrenzung zum Begriff ‚Wert‘ ist fließend, doch wird das Wort Norm in der Regel für konkretere, verhaltensnähere Standards, das Wort Wert für abstraktere, stärker generalisierende, komplexere Kriterien von Sein-Sollendem verwendet[4]. Die Verwendungsgeschichte der beiden Worte deutet einen historischen Prozeß gesteigerter Abstraktion des Denkens an, auf dessen gesellschaftliche Bedingungen zurückzukommen sein wird.

Unter „sozialen Normen“ werden in der soziologischen Literatur manchmal konkrete Verhaltensweisen, zunehmend jedoch die

Maßstäbe, nach denen konkrete Verhaltensweisen beurteilt werden, verstanden. *Soziale Normen beziehen sich stets auf menschliches Verhalten*[5]. Sie beinhalten eine vorgeschriebene oder ausgeschlossene Verhaltensweise in mehr oder weniger generell definierten Situationen. Sie *schließen* damit stets *Verhaltensmöglichkeiten aus.* Dieser Ausschluß von Möglichkeiten kann – empirisch gesehen – bloß faktischen oder zugleich ‚normativen‘ (i. e. S.) Charakter haben. Im folgenden ist nur von diesem engeren Normbegriff die Rede. Ein Verhalten ist dann als normativ zu bezeichnen, wenn eine Verhaltensabweichung in der Regel mit *negativen Sanktionen* belegt wird. Ob im konkreten Falle ein bestimmtes Verhalten normiert ist, läßt sich somit empirisch nur an Fällen abweichenden Verhaltens ermitteln. Ein ‚Brauch‘ ist demzufolge keine soziale Norm im engeren Sinne. Aus empirischen Regelmäßigkeiten allein kann noch nicht auf ihren normativen Charakter geschlossen werden. Der Verfall einer Norm zeigt sich nach dieser Auffassung durch das Nachlassen der Häufigkeit und Intensität negativer Sanktionen auf normabweichendes Verhalten[5,].

Empirisch gesehen, bedeutet ‚*Geltung‘ eine Norm,* daß von anderen (und zwar unter entsprechenden Umständen nicht nur vom durch ein bestimmtes Verhalten Betroffenen selbst, sondern auch von unbeteiligten Dritten) ein bestimmtes Verhalten als normabweichend qualifiziert und darauf mit negativen Sanktionen reagiert wird, die von einfacher Mißbilligung bis zur (gebilligten) Anwendung physischer Gewalt gehen können. Einen für die gegenwärtige Situation besonders interessanten Grenzfall stellen Verhaltensmuster dar, bei denen zwar die stillschweigende Abweichung vom Verhaltensmuster nicht sanktioniert, die ausdrückliche Infragestellung des Verhaltensmusters selbst jedoch sanktioniert ist. Hier wird darauf verzichtet, die Norm durchzusetzen, gleichzeitig jedoch am normativen Charakter der Norm festgehalten. Ob das massenhafte Auftreten derartiger Phänomene in der Gegenwart nur das charakteristische Stadium eines „Normverfalls" ist oder ob sich darin wenigstens teilweise eine qualitative Veränderung gesellschaftlicher Normierung andeutet, wäre zu erwägen.

Menschliches Verhalten ist normierungsbedürftig. Die Plastizität menschlicher Antriebe, die weitgehende Reduktion verläßlicher Instinktmechanismen beim Menschen, lassen die Normierung seines Verhaltens als überlebensnotwendig für den Einzelnen und die Spezies erscheinen. Nur indem der Mensch dazu gebracht wird, entsprechend geltenden Normen sich zu verhalten, vermag er ein regelmäßiges und damit im wahrscheinlichen Falle erfolgreiches Verhalten zu entwickeln, das gleichzeitig für seine Mitmenschen kalkulierbar ist. Soziale Normen als sanktionierte Verhaltensmuster bedeuten für den Einzelnen zunächst die Möglichkeit des Erwerbs von in der Regel erfolgreichen Verhaltensweisen und entlasten ihn im Einzelfalle von der Suche nach der ‚besten Lösung'. Sie ermöglichen gleichzeitig die Dauerhaftigkeit menschlicher Beziehungen und eine Entlastung von der Ungewißheit über das Verhalten des anderen.

Jede bekannte Gesellschaft ist in ihrer Fortexistenz durch *Normensysteme* gesichert, durch die komplexe, aufeinander bezogene Verhaltensweisen institutionalisiert werden. Unter *Institutionen* versteht die Soziologie Komplexe von Verhaltensmustern, die so aufeinander abgestimmt sind, daß Konformität mit diesen Verhaltensmustern i. d. R. ein reibungsloses Zusammenleben und die Befriedigung komplementärer Bedürfnisse sichert. Die Komplementarität der Bedürfnisse ist dabei nur in einem sehr allgemeinen Sinne ‚an sich' (d. h. aus der strukturellen Bedürftigkeit des Menschen) vorgegeben; die Transformation der allgemeinen Bedürftigkeit des Menschen in gleichartige oder komplementäre Bedürfnisse geschieht im Prozeß der *Institutionalisierung* von Handlungszusammenhängen (ein neuartiger Institutionalisierungsprozeß dieser Art ist z. B. die Entwicklung des Straßenverkehrs, seiner Regeln, Gebräuche und Kontrollen) und im Falle funktionierender Institutionen durch Einführung (Sozialisation) von Personen in die institutionalisierten Handlungszusammenhänge (z. B. Fahrunterricht!). Unter *Rollen* versteht die Soziologie Komplexe normierter Verhaltensmuster, die sich auf Positionen innerhalb von institutionalisierten Handlungszusammenhängen und damit auf in *bestimmten Situationen handelnde Personen* beziehen.

3.2 Stabilität und Verfall von Normen

Um das ‚statische Vorurteil' zu umgehen, das durch die Beschäftigung mit sozialen Normen stets nahegelegt wird, ist es notwendig, die Prozesse der Normbildung *(Institutionalisierung)*, der Aufrechterhaltung von Normen durch ihre Tradierung auf nachfolgende Generationen *(Sozialisation)* und die Abschwächung der normativen Verbindlichkeit bestimmter Verhaltensweise bzw. den Verfall von Normenkomplexen *(Desorganisation)* gleichzeitig ins Auge zu fassen. Eine Betrachtung des konkreten Zusammenlebens von Menschen an verschiedenen Orten (interkultureller Vergleich) oder zu verschiedenen Zeiten (Sozialgeschichte) lehrt, daß

a) stets unangefochtene Normenkomplexe bestehen,

b) diese Normenkomplexe nicht zu allen Zeiten und allen Kulturen denselben Inhalt haben, auch wenn sie funktional gleichartig sind,

c) Normenkomplexe sich funktional und inhaltlich wandeln, allerdings in sehr unterschiedlichem Ausmaß. Mit diesem *sozialen Wandel* sind stets Prozesse der Institutionalisierung *und* der Desorganisation verbunden.

Im Bewußtsein der Handelnden sind stabile Normen selbstverständlich und erscheinen unwandelbar, sie können sogar als ‚an sich seiend' erfahren werden (Wertphilosophie!). In soziologischer Sicht existieren Normen nur insoweit, als sie von Menschen als geltend anerkannt werden bzw. nach ihnen gehandelt wird. Der interkulturelle Vergleich läßt die bisherigen metaphysischen Denk- und Moralsysteme des Abendlandes, die von einem ‚an sich Seienden' ausgehen, das die überzeitliche Geltung von Normen bewirkt (z.B. Naturrechtsdenken), als wenig fundiert erscheinen und legt die Vermutung nahe, daß es sich dabei um Projektionen der Erlebnisevidenz geltender Normen auf eine höhere Abstraktionsebene handelt, die die durchaus wirksame Funktion der Absicherung ggf. auch der Wandlung elementarer Normen zu übernehmen vermögen. Hier zeigt sich ein Dilemma der moralischen Reflexion, das weiterer Überlegungen würdig wäre: Es besteht in dem Widerspruch zwischen dem vermutlich bisher universellen Bedürfnis nach einem Bewußtsein absoluter Gültigkeit moralischer Normen einerseits und der Relativierung bisheriger Begründungen für diese Normen andererseits[6]. Insbesondere müßte der unterschiedlichen Perspektive von Handelndem und Beobachter bzw. der Vermittlung zwischen beiden Perspektiven stärkere Beachtung geschenkt werden.

Die *Stabilität von Normen*, d. h. ihre unangefochtene Geltung im Zeitablauf, ist in erheblichem Maße davon abhängig, ob das normgemäße Verhalten im Regelfalle ‚erfolgreich‘ ist. Erfolgreich meint dabei zunächst, daß der normgemäß Handelnde diejenige Erwartung als sich *bestätigend* erfährt, die er mit dem entsprechenden Verhalten verbindet[6]. Von ‚Erfolg‘ ist sodann nur zu sprechen, wenn diese Erwartungen im Individuum *positiv* sind. Es ergeben sich nun vier Möglichkeiten:

Erwartete Folgen von normgemäßem Verhalten

	werden positiv bewertet	werden negativ bewertet
treten ein	NORMBEKRÄFTIGUNG	AMBIVALENZ
treten nicht ein	NORMIDEALISIERUNG	NORMVERFALL

a) Normgemäßes Verhalten ist im Regelfall erfolgreich, d. h., die positiv bewerteten, erwarteten Folgen treten ein. Das ist der Fall intakter Institutionen: Die in ihnen enthaltenen Normen sind so aufeinander abgestimmt, daß, wer sich an eine bestimmte Norm hält, damit rechnen kann, daß er damit das erreicht, was er will. Tritt dies ein, so wirkt der Erfolg *normbekräftigend,* und zwar sowohl beim Handelnden wie beim Beobachter des Erfolges anderer.

b) Die erwarteten Folgen normgemäßen Verhaltens treten ein, aber diese werden vom Handelnden negativ bewertet bzw. haben negative Begleiterscheinungen. Hier entsteht ein Konflikt zwischen genereller Norm und (individuellem) Bedürfnis, die das Individuum als Frustration erfährt. Diese zweite Möglichkeit tritt vor allem dann ein, wenn eine Institution als solche zwar relativ intakt ist, jedoch den einzelnen Menschen nicht in dem Maße in sich zu integrieren vermag, wie es von *ihren* Bestandesbedürfnissen her nötig wäre. Wird diese Konstellation für eine Institution charakteristisch, so gerät sie bzw. ein Teil ihrer Normen in einen Zustand der *Ambivalenz,* dessen Fortentwicklung nicht generell prognostiziert werden kann. Hier treten somit die Wertungen der Institution und die Bedürfnisse der von ihr Betroffenen auseinander; die Institution vermag nicht mehr ausreichend zwischen komplementären Bedürfnissen zu vermitteln. Es scheint dem Verfasser, daß das Unbehagen zahlreicher Katholiken an ihrer Kirche (bis hin zu den sog. ‚ekklesiogenen Neurosen‘) auf eine derartige Konstellation zurückzuführen ist. Im übrigen findet sich eine ähnliche Konstellation auch bei anderen bürokratischen Großorganisationen.

c) Sofern ein Individuum mit einem normgemäßen Verhalten starke positive Erwartungen verbindet, die jedoch im Regelfall nicht erfüllt werden, so ist zu erwarten, daß es sich nicht ohne weiteres von diesen trennt. (Es wird angenommen, daß keine negativen Folgen auftreten, sondern nur die positiven ausbleiben, z. B. Gebet, dem keine ‚Erhörung‘ folgt.) Es fehlt zwar die Außenbestätigung der Erwartung, doch die Erwartung selbst kann Bestand haben und sich dabei nicht selten *idealisieren.* Das heißt, um die (unbestätigte) Geltung der Norm beizubehalten, wird diese überhöht und mit zusätzlichen Wertvorstellungen besetzt, die sie zunächst gar nicht hatte; so etwa alle Vorstellungen von der ‚guten, alten Zeit‘, aber auch manche Erwartungen an kirchliches oder priesterliches Handeln leiden an normativer Idealisierung! Dieser *Idealisierungsprozeß* deutet entweder eine Abschwächung des normativen Charakters oder eine Veränderung der Normqualitäten selbst an.

d) Von *Normenzerfall* im eigentlichen Sinne sollte nur gesprochen werden, sofern sich der normative Charakter eines Verhaltensmusters verflüchtigt. Eine Häufung von normabweichendem Verhalten kann sowohl Ursache wie Folge sich abschwächender Sanktionen sein, und zwar sowohl positiver wie negativer Sanktionen. (Zum Beispiel wenn Eintrittskarten gehäuft ‚unter der Hand weggehen‘, wird der Erfolg des normgemäßen Sich-Anstellens und Wartens – Erhalt von Karten – unwahrscheinlicher.) Normenzerfall tritt vor allem dann auf, wenn hinter einer Norm *nur* negative Sanktionen stehen und dann die negativen Sanktionen selten oder schwächer werden[7]. Offensichtlich kann der Zustand der Ambivalenz leicht in denjenigen des Normverfalls übergehen, sofern die Sanktionsgewalt der Institution nachläßt.

Es läßt sich zeigen, daß der hier als ,Normbekräftigung' bezeichnete Fall a) um so wahrscheinlicher auftritt, je totaler und umfassender Menschen in eine bestimmte Institution integriert sind. Wessen Verhalten in all seinen zentralen Lebensbereichen von ein und derselben Institution kontrolliert bzw. normativ gesteuert wird, hat an den Koordinationsleistungen dieser Institution voll teil. In gewissem Sinne nimmt ihm die Institution das Problem der eigenen Lebensführung ab, er kann ein ,sinnvolles' Leben allein dadurch führen, daß er sich den Normen dieser Institution gemäß verhält, vor allem dann, wenn ihn diese ,totale Institution' (z.B. Klöster, Krankenhäuser, Gefängnisse; früher etwa der Familienverband oder Schiffsmannschaften) von der Umwelt weitgehend isoliert.

Je differenzierter die gesellschaftlichen Verhältnisse werden, um so *un*wahrscheinlicher wird die regelmäßige Normbekräftigung. Um so wahrscheinlicher scheint somit das Auftreten ambivalenter Einstellungen zu vorhandenen Institutionen und ihren Normen bzw. die Idealisierung von Normen. Beides tritt insbesondere dann ein, wenn seitens einer Institution Ansprüche auf Lebensbereiche geäußert werden, für die ihr das herrschende Verständnis keine Autorität mehr zuerkennt. Aus der Perspektive dieser Institution nimmt gleichzeitig das sogenannte ,abweichende Verhalten' zu, das jedoch nicht notwendigerweise ein normloses zu sein braucht, sondern auch an anderen Normen orientiert sein kann. Insgesamt dürfte der Bereich des eigentlichen Normenverfalls wesentlich enger sein, als gemeinhin angenommen wird. Allerdings scheint die Qualität der normativen Regulierung einem Wandel zu unterliegen, d. h., es kann nicht mehr ohne weiteres erwartet werden, daß öffentlich anerkannte, z. B. ,gesetzliche' Normen in der Perspektive der Individuen dieselbe Verbindlichkeit besitzen wie früher. *Bedingungen und Funktionen des ,Gewissens' dürften sich gewandelt haben.*

3.3 Folgen der gesellschaftlichen Differenzierung

Betrachtet man die sozialgeschichtliche Entwicklung des Abendlandes, so zeigt sich, daß im Früh- und Hochmittelalter der ganz
überwiegende Teil der europäischen Bevölkerung innerhalb einer
Form des ‚oikos‘ lebte, eines umfassenden, weitgehend autarken
Lebens- und Herrschaftsverbands also, in den der Einzelne nahezu
total eingegliedert war[8]. Die Ausbreitung des Christentums vollzog
sich in erster Linie nicht durch Bekehrung der Individuen, sondern
des ‚Hauses‘. ‚Glaube‘ ist hier keine Angelegenheit des Individuums, sondern der Gruppe, als deren Teil es sich selbst versteht. Die
herrschenden Normen sind in erster Linie diejenigen des oikos,
nicht das Gesetz Christi. Der moralische Anspruch des Urchristen-
tums wird im oikos buchstäblich ‚domestiziert‘. Die christliche
Moral nistet sich sozusagen in der Gruppenmoralität ein. Solange
die Gruppenmoralität intakt ist – und sie ist es, insoweit die ‚totale‘
Institution des oikos intakt ist –, sind auch christlicher Glaube und
Moral intakt. Ein ‚christliches‘ Leben ist ‚erfolgreich‘, weil es der
Moralität der *einen* Gruppe entspricht, deren Teil man ist[9]. Sofern
der theologische Begriff der Inkarnation nicht nur die Menschwerdung Christi, sondern die historische Verwirklichung des in der
Kirche fortlebenden Christus meint – übrigens ein möglicher Ansatzpunkt der theologischen Rezeption soziologischer Einsichten –, so hat sich hier das Christentum wahrhaft inkarniert, und
zwar in einer agrarischen Kultur[10].

Es kann hier nicht darum gehen, die sozialgeschichtlichen Veränderungen, die zur und durch die Neuzeit führen, darzustellen, sondern es soll direkt auf den m. E. für die Frage der Konstitution und
Wandlungen von Moral zentralen gesellschaftlichen Prozeß zunehmender Arbeitsteilung, zunehmender Interdependenz immer grö-
ßerer Lebensräume, zunehmender Spezialisierung, Komplexität
und Unüberschaubarkeit der für das Individuum tatsächlich relevanten Lebensbezüge abgehoben werden. Dieser Prozeß sei als
‚gesellschaftliche Differenzierung‘ bezeichnet[11]. Er interessiert in
diesem Zusammenhang vor allem unter dem Gesichtspunkt des
Verhältnisses von Individuum und Institutionen.

Aus der Perspektive der Individuen wirkt sich die gesellschaftliche Differenzierung vor allem als eine *Segmentierung der Lebensbezüge* aus: Das heißt, der Einzelne erfährt sich nun nicht mehr als Teil *einer* (umfassenden) Gruppe, sondern er erwirbt nahezu notwendigerweise mehrere *Gruppenmitgliedschaften,* und zwar in Gruppen, die untereinander nur wenig verbunden sind: Familie, Pfarrei, Betrieb, Verein usw. Er steht außerdem relativ vereinzelt den Großorganisationen (Verwaltungen, Massenmedien, Wirtschaftsunternehmen, Krankenhäuser etc.) gegenüber, als Rechtsuchender, Steuerzahler, Konsument, Kranker usw. In jeder dieser ‚Rollen‘ begegnet er *anderen* Menschen, soll er sich nach *verschiedenen* Normen richten. – Die verschiedenen Normensysteme stehen für ihn weitgehend *unvermittelt* nebeneinander und sind ihm zudem in der Regel *nur partiell* bekannt. Daraus ergibt sich – und dies scheint eine zentrale anthropologische Konstellation der Gegenwart zu sein –, daß der Einzelne, der nun nicht mehr in *eine* Gruppe (und die dahinterstehende Institution) eingeordnet ist, auch nicht mehr der umfassenden Stabilisierung durch die Institution teilhaftig wird. Er erfährt nun das Problem der *persönlichen* Daseinsführung als individuellen – häufig angstauslösenden – Konflikt, und gleichzeitig muß er häufig den Eindruck haben, es stünde ihm nicht genügend Information oder gar Erfahrung zur Verfügung, um sein persönliches Dasein als ein selbst Handelnder führen zu können.

Der positive Aspekt dieses Vorgangs wird durch den Begriff der ‚*Freiheit*‘ seit langem thematisiert. ‚Freiheit‘ ist zunächst die Emanzipation von der *umfassenden* sozialen Kontrolle *einer* Gruppe. Sozialgeschichtlich ist ‚Freiheit‘ deshalb regelmäßig mit städtischen Verhältnissen verbunden: ‚Stadtluft macht frei.‘ Das Postulat der ‚Freiheit des Individuums‘, wie es seit der Aufklärung thematisiert wird, scheint zunächst einen anderen Sinn zu haben, ist jedoch sozialpsychologisch und soziologisch aus dem erstgenannten Tatbestand ableitbar: Die Bewußtwerdung des Individuums als Subjekt ist an sozialstrukturelle Voraussetzungen gebunden, in denen sich der Einzelne nicht mehr als Teil eingeordnet erfährt, sondern durch die an ihn gerichteten *konfliktträchtigen* Ansprüche auf die Notwendigkeit eines persönlichen Entscheids hingewiesen wird. Nur der in ‚sich kreuzenden sozialen Kreisen‘ stehende Mensch kann zur Subjektivität gelangen [12]. In gewissem Sinne ist er jedoch gleichzeitig zur ‚Freiheit verdammt‘ (J.-P. *Sartre*); d. h., es werden ihm Entscheidungen zugemutet in einem Maße, das dem ‚eingeordneten Menschen‘ erspart blieb. Das ‚Sich-Entscheiden‘ wird selbst zum ‚moralischen‘ Akt, zur notwendigen Voraussetzung (und Folge!) der personalen Identität, zur Wahl zwischen ‚Autonomie‘ und ‚Entfremdung‘ [13].

Die *Konstitution subjektiver Identität* wird damit zum spezifischen Problem des neuzeitlichen Menschen. Seine ‚Personwerdung‘ ist – anthropologisch gesehen – nicht mehr ohne weiteres gesichert. Er kann nur noch ‚Person‘ werden, sofern er subjektive Identität gewinnt. Die Heterogenität der sozialen Umwelt des Einzelnen – das Korrelat dessen, was gerne als ‚gesellschaftlicher Pluralismus‘ bezeichnet wird – sichert für diesen nicht mehr spontan den Aufbau einer konsistenten Persönlichkeit, wie dies in einer homogenen sozialen Umwelt der Fall ist [14]. Der Einzelne partizipiert nicht mehr an *einer,* sondern an einer Vielfalt von Gruppenmoralitäten. Die Entscheidung zwischen verschiedenen Moralitäten wird damit zum Normalfall der existentiellen Entscheidung des Einzelnen [15].

Das ‚*Gewissen*‘ wird unter solchen Bedingungen nicht mehr als bloßes Korrelat äußerer Normen, als Komplex ‚verinnerlichter‘ Normen verstanden werden dürfen. Das Gewissen wird zur selektiven Instanz des Individuums, mit deren Hilfe es versuchen muß, aus der es überfordernden Vielfalt an Handlungsmöglichkeiten diejenigen auszuwählen, die zu ihm ‚passen‘ [16].

3.4 Das Dilemma der Moraltheologie

Die traditionelle Morallehre setzt voraus, daß es *eine* richtige Moral für *alle* Menschen in *allen* zutreffenden Situationen gebe. Allgemeine Voraussetzung der Moral ist eine unwandelbare ‚*Natur*‘ *des Menschen,* wobei in diesem Naturbegriff ‚Sein‘ und ‚Sollen‘ als ausreichend vermittelt erscheinen. Die Vorstellung einer unwandelbaren Natur des Menschen ist jedoch durch die Ergebnisse der empirischen Wissenschaften vom Menschen fragwürdig geworden. Daß dieser Fragwürdigkeit ein unterschwelliger Wandel der Auffassungen über ‚Natur‘ und ‚Wirklichkeit‘ zugrunde liegt, der selbst ein Ergebnis historischer Veränderungen ist, wird dabei bisher nur selten reflektiert. Die Legitimität des auf allgemeingültige Normen ausgehenden Denkens selbst ist fragwürdig geworden. Wie sollen Menschen, die selbst in einer bestimmten Kultur und in konkreten historischen Situationen herangewachsen sind, die Fähigkeit besitzen, Allgemeingültiges über Sein-Sollendes auszusagen? Die Möglichkeit, die Identität menschlichen Denkens selbst in Frage zu stellen bzw. möglicherweise als notwendige ‚Fiktion‘ der Daseinsbewältigung zu definieren, ist selbst Ausdruck einer bestimmten historischen und sozio-kulturellen Konstellation, die durch starken sozialen Wandel und ein Überkomplexwerden möglicher Welterfahrung gekennzeichnet ist.

Die Überkomplexität der Welt – ihre Formulierung als ‚gesellschaftlicher Pluralismus‘ ist bereits eine Verharmlosung – erscheint als fundamentale Erlebnisevidenz des ‚modernen‘ Menschen. Ihr gegenüber scheint jede traditionelle Moral, die mit dem Anspruch des ‚an sich Gültigen‘ auftritt, zu kurz zu greifen, weil moralkonformes Verhalten allzu häufig entweder als unmöglich oder als nicht ‚erfolgreich‘ erscheint. Die Dissoziation der Moral in eine *Individualethik* und eine *Sozialethik* erscheint als naiver Reflex des nur dialektisch zu beschreibenden Prozesses gesellschaftlicher Differenzierung einerseits und freigesetzter Subjektivität andererseits. Insofern die Vermittlung zwischen beiden nicht geleistet wird, bleiben jedoch beide nicht überzeugend. Der Versuch, zwischen beiden im Sinne der traditionellen Moral zu vermitteln, führt jedoch – bei Aufrechterhaltung des universalistischen Anspruchs – entweder zu Leerformeln (z. B. Wahl des ‚geringeren Übels‘) oder zu normativen Ansprüchen, deren Legitimität einer wachsenden Zahl von Normadressaten nicht mehr einsichtig gemacht werden kann.

Der *Situationsbezug moralischer Normen* scheint auch in der traditionellen Morallehre implizit enthalten, wenn auch mit sehr unterschiedlicher Akzentsetzung: So wird etwa die Tötung von Menschen unter bestimmten Voraussetzungen gestattet; zahlreiche Pflichten beziehen sich auf bestimmte Sozialbeziehungen, z.B. Kinder–Eltern, Laien–Klerus usw. Die Situationen, in bezug auf welche bestimmte Normen als anwendbar bzw. nicht anwendbar deklariert werden, werden jedoch unter Bezug auf *institutionelle* und *nicht auf individuelle Vorgegebenheiten* definiert. Dieses Denkmodell setzt für seine Wirksamkeit die weitgehende Integration eines Individuums in *eine* Institution voraus, eine Voraussetzung, die gerade heute immer seltener gegeben ist. Dem Bedürfnis nach zunehmender Normspezifizierung in bezug auf bestimmte Handlungssysteme steht andererseits ein Bedürfnis nach allgemeineren Maßstäben gegenüber, die es gestatten, wiederum die jeweilige konkrete Verfaßtheit bestimmter Handlungssysteme kritisch zu reflektieren[17]. Endlich und vor allem besteht ein Bedürfnis nach *Maßstäben zur Lösung normativer Konfliktsituationen,* die sich dem Einzelnen zunehmend als individuelle Entscheidungszumutung in bestimmten konkreten Situationen darstellen. Von daher wird der Ruf nach einer ‚Situationsethik' verständlich, die jedoch zweifellos nicht als spezifizierte Verhaltensweisung in hochindividualisierten Situationen, sondern höchstens als Anleitung zur konkreten Situationsanalyse unter Berücksichtigung des ‚Gewissens'anspruchs geleistet werden könnte.

Die Moraltheologie kann sich aus ihrer *institutionellen Verfaßtheit* innerhalb der katholischen Kirche nicht lösen, ohne ihre eigene Identität zu verlieren. Sie kann jedoch Glaubwürdigkeit nur insoweit gewinnen, als es ihr gelingt, diese institutionelle Bedingung gleichzeitig als notwendiges und *partielles* Gegengewicht gegen die Tendenzen subjektivistischer Beliebigkeit *in einer konkreten historischen Situation* zu reflektieren.

Eine Moraltheologie, die sich in erster Linie als Interpretin bestimmter normativer Ansprüche einer Institution – hier also der Kirche – versteht, mag im Bereiche der öffentlichen Moral weiterhin ihre Berechtigung haben. Die Bedingungen ihrer Wirksamkeit hier sind jedoch wesentlich andere als in einfacheren Gesellschaften, und es ist insbesondere nicht zu erwarten, daß solche öffentliche Moral als eine das einzelne Individuum im Gewissen noch durchgängig verpflichtende erfahren werden kann. Deshalb ist es notwendig, die Frage nach der Gewissensbildung, nach der Moralität des Individuums in einem neuen Referenzrahmen zu stellen, nämlich in den Horizont des Problems von Gefährdung und Erhaltung subjektiver Identität. Nur eine Morallehre, die die Freiheit des Menschen als stets zu leistende Selbstverwirklichung glaubhaft zu machen versteht, wird dem gegenwärtigen Menschen im früheren Abendland noch Verzichte im individuellen, ‚privaten' Bereich glaubhaft nahebringen können. Die Ermöglichung des Verzichts, des Ausschlusses von Möglichkeiten, ist es jedoch, was Normen zu leisten haben, wie einleitend dargestellt wurde.

4 Die Funktion des Naturrechtsdenkens für die Stabilisierung des Katholizismus

Die folgenden Ausführungen beabsichtigen keine umfassende Auseinandersetzung mit der vielschichtigen, unter dem Wort ‚Naturrecht‘ zur Sprache gebrachten Problematik, sondern untersuchen lediglich eine bestimmte, nämlich die katholisch-scholastische Naturrechtstheorie in wissenssoziologischer Perspektive. Die Neuscholastik versteht sich zwar als legitime Interpretin ‚des Naturrechts‘, und sie bringt tatsächlich einige Eigenarten unterschiedlicher Naturrechtstraditionen besonders deutlich zum Ausdruck. Dennoch ist sie unter der hier dominierenden Perspektive als Phänomen sui generis zu betrachten, nämlich als ein einem bestimmten gesellschaftlichen Gebilde – der katholischen Kirche – zugeordnetes Wissenssystem.

Es gehört zum Denkhabitus des modernen, insbesondere jedoch des katholischen Naturrechtsdenkens, seine eigene Kontinuität und Universalität zu behaupten. Demgegenüber tritt die Wissenssoziologie unter der konträren Prämisse an, daß alles menschliche Denken und Erkennen geschichts- und kulturgebunden sei. Es ist deshalb fraglich, inwieweit seine Inhalte und Ergebnisse verallgemeinerungsfähig sind. Der wissenssoziologische Zweifel ist allerdings nicht – wie Naturrechtstheoretiker ihren Gegnern häufig unterstellen – als eine ontologische Aussage („Alles fließt") zu verstehen, sondern als eine Arbeitshypothese, die es gestattet, eine Reihe von Immunisierungsstrategien der Naturrechtstheoretiker durch eine Umkehrung der Beweislast zu unterlaufen: gegenüber der Taktik, zur Begründung der Universalität des Naturrechts bald einfach auf das Wort ‚Natur‘ oder ‚Naturrecht‘ zu rekurrieren, ohne auf die jeweilige Bedeutung des dabei gemeinten Naturbegriffs zu achten[1], oder aber alle Auffassungen, die von der Idee einer Unbeliebigkeit des Rechts ausgehen, für die (eigene) Naturrechtsposition in Anspruch zu nehmen[2], wird hier auf den singulären Tatbestand einer bestimmten Naturrechtstheorie abgehoben. Sie ist empirisch gegeben, läßt sich analysieren, ihre Methode läßt sich beschreiben, und sie kann mit anderen Deutungen der gleichen Sachverhalte konfrontiert werden. Das ist des öfteren bereits geschehen[3], und wir können uns hier mit der Feststellung begnügen, daß die historisch gegebenen Naturrechtslehren hinsichtlich Begründung und Inhalt des als von Natur aus Rechten so große Diskrepanzen und Unterschiede aufweisen, daß eine einheitliche Bestimmung dessen, was mit dem Wort ‚Naturrecht‘ bezeichnet wird, kaum möglich erscheint[4].

Im folgenden sei jedoch keine Naturrechtskritik vorgetragen, sondern lediglich dargestellt, *welche Funktion das katholische Naturrechtsdenken im Zusammenhang mit der Reaktion der katholischen Kirche auf die gesellschaftlichen Differenzierungsprozesse der Neuzeit ausübte.* Diese sind im vorliegenden Zusammenhang in zweierlei Hinsicht bedeutsam:

1. Strukturelle Differenzierung von Gesellschaft bringt wachsende Autonomie einzelner gesellschaftlicher Teilbereiche mit sich: Gleichzeitig mit dem schwindenden Einfluß der Kirche auf bestimmte gesellschaftliche Bereiche verstärkt sich ihre eigene Autonomie; nunmehr erst erhält sie ihre Gegenüber, die sie als ‚Staat‘ oder ‚Gesellschaft‘ namhaft macht[4.]. Wie zu zeigen sein wird, spielt die Naturrechtsdoktrin eine zentrale Rolle für die Auseinandersetzung der Kirche mit dem Staat und den übrigen gesellschaftlichen Kräften, die sich von ihrem Einfluß emanzipiert haben.

2. Wie bereits im vorangehenden Kapitel angedeutet wurde, führt die gesteigerte Komplexität der realen gesellschaftlichen Zusammenhänge zu einer ‚Verlängerung der Handlungsketten‘, die den normalen Handlungshorizont eines Individuums sprengen[5]. Die Vermittlung von Theorie und Praxis ist deshalb nicht mehr auf „naturrechtliche‘ Weise möglich, sondern auf komplexere Vermittlungsmechanismen angewiesen, die bis heute wissenschaftlich noch kaum geklärt sind. Während sich das ‚Naturrecht‘ auf einer be-

stimmten, mittleren Ebene gesellschaftlicher Entwicklung als durchaus adäquates und die Komplexität des gesellschaftlichen Zusammenhangs erhöhendes Denkmodell erwies, muß bei weiterer Steigerung der gesellschaftlichen Komplexität auf wirksamere Mechanismen rechtlicher Stabilisierung, z. B. auf die Positivierung des Rechts, in Verbindung mit der Entwicklung der Gewaltenteilung, rekurriert werden[6]. Es gibt deshalb gute Gründe, die für die Annahme sprechen, daß die Renaissance des katholischen Naturrechtsdenkens im 19. und 20. Jahrhundert weniger durch die Evidenz des in dieser Doktrin formulierten ,Naturrechts' als durch bestimmte Bedürfnisse des Katholizismus selbst zu erklären ist.

4.1 Papsttum und Naturrechtsdoktrin

Erst nachdem der geistige Impuls des Naturrechts der Aufklärung verebbt war, als die historische Rechtsschule bereits die naturrechtlichen Staatslehren in den Hintergrund gedrängt hatte und an die Stelle der sich als universal setzenden bürgerlichen Freiheitsrechte die Einheit der Nationen als politische Leitidee trat, begann die *Renaissance* des katholischen Naturrechtsdenkens: Im Jahre 1840 veröffentlichte Luigi *Taparelli* ein Buch, das bereits im Titel die Spitze gegen die apriorisch-deduktive Methode der Naturrechtslehren der Aufklärung deutlich macht: „Versuch eines auf Erfahrung begründeten Naturrechts"[7]. *Taparelli* gehörte zu jenem Kreis italienischer Jesuiten, die bereits unter Papst *Gregor XVI.* an einer Erneuerung der scholastischen Philosophie in theologischer Absicht arbeiteten.

Durch *Pius IX.* wurde die Neuscholastik mehr indirekt – durch Verurteilung theologischer Richtungen, die die Fragen der Aufklärung zu beantworten suchten – gefördert. Sein Nachfolger, *Leo XIII.*, machte in seiner Enzyklika ,Aeterni Patris' vom 4. 8. 1879 allen katholischen Lehrern der Theologie und Philosophie das Studium, die Erneuerung und Weiterbildung der Lehren des Thomas von Aquino zur Pflicht. Diese Verpflichtung wurde von *Pius X.* in einem Motu proprio von 1910 und von *Pius XI.* in der Constitutio Apostolica vom 24. 5. 1931 erneuert. Insbesondere *Leo XIII.*

und nach ihm *Pius XI., Pius XII.* und *Paul VI.* beriefen sich in ihren Stellungnahmen häufig auf das ‚Naturrecht‘, wenn sie zu wesentlichen Fragen ihrer Zeit Stellung nahmen. Auch das kirchliche Gesetzbuch von 1918 benützt den Begriff des Naturrechts. Nach Ansicht eines der renommiertesten Theoretiker der katholischen Naturrechtslehre geschieht „die Bezeugung eines geltenden Naturgesetzes und Naturrechtes durch das kirchliche Lehramt ... somit in einer Weise, die nicht daran zu zweifeln erlaubt, daß es sich hier um eine Glaubenswahrheit handelt [8].

Es läßt sich jedoch zeigen, *daß die kirchengebundene Naturrechtsdoktrin bis zum Pontifikat Pius' IX. ausschließlich theologische Lehre und nicht Kirchenlehre war.* Was bedeutet und was bezweckte diese plötzliche päpstliche Aufwertung des ‚Naturrechts‘?

4.2 Die neuscholastische Naturrechtslehre

Im folgenden wird zunächst versucht, einige zentrale Elemente der katholischen Naturrechtslehre thesenförmig darzustellen. Das ist insofern nicht leicht, als die Päpste, die sich in der Ausübung ihres ordentlichen Lehramtes – insbesondere im Rahmen ihrer Enzykliken – immer wieder auf ‚das Naturrecht‘ berufen, keine systematische Erörterung geben, sondern in der Regel in bezug auf konkrete Sachverhalte argumentieren. Die katholische Naturrechtslehre wurde im wesentlichen von Theologen systematisch entwickelt, doch sind die Begründungen und Argumente nicht bei allen Autoren dieselben. Immerhin dürften die folgenden Postulate weder von kurialen Interpreten noch von in der scholastischen Tradition stehenden Naturrechtstheoretikern bestritten werden:

1. *Postulat der ontologischen Qualität des Naturrechts:*
Das Naturrecht ist ein materiales Seinsrecht. Es resultiert aus der erkennbaren Natur des Menschen. Natur ist das Ergebnis eines göttlichen Schöpfungsaktes und als solche dem erkennenden Menschen vorgegeben. Das Sollen resultiert aus dem erkennbaren Sein des Menschen.

2. *Postulat der Kongruenz von göttlicher und menschlicher Vernunft:*

Der Mensch ist von Gott mit einer Vernunft ausgestattet worden, die ihm prinzipiell gestattet, das Naturrecht auf natürlichem Wege – d. h. unabhängig von der durch die Kirche tradierten speziellen Offenbarung – zu erkennen. Die vernünftige Erkenntnisfähigkeit ist durch die Erbsünde nicht in dem Maße korrumpiert, daß er die vernünftige göttliche Schöpfungsordnung nicht mehr zu erkennen vermöchte.

3. *Postulat der Unwandelbarkeit und universalen Gültigkeit des Naturrechts:*

Das Naturrecht ist in seinen wesentlichen Elementen zu allen Zeiten und an allen Orten dasselbe. Bestimmte Schlußfolgerungen aus den universal gültigen, obersten Naturrechtssätzen können jedoch aufgrund der jeweiligen unterschiedlichen Gegebenheiten voneinander abweichen.

4. *Postulat der unmittelbaren Rechtsqualität des Naturrechts:*

Das Naturrecht bindet jeden Menschen unabhängig von der jeweiligen menschlichen Satzung. Es steht zwar nicht in einem prinzipiellen Gegensatz zum gesatzten Recht; dieses hat vielmehr die Vermutung für sich, das Naturrecht in sich zu enthalten. Menschliche Gesetze können jedoch auch im Widerspruch zum Naturrecht stehen und sind insoweit für den Menschen nicht bindend.

5. *Postulat der authentischen kirchlichen Naturrechtsinterpretation:*

Aufgrund der speziellen Offenbarung durch Jesus Christus, deren Weitergabe der katholischen Kirche anvertraut ist, besitzt die Kirche eine reichere und gewissere Erkenntnis der göttlichen Schöpfungsordnung und des aus ihr resultierenden Naturrechts als rein menschliche Korporationen. Im Zweifelsfalle ist deshalb die kirchliche Lehre als authentische Interpretation des Naturrechts anzusehen[9].

Die Naturrechtsproblematik erhielt im Rahmen von Neuscholastik bzw. Neuthomismus ein nach Ort und Zeit unterschiedliches Gewicht. Leider scheint eine zusammenfassende Darstellung der internationalen Entwicklung sowohl der Neuscholastik wie auch der Behandlung der Naturrechtsproblematik im katholischen Raum zu fehlen. Charakteristischerweise finden sich in Hauptdarstellungen der katholischen Naturrechtslehre *keine* Kapitel über die *Geschichte* des Naturrechtsdenkens; die Systematik erscheint als gegen die Historie gefeit.

Soweit ich sehen kann, blieb die Renaissance der Scholastik (und mit ihr das Naturrechtsdenken) bis zum I. Vatikanum eine im wesentlichen italienische Angelegenheit. Die Rezeption im deutschen Sprachbereich erfolgte im wesentlichen kurz vor der Jahrhundertwende, im französischen Sprachbereich erst zwischen den beiden Weltkriegen. Im angelsächsischen Sprachraum, in dem infolge des common law eine Polarität zwischen Naturrecht und positivem Recht sich ohnehin schwerer ergab, scheint das katholische Naturrechtsdenken nur eine geringe und erst späte Entwicklung gefunden zu haben. *Gesellschaftspolitische Bedeutung erlangte die katholische Naturrechtsdoktrin explizit vor allem im deutschen Sprachbereich.* Formal spielte sie eine wesentliche Rolle auch in überwiegend katholischen Ländern des romanischen Sprachraums, als Legitimationsformel kirchlicher Interventionen in staatlichen Angelegenheiten. Dort beließ es die kirchliche Hierarchie jedoch regelmäßig bei der formalen Berufung auf ‚das Naturrecht‘, während im deutschen Sprachbereich die Explikation der Doktrin gesellschaftspolitisch relevant wurde.

4.3 Naturrechtsdoktrin als Legitimation katholischer Subkulturbildung

Die bisherigen soziologischen Analysen des katholischen Naturrechtsdenkens[10] stehen zwar offensichtlich im Horizont der Renaissance der Scholastik im 19. und 20. Jahrhundert, aber sie beschäftigen sich nicht mit dieser Renaissance als eigenständigem

Phänomen. Sie vernachlässigen die Frage, weshalb in der zweiten Hälfte des 19. Jahrhunderts eine Renaissance des scholastischen Naturrechtsdenkens in der kirchengebundenen Philosophie und Theologie einsetzte und welches die Funktionen dieser Renaissance waren.

Dabei handelt es sich nur aus kircheninterner Sicht um eine Renaissance, aus geistesgeschichtlicher Perspektive erscheint die Wiederaufnahme des scholastischen Naturrechtsdenkens eher als bloße Restauration. Die Überzeugungskraft dieses Denkens außerhalb des Katholizismus blieb gering; mehr noch, selbst innerhalb des Katholizismus ist die Renaissance nach dem vorliegenden Material nur im deutschen Sprachbereich weitgehend gelungen und das scholastische Naturrechtsdenken zu gesellschaftlicher und politischer Wirksamkeit gelangt. Eine besonders starke Urgierung der Naturrechtsdoktrin erfolgte in der Bundesrepublik seit dem Zweiten Weltkrieg, wobei offensichtlich versucht wurde, das kirchengebundene Naturrechtsdenken, das bis zum Pontifikat Pius' IX. praktisch ausschließlich theologische Lehre und nicht Kirchenlehre war, der päpstlichen Autorität zu unterwerfen[11].

Wir haben somit drei Sachverhalte ins Auge zu fassen und aufeinander erklärend zu beziehen:

1. die systematische Übernahme scholastisch-naturrechtlicher Argumentationen durch das Papsttum seit Pius IX.,
2. die gesellschaftspolitische Wirksamkeit der naturrechtlichen Doktrinen im deutschen Sprachbereich,
3. die starke Bindung des deutschen Katholizismus an das Papsttum.

Historische Zusammenhänge können hier nicht erörtert, ihre Grundlinien müssen jedoch erwähnt werden: der Verlust des Kirchenstaates unter *Pius IX.* und der Kampf des Papsttums im 19. Jahrhundert gegen eine Unterordnung der Kirche unter die aufstrebenden Nationalstaaten[12]; die Auseinandersetzung mit den ‚modernistischen' Zeitströmungen von *Gregor XVI.* bis zu *Pius X.;* der Kulturkampf in Preußen und die daraus resultierende ‚ultramontanistische' Orientierung des deutschen Katholizismus seit dem Ende des 19. Jahrhunderts[13].

In wissenssoziologischer Perspektive interessiert hier der Zusammenhang zwischen Sozialformen und Wissenssystemen innerhalb des Katholizismus sowie der gesellschaftliche Kontext dieses Zusammenhangs.

Dabei ist auf eine Parallelität der Entwicklung des römischen und des deutschen Katholizismus hinzuweisen: Die Übernahme naturrechtlicher Argumentationen erfolgte durch das Papsttum nach dem Verlust der weltlichen Machtstellung, die Renaissance des Naturrechtsdenkens in Deutschland folgte dem Kulturkampf. In beiden Fällen erhält die Naturrechtsdoktrin ihre Bedeutung als *defensive Position* gegen eine politische und kulturelle Übermacht, als Moment der Erhaltung von Identität angesichts einer tiefgreifenden Veränderung des Verhältnisses von ‚Kirche‘ und ‚Gesellschaft‘. Die Naturrechtsdoktrin erwies sich als geeignetes Instrument zur *Stabilisierung der Grenzen zwischen Kirche und ihrer Umwelt*. Dieser Gedanke ist im folgenden auszuführen und deutlich zu machen, inwiefern sich scholastisches Naturrechtsdenken als besonders geeignet für eine *Politik der Segregation der Katholiken gegenüber der herrschenden Kultur* erwies.

Ein Axiom der neueren soziologischen Systemtheorie besagt, daß die Existenz sozialer Gebilde von ihrer Fähigkeit abhängig ist, zwischen sich und ihrer Umwelt eine Grenze aufzurichten und zu erhalten[14]. Grenzerhaltung, die Stabilisierung einer Schwelle zwischen ‚innen‘ und ‚außen‘, zwischen ‚System‘ und ‚Umwelt‘, ist in Zeiten des unbedrohten Bestandes eines sozialen Gebildes in der Regel unproblematisch; selbst ‚Grenzverletzungen‘ bringen keine ernsthaften Störungen des Systems mit sich. Die *Betonung* der Grenze deutet auf eine defensive Haltung hin und ist Symptom einer wahrgenommenen Bedrohung des Systems.

Angesichts der bisher nur ungenügenden theoretischen Erfassung von kirchlichen und religiösen Makrophänomenen durch die Soziologie[15] müssen wir uns in diesem Zusammenhang mit dem allgemeinen Hinweis begnügen, daß die katholische Kirche selbst ihre Systemgrenzen einerseits durch sakramental definierte Zugehörigkeitskriterien (Taufe), andererseits durch Kriterien der Rechtgläubigkeit definiert, deren Ausformulierung durch das kirchliche

Lehramt erfolgt. Obwohl somit nach kirchlicher Lehre die *Ortho-doxie* das entscheidende Zugehörigkeitskriterium darstellt, eignet sich dieses Kriterium wenig zur Definierung der Systemgrenzen. Sobald versucht wird, die Identität durch Betonung der System-grenzen aufrechtzuerhalten, muß auf bestimmte Kriterien der *Orthopraxie* abgehoben werden. Unter den Bedingungen eines gesell-schaftsdominierenden Kirchentums erfolgte die soziale Kontrolle der Orthopraxie im wesentlichen durch die gesellschaftlichen Me-chanismen der sozialen Kontrolle, die Kirche konnte sich somit des ‚weltlichen Arms‘ zur Durchsetzung ihrer Ansprüche bedienen, sofern dies überhaupt notwendig war. In einem Staatskirchensy-stem tritt die Bestandsproblematik kaum auf. Vom 8. bis zum Ende des 18. Jahrhunderts waren die christlichen Kirchen somit in den Kerngebieten Europas in ihrem personellen Bestand unbedroht.

Die tendenzielle ‚Trennung von Kirche und Staat‘, die Verbin-dung von Nationalismus, Laizismus und bürgerlicher Gesellschaft sowie die Integration katholischer Gebiete in unter protestantischer Führung stehende Staaten (wie in Deutschland) brachten nicht nur eine grundlegende Veränderung des Verhältnisses von Kirche und Staat, sondern auch eine solche des Verhältnisses von Kirchenhier-archie und Kirchenvolk mit sich. Zum erstenmal eröffneten sich legitime ‚kirchenfreie Räume‘, deren Ausdehnung angesichts gleichzeitig steigender Mobilitätschancen befürchtet werden konnte. Erstmals seit über 1500 Jahren schien eine massive Kir-chenaustrittsbewegung möglich. Der Kirche gingen somit zahl-reiche bisherige Mittel der sozialen Kontrolle verloren, wobei am schwerwiegendsten wohl der Verlust des Kirchenstaates wog; nicht so sehr wegen des weltlichen Herrschaftsverlusts als wegen des Verlustes der völkerrechtlichen Souveränität des Papsttums und damit eines bestimmten, in den vorangehenden Jahrzehnten beson-ders benützten politischen Aktionsfeldes, das nach seiner Wieder-herstellung durch die Lateranverträge erneut große kirchenpoli-tische Bedeutung erhalten sollte.

Bereits Eugen *Rosenstock* bezeichnete die Restauration des Neuthomismus als „die Antwort des Papstes auf den endgültigen Verlust des Kirchenstaates“, als seine Aufgabe „die Erhaltung jener

Weltstellung mit geistigen Mitteln" [16]. An die Stelle der politischen Mechanismen der Bestandserhaltung sollten nunmehr geistige treten. Diese eignen sich aber weit weniger zur konkreten Aufrechterhaltung von Systemgrenzen; sie mußten deshalb durch *spezifische soziale Bindungen* ergänzt werden. Dadurch erst entstand das soziale Phänomen des ‚Katholizismus', von dem der ‚politische Katholizismus' nur einen besonders hervortretenden Aspekt darstellte. Denn in den vorangehenden Epochen war die Kirchenzugehörigkeit so sehr mit der territorialen Zugehörigkeit und den politischen Herrschaftsverhältnissen verknüpft, daß von einer eigenständigen Zurechnung der Konfession oder gar der ‚Christlichkeit' als sozialem Merkmal der Person kaum die Rede sein konnte.

In Deutschland erfolgte die Organisation des Katholizismus besonders gründlich, und zwar vor allem im katholischen Verbandswesen, das ein nahezu vollständiges Netz möglicher Sozialbeziehungen für alle Katholiken in Anlehnung an nicht-kirchliche Merkmale der Sozialstruktur (‚Stände') anbot. *Dieses katholische Verbandswesen ist als der eigentliche gesellschaftliche Träger der katholischen Soziallehre* im deutschen Katholizismus anzusehen, mehr noch: Erst durch die Verbindung dieser Organisationsformen mit dem Wissenssystem der katholischen Soziallehre kann die spezifische Eigenart des deutschen Katholizismus soziologisch angemessen beschrieben werden [17]. Auch in anderen Ländern Europas ist die Entwicklung des katholischen Verbandswesens zu beobachten, wenn auch kaum irgendwo in so reicher Form. Nirgends jedoch hat die Berufung auf das ‚Naturrecht', die metaphysische Legitimation des politischen Handelns der Katholiken, eine so große Bedeutung erlangt.

Eine spezifische Eigenart des deutschen Katholizismus ist die Betonung seiner ‚Einheit' und ‚Geschlossenheit'. Darunter wird weit mehr verstanden als bloße Rechtgläubigkeit. Es handelt sich hier vielmehr um den Versuch, die Katholiken auch in Fragen, die nicht unmittelbar den Glauben betreffen, auf eine einheitliche, ‚parteiliche' Linie festzulegen [18]. In gewissem Sinne stellt dieses Postulat den ideologischen Ausdruck eines bestimmten, geschlossenen sozialen ‚Milieus' dar [19], das in soziologischer Perspektive angemessener als ‚Subkultur‘ bezeichnet werden kann. Soweit noch konfessionell homogene Landschaften bestanden, ergaben sich die subkulturellen Elemente nahezu von selbst. In anderen Bereichen, insbesondere der sogenannten Diaspora, wurde solche Geschlossenheit bewußt gefördert, um den Katholizismus als homogene gesellschaftliche Kraft zu etablieren und zu erhalten.

Wir können unsere These daher spezifizieren: *Die Naturrechtsdoktrin erwies sich in der Zeit politischer Ohnmacht des Papsttums als geeignetes Instrument zur Erhaltung des politischen Einflusses der Kirche auf die Gläubigen im internationalen Kontext und trug im nationalen Kontext – besonders in Deutschland – zur Stabilisierung der Grenzen zwischen ‚Kirche‘ und ‚Gesellschaft‘ bei, indem sie die Entwicklung einer spezifischen Subkultur der Katholiken legitimierte, die als der tragende Grund der gesellschaftlich-politischen Organisation der Katholiken anzusehen ist.*

Unter einer Subkultur werden mehr oder weniger abgeschlossene Segmente einer Bevölkerung mit gemeinsamen Verhaltensweisen, Normen und Lebensidealen verstanden, welche mit dem in einer Kultur dominierenden Typus nicht übereinstimmen. Mit dem Begriff der Subkultur kommt zum Ausdruck, daß die Identität dieser sozialen Formation weniger auf ihrer organisatorischen Geschlossenheit als auf der Gemeinsamkeit ihrer – in bestimmter Hinsicht abweichenden – Kultur beruht. Die Thematisierung von ‚Einheit‘ und ‚Geschlossenheit‘ oder die Berufung auf ‚Treue gegenüber der Kirche‘ macht gerade die Schwierigkeiten einer organisatorischen Kontrolle, z. B. des politischen Verhaltens, der Katholiken deutlich.

Die kirchliche Hierarchie stand somit vor der schwierigen Aufgabe, einerseits ihre Distanzierung von den ‚modernistischen‘ Zeitströmungen gegenüber den Gläubigen zu legitimieren und sie gleichzeitig zur politischen Teilnahme an den Geschäften des den Modernismus tragenden oder doch zulassenden Staates zu motivieren. Partizipation der Katholiken an der modernen Gesellschaft – ohne Rücksicht auf ihre Staatsform – bei gleichzeitiger Aufrechterhaltung einer starken kirchlichen Bindung war das Ziel nicht nur der päpstlichen Diplomatie, sondern auch der kirchlichen Pastoral.

Diese anscheinend widersprüchlichen Ansprüche galt es miteinander zu verbinden.

Zur Lösung dieses Problems eignete sich das wiedererweckte Naturrechtsdenken mit seinen oben (4.2) skizzierten Eigenschaften ausgezeichnet, und zwar so, daß es die Stabilisierung einer *doppelten Grenzsetzung* ermöglichte: Nach *innen* legitimierte es den Anspruch der Kirche auf Gestaltung nicht nur des kirchlichen, sondern auch des weltlichen, insbesondere staatlichen Bereichs, und erlaubte damit den Rückgriff auf Traditionen, die in einer Zeit entstanden waren, in der beide Bereiche noch nicht auseinandergetreten waren. Nach *außen* konnte die Kirche dagegen mit natürlichen, d. h. nicht aus der Offenbarung abgeleiteten Argumenten auftreten, in der Hoffnung, dadurch auch bei ,Ungläubigen' Gehör zu finden[20]. Da das Naturrechtsdenken auf der ,Philosophia perennis' beruhte, vermochte es im Zusammenhang mit der ebenfalls urgierten Auffassung der ,Unwandelbarkeit der Kirche' den Eindruck der Unwandelbarkeit kirchlicher Lehre im Wesentlichen zu erwecken und gleichzeitig alle gesellschaftlichen Wandlungen als dem Bereich des bloß Akzidentellen zugehörig zu definieren, der zwar berücksichtigt, aber nicht in gleichem Maße ernst genommen werden müsse wie die kirchlichen Anliegen.

Die Kirche als die Verwalterin des Wissens um die unveränderlichen Naturgesetze konnte dadurch das Bedürfnis nach Stabilität und Kontinuität in den überwiegend konservativ gestimmten Bevölkerungskreisen befriedigen, die im Rahmen des Katholizismus eine große Rolle spielten, und zugleich gegenüber den Neuentwicklungen der bürgerlichen Gesellschaft und in Konkurrenz zur sozialistischen Gesellschaftskritik die Konzeption eines ,dritten Weges' vertreten. Sie artikulierte damit das Unbehagen an den gesellschaftlichen Wandlungen in den eigenen Reihen und schien zugleich eine Antwort im Sinne einer ,besseren Ordnung' bereitzuhalten, die sich dann – vor allem unter *Pius XI.* – als ,berufsständische Ordnung' konkretisierte.

Darüber hinaus erwies sich die Naturrechtsdoktrin als weitgehend *enttäuschungsfest:* Mißerfolge naturrechtlicher Interpretationen ließen sich entweder als irrige oder bloß zeitbedingte Ableitungen aus den ewig gleichbleibenden Normen des allgemeinen Sittengesetzes erklären oder auf die infolge ihres getrübten Gewissens ungenügende Bereitschaft der nicht-katholischen Mehrheiten zurückführen, das kirchliche Wissen um die ‚bessere Ordnung‘ anzunehmen. *Die Naturrechtsdoktrin erlaubte es somit, das Anderssein der katholischen Weltanschauung zu begründen und gleichzeitig ihre relative Erfolglosigkeit im profanen Bereich zu erklären.* Genau dies scheint jedoch zur Legitimation der subkulturellen Eigenarten des Katholizismus erforderlich: Die katholische Soziallehre erwies sich (ungeachtet zahlreicher, politisch wertvoller Vorschläge seitens einzelner ihrer Vertreter) in ihrer Gesamtheit als ideologisches Fundament zur Legitimation einer ‚katholischen‘ oder ‚christlichen‘ Politik, auch dort, wo spezifisch katholische oder christliche Lösungen gar nicht in Sicht waren. Bezeichnenderweise hat die Partei des Zentrums auch nur in den Fragen eine konsequente Politik entwickelt, die kirchliche Interessen direkt berührten, und somit zu ihrer Beantwortung der Naturrechtsdoktrin nicht bedurften[21].

4.4 Verfall der katholischen Naturrechtsdoktrin

Seit dem Zweiten Vatikanischen Konzil ist es um das katholische Naturrecht stiller geworden. Die Dokumente des II. Vatikanums berufen sich praktisch nicht auf das Naturrecht, auch nicht in den Bereichen, in denen von ‚weltlichen‘ Dingen die Rede ist. Die innerkatholische Kritik ist gewachsen. Man besteht (u. E. zu Recht) zwar darauf, daß die Probleme, die durch die Denkfigur des Naturrechts gelöst werden sollten, nach wie vor bestehen, sieht jedoch ein, daß sie durch die traditionelle scholastische Naturrechtsdoktrin nicht gelöst werden können[22]. Insbesondere die erkenntnistheoretischen Grundlagen der Naturrechtstheorien sind schwach. Die katholischen Naturrechtstheoretiker berufen sich nach wie vor auf die mittelalterliche Synderesislehre[23]. Ihr Vergleich mit den neueren wissenssoziologischen Untersuchungen der Struktur des Alltagswissens[24] legt jedoch die Vermutung nahe, daß die Synderesislehre im wesentlichen eine spekulative Überhöhung intuitiver Einsichten in die Struktur des Alltagswissens darstellt.

Es ergibt sich somit, daß die Renaissance bzw. die Restauration des katholischen Naturrechtsdenkens praktisch zeit- und ortsgebunden war, obwohl es sich selbst als zeit- und ortsunabhängig setzt. Einige Faktoren, die das Gelingen der Restauration verständlich machen, wurden angeführt. Stellt man sich auf den Standpunkt der kirchenoffiziell verfolgten Interessen, so kommt man zum Schluß, daß die Naturrechtsdoktrin ihren praktischen Zweck – zum mindesten in Deutschland und bis zum Abschluß der restaurativen Epoche nach dem Zweiten Weltkrieg – weitgehend erfüllt hat: Der Katholizismus hat sich als eigenständige sozio-kulturelle und politische Formation erhalten, so sehr, daß das Kriterium der Konfession für die Wahlprognostiker nach wie vor eines der aussagekräftigsten ist! – Die Aufrechterhaltung einer katholischen Subkultur wurde durch eine Politik der Segregation der Katholiken von der sie umgebenden Kultur seitens der kirchlichen Hierarchie und des Klerus unterstützt. Diese Politik wurde allerdings in den letzten Jahren an einigen entscheidenden Punkten aufgegeben oder gemildert, etwa in der Frage der Wählbarkeit unterschiedlicher Parteien oder hinsichtlich der Urgierung der Konfessionsschule. Zahlreiche weitere Tendenzen, etwa diejenige des Ökumenismus, einer Änderung der kirchlichen Mischehenpraxis wie auch die Anerkennung der ‚Autonomie der Sachbereiche‘ durch das Zweite Vatikanische Konzil weisen in eine ähnliche Richtung: Abbau des Anspruchs auf eine den säkularen Bereich mit umfassende spezifisch katholische ‚Weltanschauung‘ und Abbau der sozialen Grenzen zwischen Katholiken und übrigen Gesellschaftsangehörigen. – In den Augen vieler, zumal durch die bisherige ‚Diasporamentalität‘ geprägter Katholiken erscheint dieser Prozeß als ‚Aufweichung‘ oder gar als ‚Substanzverlust‘. Aus der hier entwickelten Perspektive handelt es sich zunächst um eine kirchliche Reaktion auf das Aufbrechen der ‚katholischen Subkultur‘, ein in Deutschland vermutlich irreversibler sozialgeschichtlicher Prozeß (vgl. 5.3.1). Strukturell gesehen, entspricht dieser Tendenz eine geringere Akzentuierung der kirchlichen Grenzen, was gleichzeitig die

Chancen der Kirche vergrößert, sich als dialogfähigen Partner der übrigen Gesellschaftsbereiche darzustellen. Dieser Vorgang *kann* zu einer Schwächung der ‚kirchlichen Substanz' (was immer das im einzelnen sein mag) führen, muß es aber nicht, sofern es gelingt, auf anderen Wegen die Identität von Kirche zu wahren und glaubhaft zu machen. Zunächst erscheint die Aufgabe einer unglaubwürdig gewordenen Politik der Segregation eher als Ausdruck der Stärke und nicht der Schwäche des kirchlichen Selbstbewußtseins. Der damit eingeleitete Wandel des Verhältnisses von Kirche und Gesellschaft ist allerdings reflexionsmäßig noch kaum erfaßt, auch nicht im Hinblick auf die damit induzierten internen Strukturwandlungen der katholischen Kirche.

Bereits in der Enzyklika Johannes' XXIII. ‚Pacem in terris' deutet sich zudem eine Kehrtwendung *des Papsttums* in bezug auf die Naturrechtsdoktrin an: Nicht mehr das sterile scholastische Naturrechtsdenken, sondern die Rezeption der letztlich auf das stets abgelehnte Naturrechtsdenken der Aufklärung zurückgehenden Idee der *Menschenrechte* wird hier als Argumentationsgrundlage rezipiert. Damit deutet sich ein ähnlicher Amalgamierungsprozeß christlicher und säkularer Moral an, wie er im 3. bis 5. Jahrhundert bei der Rezeption des stoischen Naturrechtsdenkens ablief.

5 Kirchliche und außerkirchliche Religiosität

Fragt man nach dem Verhältnis des ‚modernen Menschen zur Religion' oder nach dem Verhältnis von ‚Religion und moderner Gesellschaft', so stößt man bei Kirchenleuten wie auch bei prominenten Kirchengegnern meist auf friedliche Eintracht hinsichtlich der Diagnose, daß der Einfluß der Religion auf das menschliche Leben im Schwinden begriffen sei. Bei näherem Zusehen stellt man fest, daß unter ‚Religion' hier – ebenfalls meist übereinstimmend – das verstanden wird, was die christlichen Kirchen vertreten. Von seiten der Kirchen wird das, was die Kirchen vertreten, als Frohbotschaft Christi bezeichnet. Von seiten der den Kirchen Fernstehenden wird behauptet, die Kirchen verträten nicht in erster Linie das Christentum, sondern ihre Interessen – Religion wird dann weithin mit Einfluß der Kirchen auf die ihnen Angehörenden oder gar mit gesellschaftlichem Einfluß der Kirchen schlechthin gleichgesetzt.

Was den einen ‚Aufklärung' und ‚Überwindung des Irrationalismus' bedeutet, erscheint den anderen als ‚Säkularisierung' oder ‚Entkirchlichung'. In beiden Fällen wird jedoch ein im Prinzip eindimensionaler Prozeß des schwindenden Einflusses von Religion vorausgesetzt. Einer der wichtigsten Dienste, welchen die neuere Religionssoziologie der Theologie erwiesen hat, besteht im Nachweis des verzerrenden Charakters dieser Vorstellung und im Aufweis der legitimierenden Funktion des Interpretaments der ‚Säkularisierung' für Theologie und Kirchen[1]. Im Interpretament der Säkularisierung wird ein bestimmtes Verhältnis von Religion (Kirche) und Gesellschaft gedacht, das es den Kirchen letztlich erspart, über den Wandel der gesellschaftlichen Funktion von ‚Religion' und daraus möglicherweise zu ziehende Schlußfolgerungen für die kirchliche Entwicklung nachzudenken. Die Kirchen nehmen den historischen Prozeß der Genese der Neuzeit als eine Art ‚naturgeschichtlichen‘ Prozeß (im Sinne von K. *Marx*) wahr, d. h. als einen Prozeß, der ohne sie abläuft und den ernsthaft zu beeinflussen ihnen überhaupt nicht in den Sinn kommt.

Neuerdings findet sich dagegen auch in der innerkirchlichen Diskussion eine konkurrierende Vorstellung, die sich unter unterschiedlichen Bezeichnungen, wie ‚religionsloses Christentum‘, ‚Christentum außerhalb der Kirche‘, ‚außerkirchliche Religiosität‘, ‚kirchliche Teilidentifikation‘ usw. artikuliert [2]: Im Unterschied zur Säkularisierungsvorstellung wird hier zwischen Kirche und Religion bzw. Christentum deutlich unterschieden, wenn nicht gar ein Gegensatz zwischen beiden gesehen. Das Eindringen derartiger Vorstellungen in den innerkirchlichen Bereich deutet tiefgreifende Wandlungen im Kirchen- und Religionsverständnis des Katholizismus an. Im folgenden kann nicht mehr versucht werden, als die Bedeutung dieser Vorstellungen aus soziologischer Perspektive zu vertiefen und sie mit der theologischen These einer ‚transzendentalen Gotteserfahrung‘ (Karl *Rahner*) zu konfrontieren [3].

5.1 Die Relevanz des Themas

Das Thema ‚Kirchliche und außerkirchliche Religiosität‘ ist weder in theologischer noch in soziologischer Sprachform, sondern alltagssprachlich gestellt. Alltagssprachlich jedoch in dem spezifischen Sinne, daß hier Kirche als Bezugspunkt des Themas bereits vorausgesetzt wird. Die Formulierung entstammt dem innerkirchlichen Sprachgebrauch; zur Klärung des Stellenwerts der nachfolgenden Überlegungen scheint es angezeigt, die Relevanz unseres Themas zunächst in den drei hier zu vermittelnden Perspektiven – der kirchlichen, der theologischen und der soziologischen – kurz zu skizzieren.

5.1.1 *In kirchlicher Perspektive*

Für die Mitglieder einer Kirche, die den Anspruch erhebt, die ‚allein seligmachende‘ zu sein, wird die Frage der außerkirchlichen Religiosität frühestens dann zum Problem, wenn sie wahrnehmen, daß es auch außerhalb ihrer Kirche Menschen gibt, deren Glaube ihnen glaubhaft, deren Lebensführung ihnen legitim erscheint. ,Außerkirchliche Religiosität' läge bei einem traditionell katholischen Kirchenbegriff bereits vor, wenn die Religiosität nicht katholischer Christen in Frage steht: Solange man selbst überzeugt ist, das ,richtige Bewußtsein' zu haben – und zwar deshalb, weil man Mitglied *der* Kirche ist, die für sich selbst beansprucht, das richtige Bewußtsein zu haben und zu definieren –, ist Religiosität und Kirchlichkeit eins. Man ist religiös, weil man kirchlich ist, und der Grad der Kirchlichkeit wird – sofern diese Frage überhaupt auftaucht – durch den Grad der Anteilnahme an den Geschehnissen in der Kirche bestimmt, die gleichzeitig als Ausdruck dessen gelten, was nunmehr ,religiös' genannt wird. Solange das Kirchenmitglied keine Differenz zwischen seiner Kirchenzugehörigkeit und seinem religiösen Bewußtsein wahrnimmt, hat es keine Veranlassung, zwischen Kirchlichkeit und Religiosität zu unterscheiden. Kirche ist fraglose Repräsentation von Religion, Religion fragloser Bezug zu Gott. Außerhalb der Kirche ist kein Heil – und es gibt für dieses Bewußtsein nur *eine* Kirche, die mit dem konkret historischen Phänomen der katholischen Kirche identifiziert wird.

Solches Bewußtsein ist heute in Frage gestellt. Seine Fragwürdigkeit resultiert jedoch nicht nur aus dem Umstand der Auflösung konfessionell homogener Landschaften und der Vermehrung des alltäglichen Kontakts von Katholiken mit Andersgläubigen. Zwar begünstigt bereits dieser alltägliche soziale Kontakt den Abbau konfessioneller Vorurteile, die die Exklusivität des ,richtigen Bewußtseins' für die eigene Konfession praktisch sicherten. Zum mindesten innerhalb des Katholizismus wird jedoch unser Thema erst in jüngster Zeit aktuell, und zwar vermutlich im Zusammenhang mit einer *psychologischen Distanzierung von der eigenen Kirche als Institution durch wachsende Gruppen von Katholiken.* Hierfür dürfte weniger der interkonfessionelle Kontakt als der Kontakt mit der allgemeinen, ,pluralistischen' Kultur beitragen, durch die sich die Kirchenwahrnehmung der Katholiken verändert.

Das traditionelle ,richtige Bewußtsein' wird nunmehr jedoch

auch theologisch in Frage gestellt, insbesondere durch die Entwicklung einer theologischen Ekklesiologie (vgl. 6.1), die die Unterscheidung von sichtbarer und unsichtbarer Kirche – oder moderner: von Kirche im theologischen bzw. ideellen und von Kirche im konkret-historischen, ‚soziologischen‘ Sinn – überhaupt erst der kirchlichen Reflexion zugänglich macht. Daß sich die Theologie heute diesem Thema zuwendet, dürfte bereits als Versuch einer Antwort auf die gesellschaftlichen Wandlungen zu verstehen sein, die das bisherige Kirchenverständnis haben fragwürdig werden lassen.

Diese doppelte Entwicklung erst macht die Frage nach der außerkirchlichen Religiosität möglich, und zwar als eine von vier logischen Alternativen:

kirchlich und religiös	kirchlich nicht religiös
nicht kirchlich religiös	nicht kirchlich nicht religiös

Die Unterscheidung von Kirchlichkeit und Religiosität ermöglicht somit nicht nur die Definition religiöser Affinität über die Konfessionsschranken hinweg, sondern auch die Distanzierung von Phänomenen innerhalb der eigenen Kirche, die zwar als kirchlich, aber nicht religiös (im ‚eigentlichen Sinne‘) anerkannt werden. *Damit ist das Problem der religiösen Identifikation des Kirchenmitglieds komplexer und auch schwieriger geworden.* Es ist ja nicht so, daß Gebrauch und Wahrnehmung der Vokabeln ‚kirchlich‘ und ‚religiös‘ praktisch in so eindeutig getrenntem Sinne erfolgt, wie es obiges Vierfelderschema suggeriert. Das Bewußtsein der meisten Kirchenmitglieder bleibt auf halbem Wege stehen, orientiert sich einerseits noch an dem in der Jugend übernommenen einfachen dichotomen Schema von Kirche und Religion hier, Kirchenlosigkeit und Irreligion dort, und nimmt andererseits in seinem praktischen Lebensvollzug das komplexere Schema wahr, ohne es zu reflektieren.

Diese Differenzierung könnte jedoch von erheblicher Bedeutung für die Zukunft der Kirche sein:

Nur in dem Maße, als eine Kirche in ihrer Selbstdeutung und Selbstauslegung das komplexere Schema thematisiert, macht sie es dem einzelnen Gläubigen möglich, sein Unbehagen als Kirchenmitglied zu deuten und seine religiöse Identität im Bezug auf Kirche *innerhalb* der Kirche zu definieren. Wird ihm eine nähere Bestimmung von Kirchlichkeit und Religiosität kirchlicherseits vorenthalten, so bleibt ihm, sofern er eine Identifikation von beidem nicht zustande bringt, nur der Verzicht auf wenigstens eine der beiden Dimensionen übrig: ritualistisches Mitläufertum einerseits oder enttäuschte Abwendung von der Kirche andererseits.

Zunehmend wird jedoch vermutlich ein dritter Ausweg aus diesem Dilemma gewählt: die Distanzierung vom Dilemma selbst, in dem es (und mit ihm das, was bisher als Religion dargestellt und erfahren wurde) als irrelevant definiert wird. Hierzu bietet die ‚anonyme Sinnwelt‘ (vgl. 6.3) der herrschenden Kultur reichlich Ansatzpunkte und Legitimationsmöglichkeiten.

Im folgenden kann es nicht darum gehen, den Gesamtbereich der mit diesen wenigen Bemerkungen angesprochenen Probleme zu analysieren. Die Kirchenleitungen stehen vor einem Dilemma: Lockern sie die Gleichsetzung von ‚Kirchlichkeit‘ und ‚Religiosität‘, so müssen sie damit rechnen, daß dies als Legitimierung einer nachlassenden Kirchendisziplin, als ‚Schwäche‘ von denjenigen angesehen wird, die sich heute noch am stärksten mit dem bestehenden Kirchentum identifizieren. Lockern sie die Gleichsetzung nicht, so müssen sie damit rechnen, daß die Glaubensverkündigung der Kirchen für wachsende Bevölkerungskreise und insbesondere auch für einen wachsenden Teil der theologisch interessierten und gebildeten Christen unglaubwürdig wird. Die folgenden Überlegungen suchen zu verdeutlichen, weshalb das Bemühen, durch Begriffe wie ‚kirchliche und außerkirchliche Religiosität‘ oder ‚kirchliche Teilidentifikation‘ mögliche neuartige Glaubenspositionen zu definieren, den gegenwärtigen Gesellschaftsverhältnissen nicht unangemessen scheint. Daß solche Glaubenspositionen schwer durchzuhalten sind, muß einleitend gesagt werden. Sie sind jedoch um so schwerer durchzuhalten, je weniger sie von den Kirchen anerkannt und gestützt werden. In der Perspektive der in diesem Buch erörterten Probleme handelt es sich hierbei um den Versuch der Formulierung komplexerer Identitätsbedingungen von Kirche. Hierauf werden wir anschließend systematisch zu sprechen kommen (vgl. 6.4).

5.1.2 *In theologischer Perspektive*

Gegenüber obigem Vierfelderschema, das eine in theologischer und soziologischer Perspektive näher zu bestimmende Problematik alltagssprachlich und auf dem inzwischen auch gesellschaftlich vorbereiteten Komplexitätsniveau beschreibt, nimmt Karl *Rahner* im wesentlichen zwei Modifikationen vor:

1. Die Vokabel ‚Religiosität' wird zunächst durch die Vokabel ‚Frömmigkeit' und sodann durch eine komplexe Begrifflichkeit ersetzt, die das in ihr vortheologisch Gemeinte theologisch explizit machen will.
2. An die Stelle der dichotomen Vorstellung kirchlich – nicht kirchlich tritt die Vorstellung unterschiedlicher Grade und Dimensionen von Kirchlichkeit.

Unter Vernachlässigung dieser Modifikationen lassen sich die Begriffe *Rahners* etwa wie folgt unserem Vierfelderschema zuordnen:

Kirchlichkeit der Frömmigkeit	depravierte Kirchlichkeit
außerkirchliche Frömmigkeit	–

Wenn diese (zugegebenermaßen gewaltsame) Vereinfachung des Ansatzes noch dessen Struktur zu erfassen vermögen sollte, wäre als Erkenntniswert dieser Vereinfachung festzuhalten, daß die im vorangehenden Schema unterstellte Disjunktion der Begriffe Kirchlichkeit und Religiosität hier *nicht* vollzogen wird. An die Stelle der (logischen) Gleichwertigkeit der vier Felder tritt die Betonung des linken oberen Feldes, während das Feld rechts unten überhaupt nicht thematisiert wird. Ist in ihm ‚Nichts'? Unterstellt man mit *Rahner* die Universalität der transzendentalen Gotteserfahrung, so ist die Frage zu bejahen; demgegenüber gibt unser

Vierfelderschema ein verbreitetes gesellschaftliches Bewußtsein wieder, das die Universalität möglicher Gotteserfahrung ja gerade bestreitet. Die ‚Nichtigkeit' einer Position, welche nicht nur die durch die Kirchen bisher repräsentierte Religionsform, sondern jede religiöse Erfahrung als irrelevant für die Zukunft der Menschheit abtut, steht jedoch gerade zur Debatte.

Im vorliegenden Zusammenhang ist zunächst die theologische Relevanz der Frage nach außerkirchlicher Religiosität oder Frömmigkeit zu klären. Wenn ich Rahners Argumentation richtig verstehe, so ist die Legitimität kirchlicher Frömmigkeit von der Existenz der Möglichkeit außerkirchlicher Frömmigkeit abhängig. Die Bedingung der Möglichkeit außerkirchlicher Frömmigkeit ist gleichzeitig die Bedingung der Möglichkeit kirchlicher Frömmigkeit; die Bedingung wird ‚Gott' genannt. Wenn ‚Gott' *ist* (und nicht bloß als eine Erfindung von Menschen resultiert), so muß er auch unabhängig von bestimmten historischen und gesellschaftlichen Vorgaben, die menschliche Wirklichkeit im allgemeinen konstituieren, grundsätzlich zugänglich sein. Menschlicher Bezug auf ‚Gott' muß zumindest prinzipiell auch außerhalb kirchlicher Institutionen möglich sein.

Diese Position ist von besonderem Interesse, weil sie die Phänomene, welche die bisherige Religionskritik veranlaßten, Gott als – notwendiges oder überflüssiges – Menschenwerk zu ‚entlarven', ernst nimmt und theologisch diskutierbar macht, ohne jedoch den Anspruch der menschenunabhängigen Existenz Gottes aufzugeben. Zwar wird der Soziologe – zum mindesten methodisch – stets vom Vorurteil ausgehen, daß religiöse Vorstellungen und Erscheinungen gesellschaftlich produziert seien; er kann sich dabei z. B. auf das Theorem des amerikanischen Sozialpsychologen William I. *Thomas* berufen: „Wenn Menschen Situationen als wirklich definieren, so sind sie wirksam in ihren Konsequenzen." Aber auch wenn er auf der gesellschaftlichen Vermittlung jeglicher ‚Wirklichkeit' bestehen muß, so kann er doch mit Interesse eine theologische Position zur Kenntnis nehmen, die eine außerkulturelle Bedingung der Möglichkeit religiöser Phänomene nicht versteckt, sondern explizit postuliert und namhaft zu machen sucht, *ohne* deshalb die sozio-kulturelle Vermitteltheit aller manifesten Religiosität zu leugnen.

Die Frage nach der Möglichkeit außerkirchlicher Religiosität liegt im Schnittpunkt einer Vielzahl theologischer Probleme: Sie wirft zunächst die Frage nach dem *Kirchenbegriff* auf, der *bestimmt, was außerkirchlich ist.* Sie berührt sodann die Frage nach dem Heil des Menschen und seiner Vermittlung, die Frage der natürlichen Gotteserkenntnis usw. Die folgenden Ausführungen beschränken sich – was die Auseinandersetzung mit theologischen Gedankengängen angeht – auf die Position von Karl *Rahner* (vgl. Anm. 3), und zwar sowohl aus arbeitsökonomischen wie aus inhaltlichen Gründen: Die dort vertretene Position erlaubt, ja fordert bereits den Einbezug soziologischer Überlegungen zur näheren Bestimmung der Möglichkeiten und Formen außerkirchlicher und kirchlicher Religiosität.

5.1.3   *In soziologischer Perspektive*

Ich setze voraus, daß – wie immer Kirchlichkeit oder Religiosität im einzelnen zu bestimmen sind – Übereinstimmung darüber herrscht, daß Kirchlichkeit einen primär institutionsorientierten, Religiosität einen primär personorientierten Inhalt habe bzw. daß die spezifische Differenz beider Begriffe in dieser unterschiedlichen Orientierung zu suchen sei[4]. *Die erst neuerdings betonte Unterscheidung von Kirchlichkeit und Religiosität verweist demzufolge auf eine Spannung von Institution und Person im Bereich des Religiösen, auf einen Bruch in der Vermittlung zwischen Person und Institution, die dem früheren Kirchenbewußtsein offenbar unproblematisch war.*

Das Verhältnis von Person und Institution oder von Mensch und Gesellschaft – die Termini müssen noch näher bestimmt werden – bildet den Horizont zentraler sozialwissenschaftlicher Fragestellungen: Die Kultur- oder Sozialanthropologie, die Sozialisationstheorien, ja die meisten neueren Ansätze soziologischer Theorie wie die Wissenssoziologie, die Systemtheorie und die dialektische Soziologie versuchen implizit oder explizit eine Klärung dieses Ver-

100

hältnisses und seiner Probleme. Wir werden deshalb im folgenden der Frage nach dem Verhältnis von Person und Institution im Bereich des Religiösen zunächst im Rahmen der generellen Fragestellung sozialwissenschaftlicher Theorien nachgehen. Das scheint berechtigt, weil alle kirchlichen Argumentationen über Religion und Kirche implizite Annahmen über gesellschaftliche Wirklichkeit enthalten, die nur dann aufgedeckt werden können, wenn sie mit den expliziten Annahmen sozialwissenschaftlicher Theorien konfrontiert werden.

5.2 Sozialtheorien des Verhältnisses von Personen und Institutionen

Die empirischen Humanwissenschaften gehen heute übereinstimmend davon aus, daß der Aufbau der menschlichen Person durch sozio-kulturell bedingte Erfahrungen und durch Lernprozesse erfolgt. Ohne gesellschaftlich vermittelte Erfahrungen kann ein Lebewesen von der Art ‚homo sapiens‘ nur in Ausnahmefällen überleben (z. B. Wolfskinder!). Über die mögliche Variabilität sozialer Stabilitätsfaktoren als Bedingung für die Fortexistenz des Menschen (als Individuum, Gruppe und Spezies) gehen die Meinungen auch unter ernst zu nehmenden Wissenschaftlern auseinander.

Im vorliegenden Zusammenhang interessieren vor allem zwei Argumentationsreihen: Die *erste* (in Deutschland vor allem mit dem Namen von Arnold *Gehlen* verbundene) Auffassung betont den gleichzeitig prägenden und entlastenden Effekt der ‚Institutionen‘ für den Einzelmenschen wie für das menschliche Zusammenleben. Der *Begriff ‚Institution‘* (der zunächst von evangelischer, in den letzten Jahren jedoch zunehmend auch von katholischer Seite zur Kennzeichnung des soziologischen Aspekts von Religion und Kirche aufgenommen wurde) wird dabei recht diffus verwendet, doch ist in dem hier interessierenden Kontext vor allem die (bei *Gehlen* sehr explizite) Vorstellung von Interesse, daß Institutionen sinnhaft integrierte Organisationsformen menschlichen Zusammenlebens darstellen, *die den Einzelmenschen quasi total verein-*

nahmen, ihm jedoch in dieser Form der ‚Entfremdung' erst zu seiner
wahren Freiheit und zu einem sinnerfüllten Leben kommen lassen[5].
Statt des Begriffs ‚Institution' taucht (vor allem im französischen
und angelsächsischen Sprachgebrauch) der Begriff ‚Struktur' auf.
Sozialtheorien, die das Gewicht auf die strukturellen und kultu-
rell-werthaften Stabilitätsbedingungen von Gesellschaft legen (von
Émile *Durkheim* über die amerikanische Kulturanthropologie bis
zu T. *Parsons*), betonen ebenfalls die Prägung des Menschen durch
die Gesellschaft und verstehen demzufolge *‚Sozialisation'* als Prozeß der Menschwerdung des Individuums im Erlernen der ihm vorgegebenen Normen und Verhaltensweisen sowie der Verinnerlichung der gesellschaftlichen Werthaltungen, also *als Prägung* der
aus sich selbst hilflosen Menschen, als Ersetzung des fehlenden In-
stinktes durch Verinnerlichung von Kultur.

Die *zweite* Argumentationsreihe geht von der Grundvorstellung
aus, daß *‚Gesellschaft'* nichts dem Menschen schlechthin Vorgege-
benes sei, sondern *gleichzeitig Produkt menschlicher Tätigkeit.* Der
jeweilige gesellschaftliche Zustand wird als Produkt menschlicher
Geschichte, die jeweilige Identität der menschlichen Person als
Produkt ihrer eigenen Biographie verstanden. Demzufolge erscheint hier ‚Sozialisation' weniger als Prozeß der Prägung eines
letztlich passiven Individuums durch die soziale Umwelt, sondern
als ein Prozeß zunehmend aktiver Auseinandersetzung mit Um-
welteinflüssen und der *selektiven Übernahme* bzw. Aneignung von
angebotenen Verhaltensweisen und Wertmustern. Der soziologische Aspekt dieser Grundvorstellung geht vor allem auf *Marx,* der
psychologische (vermittelt über neuere Theorien der Persönlich-
keitsentwicklung) auf *Freud* zurück. Beide Aspekte werden in
neueren Versionen der Systemtheorie wie auch in dialektischen Sozialtheorien miteinander verbunden[6].

Die *zuerst* genannten Auffassungen sehen in der Religion i.d.R.
einen zentralen gesellschaftlichen Integrationsfaktor. Religion wird
hier verstanden als objektivierter Sinnzusammenhang, der sich in
bestimmten sozialen Symbolen, Riten und Kollektivvorstellungen
z.B. mythischer Art präsentiert. Dieser Sinnzusammenhang konstituiert eine (sakrale) Wirklichkeit sui generis, die von der Alltags-

wirklichkeit getrennt erscheint und die zentralen sozialen Mechanismen des Gruppenzusammenhalts legitimiert [7].

Die in *zweiter* Linie genannten Auffassungen interpretieren Religion ambivalent, soweit sie überhaupt thematisiert wird. Religion wird bald als inzwischen überholte Form der Herstellung gesellschaftlichen Zusammenhangs, bald als primär nicht der Gesellschaft, sondern dem Individuum zuzuordnende Größe angesehen: Nicht mehr institutionalisierte Religion, sondern subjektive Religiosität erscheint dann als das gegenwärtig relevante Phänomen [8].

Den *erst*genannten Sozialtheorien entsprechend ist somit Religiosität der personbezogene Aspekt von gesellschaftlich institutionalisierter Religion, unmittelbar auf die religiösen Institutionen bezogen. Für sie kann Religiosität nicht ohne Prägung durch religiöse Institutionen bestehen. *Außerkirchliche Religiosität scheint demzufolge bestenfalls als Restbestand, als Übergangsphänomen im Prozeß der Auflösung von Religion möglich.*

Die *zweit*genannten Sozialtheorien dagegen lassen die Frage offen, inwieweit Religiosität auf bestimmte religiöse Institutionen bezogen und von ihnen her bestimmt ist oder ob sie sich auch unabhängig von diesen entwickeln kann: *Kirchliche wie außerkirchliche Religiosität scheinen hier prinzipiell möglich.*

Bezogen auf die Vermittlung von Person und Institution, setzen die erstgenannten Auffassungen prinzipiell ein ungebrochenes – oder symmetrisches – Verhältnis voraus. Ein Bruch in diesem Verhältnis wird als gleichermaßen pathologisch für die Entwicklung der Gesellschaft wie diejenige der Individuen angesehen. Vor allem in der deutschen Version *(Gehlen)* trägt diese Auffassung hinsichtlich der Gegenwartssituation deutlich kulturkritische Züge. In den zweitgenannten Auffassungen dagegen wird die Vermittlung zwischen Person und gesellschaftlichen Institutionen in wesentlich komplexerer Form gedacht, die ein asymmetrisches Verhältnis zwischen objektiver und subjektiver Wirklichkeit zu erklären vermag.

Da wir soziale Phänomene nie ‚an sich‘, sondern stets gesellschaftlich gedeutet wahrnehmen und da in die gesellschaftlichen Deutungen zunehmend sozialwissenschaftliche Begriffe und Argumente eindringen, wurde im Vorangehenden versucht, in knapper und stark vereinfachender Weise nachzuweisen, daß nicht nur im kirchlichen Selbstverständnis die Auffassungen über die Möglichkeit außerkirchlicher Religiosität geteilt sind, sondern daß unterschiedliche sozialwissenschaftliche Prämissen in dieser Frage ebenfalls zu unterschiedlichen Antworten führen.

Die sich nunmehr aufdrängende Frage, welche der beiden Auffassungen richtig ist, läßt sich nicht im Sinne eines Entweder-Oder eindeutig beantworten, sonst wäre auch nicht einzusehen, weshalb beide Auffassungen weiterhin Anhänger finden. M.E. eignen sich die institutions- und struktur-theoretischen Ansätze besser zum Verständnis der Stabilitätsbedingungen und der Funktionsweise relativ elementarer Gesellschaftsformen (aus deren Analyse sie z.T. auch entwickelt wurden!), während die neueren wissenssoziologischen und systemtheoretischen Ansätze infolge ihrer höheren Komplexität sich auch besser zur Analyse komplexer Gesellschaften und ihrer Probleme eignen; sie sind typischerweise auch an Problemen moderner Gesellschaften entwickelt worden. Es ist von daher verständlich, daß Personen und soziale Gruppen mit Vorliebe für vergehende oder vergangene Sozialzustände Argumente und Begriffe der entsprechenden Sozialtheorien aufnehmen und Kirchen z.B. als Institutionen bezeichnen.

5.3 Soziale Bedingungen eines gebrochenen Verhältnisses von Personen und organisierter Religion

Die bisherigen Ausführungen dürften die Vermutung plausibel gemacht haben, daß ein innerer Zusammenhang zwischen der gegenwärtigen gesellschaftlichen Situation und dem möglichen Auseinandertreten von ‚Kirchlichkeit‘ und ‚Religiosität‘ sowie der solche Möglichkeiten thematisierenden Theologie besteht. Der Zusammenhang ist jedoch bisher nicht expliziert worden. Dies sei im folgenden versucht.

5.3.1 Die Einschmelzung der katholischen Subkultur in der Bundesrepublik

Bereits einleitend wurde auf die Bedeutung der sozialen Einschmelzung von Konfessionsschranken für den Bewußtseinswandel – insbesondere der Katholiken – hingewiesen. Die Zunahme der Mischehen, das Bedürfnis nach Ökumene, die zunehmende Unglaubhaftigkeit bestimmter spezifisch ‚katholischer' Auffassungen, die von denjenigen der herrschenden Kultur abweichen (etwa im Bereich von Beichte und Buße, Konfessionsschule, Zölibat, Geburtenkontrolle usw.) und ihr rascher Zusammenbruch gerade in der Bundesrepublik in den letzten Jahren sind soziologisch und sozialpsychologisch relativ leicht erklärbar: *In wenigen Ländern beruhte die Kraft und der Einfluß der katholischen Kirche so sehr auf der Bildung einer katholischen Subkultur wie in Deutschland* (vgl. 4.3). Nachdem das protestantische Preußen die ‚kleindeutsche Lösung' durchgesetzt und die Führung im nunmehr überwiegend evangelischen Deutschen Reich an sich gebracht hatte, entwickelte sich der deutsche Katholizismus zunehmend in spezifischen Sozialformen (neben der territorialen Seelsorgestruktur in standesspezifischen Vereinen und Verbänden, einer eigenen Partei; eigenen Zeitungen usw.), die *die Konfessionszugehörigkeit zum Abgrenzungsmerkmal erhoben.* Daneben wirkte das nachreformatorische Prinzip „cujus regio ejus et religio" als die Konfessionen isolierender Faktor weiterhin nach. Wesentliche Verschiebungen in der konfessionellen Gliederung der Regionen brachten erst die großen Wanderungsbewegungen nach dem Zweiten Weltkrieg, der gleichzeitig die Teilung Deutschlands in die etwa zur Hälfte katholische Bundesrepublik und die ganz überwiegend evangelische Gebiete umfassende DDR nach sich zog.

Der Verlust des Minoritätenstatus entzog dem deutschen Katholizismus eine der wesentlichen Bedingungen seiner bisherigen Einheitlichkeit und Geschlossenheit. Das hohe soziale Prestige der durch das Dritte Reich nur partiell kompromittierten Kirchen gestattete es diesen zwar, in der ersten restaurativen Phase der Bundesrepublik großen Einfluß zu gewinnen. In dem Maße jedoch, als sich die übrigen gesellschaftlichen Kräfte, insbesondere das privatkapitalistische Wirtschaftssystem und die durch es strukturierten Interessenverbände, wiederum konsolidierten, als mit dem Abschluß des Wiederaufbaus sich neue Bedürfnisse und Probleme meldeten, die nicht mehr mit den Mitteln der Restauration früherer Verhältnisse gelöst werden konnten, ging der reale Beitrag der Kirchen zur gesellschaftlichen Stabilisierung zurück. In dem Maße, als *andere* als die durch Kirchenzugehörigkeit mitbestimmten Sozialbezüge für die Existenz der Bewohner der Bundesrepublik an Bedeutung gewannen, ging der direkte Einfluß der Kirchen auf das Bewußtsein der Menschen zurück. Vor allem durch die Massenmedien drangen zudem die Wertorientierungen nicht-kirchlicher Art zunehmend auch in die konfessionell homogen gebliebenen Gebiete. Zusammen mit der wachsenden Mobilität in Beruf und Freizeit bewirkten die geschilderten Tendenzen und Phänomene die Einschmelzung der sozialen Grenzen zwischen den Konfessionen und *setzten damit einen stets zunehmenden Teil der Katholiken anderen kulturellen Einflüssen aus als denjenigen, die aus ihrer Konfessionszugehörigkeit resultierten.* Es ist von daher nicht erstaunlich, daß vor allem diejenigen Normen und Glaubensvorstellungen der katholischen Kirche an Glaubwürdigkeit verloren haben, die im Widerspruch zu außerhalb der Kirche herrschenden Auffassungen stehen. Insbesondere verloren natürlich diejenigen Vorstellungen an Glaubwürdigkeit, die die ‚Einheitlichkeit' und ‚Geschlossenheit' der Katholiken in der Periode ihres Minoritätendaseins legitimierten. Solange die Sozialbeziehungen der Katholiken deutlich den Konfessionsschranken folgten – in der ‚Diaspora' aufgrund bewußter und vom Klerus unterstützter Orientierung, in den katholischen Gebieten aufgrund von gewohnheitsmäßigen Gruppenbindungen –, blieben die Sozialisationsbedingungen – was das religiöse Moment betrifft – weitgehend homogen. Der Abbau der konfessionell bedingten Kommunikationsschranke führt jedoch heute *nicht* primär zu einer *ökumenischen* oder sonstwie primär christlich motivierten Orientierung, sondern zum Erlebnis ‚weltlicher' Wert- und Handlungsorientierungen, die in mancherlei Hinsicht den überkommenen kirchlichen als überlegen erscheinen. Von

106

daher gesehen sinkt der kirchliche Einfluß auf das Handeln der Katholiken zunächst in all den Bereichen, die nach gesellschaftlich herrschender (nicht mehr: kirchlicher!) Auffassung nicht ‚Sache der Kirchen' sind. Zunehmend ist darüber hinaus zu erwarten, daß auch gesellschaftliche Auffassungen über die Kirchen stärkeren Einfluß auf die Kirchenorientierung auch der ‚kirchlichen' Personen gewinnen. Dies dürfte eines der wesentlichen Ergebnisse der im Zusammenhang mit der Vorbereitung der Synode der deutschen Bistümer durchgeführten Umfragen sein (vgl. 5.4).

5.3.2 Gesellschaftliche Differenzierung und Religion

Dieser im vorangehenden konkret analysierte Prozeß kann in einem spezifischen Sinn als ‚Entkirchlichung' bezeichnet werden, es wäre allerdings zu fragen, was für ein Kirchenbegriff hier vorausgesetzt wird und wie er theologisch zu qualifizieren ist. Wenn heute von Entkirchlichung oder Säkularisierung die Rede ist, so meint man damit jedoch bestimmte Aspekte des globalen Entwicklungsprozesses, den Europa seit dem ausgehenden Mittelalter durchgemacht hat. Die Kennzeichnung dieses Prozesses durch Globalbegriffe wie ‚Industrialisierung' oder ‚Säkularisierung' ist sehr problematisch und verabsolutiert einen bestimmten inhaltlichen Aspekt.

Aus soziologischer Perspektive erscheint im Hinblick auf das Verhältnis von Kirchlichkeit und Religiosität sowie die Einschätzung der oben skizzierten unterschiedlichen Sozialtheorien das *Phänomen der strukturellen und funktionalen Differenzierung von Gesellschaft und die damit einhergehende Freisetzung von Subjektivität* als besonders bedeutungsvoll. Um den Zusammenhang zu unseren Problemen herzustellen, genügt es, einige wenige Momente des Entwicklungsprozesses hervorzuheben (vgl. auch 2.3, 3.3):

1. Industrialisierte Gesellschaften sind in wesentlich geringerem Maße auf gemeinsame Normen und Wertvorstellungen der Gesellschaftsangehörigen zu ihrer Stabilisierung angewiesen als vorindustrielle Gesellschaften. Technisierte Kommunikation und organisatorische Vorkehrungen, zunehmend auch komplexe Planungs- und Steuerungsprozesse stabilisieren überwiegend den gesellschaftli-

chen Zusammenhang. *‚Institutionen' werden durch ‚Organisationen' ersetzt.*

2. Daraus resultiert einerseits die Möglichkeit des *Weltanschauungspluralismus* und eine zunehmende Abstraktheit der noch allgemein akzeptierten Wertvorstellungen. Andererseits wird es den Individuen zunehmend schwieriger, reale Anknüpfungspunkte zu einer Identifikation mit der so komplex und abstrakt gewordenen Gesellschaft zu finden. Die Bedingungen der Identität von (organisierten) sozialen Systemen und Personen treten zusehends auseinander.

3. Dementsprechend wird es immer schwieriger, Normen glaubhaft zu machen, die gleicherweise für individuelles und kollektives Handeln verbindlich sind. *Individualethik und Sozialethik sind kaum mehr miteinander vermittelbar* (vgl. 3.4).

4. Unter dem Gesichtspunkt der Sozialisation von Individuen zeigt sich, daß diese nicht mehr durch eine oder mehrere *ineinander*gelagerte soziale Bezugsgruppen (Familie, Verwandtschaft, Dorf) erfolgt, sondern daß der Heranwachsende sehr unterschiedlichen Sozialisationseinflüssen (z.B. Familie, Nachbarschaft, Schule, Pfarrei, bandenartige Gruppen von Gleichaltrigen, Betrieb, Massenmedien usw.) unterworfen ist. Soll die Sozialisation noch zum Aufbau einer konsistenten Persönlichkeitsstruktur führen, *muß eine wesentlich komplexere Bewußtseinsstruktur entwickelt werden, in der das Moment der subjekthaften Reflexion als stabilisierender Faktor immer bedeutungsvoller wird*[8a].

Bereits diese wenigen Hinweise dürften deutlich machen, weshalb Sozialtheorien des dialektischen oder systemtheoretischen Typus solchen des struktur- oder institutionstheoretischen Typus nunmehr überlegen sind. Gleichzeitig wird deutlich, daß der Aufbau einer konsistenten Persönlichkeitsstruktur nun nicht mehr unproblematisch durch bloße Verinnerlichung des Normensystems einer bestimmten Institution erfolgen kann.

Die Konsequenzen der hier nur angedeuteten Entwicklungen sollen nunmehr im Bezug auf religiöse Phänomene konkretisiert werden.

Die Möglichkeit des Auseinandertretens von ‚Kirchlichkeit' und

‚Religiosität' ist auf eine Veränderung dessen, was ‚Kirche' sozial-psychologisch bedeuten kann, zurückzuführen. Solange die religiösen Bezüge des Einzelmenschen im Grunde durch eine nahezu die Gesamtheit seiner Lebensbezüge umfassende Gemeinde getragen wurden, die gleichzeitig wirtschaftliche, politische, kulturelle und religiöse Funktionen wahrnahm, erschien ‚Kirche' kaum als eine selbständige Größe. Es gab auch kaum einen spezifisch profanen Erfahrungsbereich; vielmehr war die gesamte Lebensführung in einer ‚christlichen' Weise geordnet, wie eine Vergegenwärtigung der früheren gesellschaftlichen Funktionen des Kirchenjahres deutlich macht. Die Moralität des Einzelnen ging nicht viel weiter als die Gruppenmoralität, die Religiosität äußerte sich in den am Ort geläufigen kirchenbezogenen Verhaltensweisen, allenfalls in stärkeren und schwächeren Graden. Meist waren jedoch auch diese Grade durch soziale Erwartungen bestimmt: z. B. daß Männer erst nach der Predigt zur Messe kommen, während Frauen und Kinder von Anfang an dabeizusein haben.

Erst die *Verselbständigung der religiösen Beziehungen im gesamten Lebenszusammenhang*, eine Situation, die unter den geschilderten Bedingungen immer häufiger wird, führt dazu, daß an die Kirchenmitglieder spezifisch religiöse Erwartungen gerichtet und nicht selten unter Gewissensdruck durchgesetzt werden. Dabei ist zu betonen, daß die Verselbständigung der religiösen Beziehungen nicht primär ein von den Kirchen intendierter Prozeß war, sondern sich als Resultat der gesellschaftlichen Differenzierung sozusagen zwangsläufig ergab: Ebenso haben sich die familiären, die beruflichen, die Freizeitbeziehungen verselbständigt [9]. Dies wurde jedoch in dem Maße noch nicht sichtbar, als die Kirchen ihre eigene Definition des Verhältnisses von Kirche und Gesellschaft bei ihren Gläubigen weitgehend durchsetzen konnten.

In dem Maße als gesamtgesellschaftlich verbreitete Vorstellungen über ‚Kirche' die kirchlichen Selbstdefinitionen teilweise ersetzen, *wird Kirche zunehmend als ‚Organisation' erfahren*. Kirche wird nunmehr im Bereich des ‚Gesellschaftlichen' bewußtseinsmäßig angesiedelt und gerät damit in eine gewisse Distanz zur möglichen religiösen Erfahrung des Subjekts. In dieser neuen Erlebnisevidenz scheint eine wesentliche Wurzel der nunmehr entstehenden Unterscheidung zwischen ‚Kirchlichkeit' und ‚Religiosität' zu liegen.

Diese Veränderung der Kirchenwahrnehmung ist jedoch nicht nur ein psychologisches Phänomen, es entspricht ihr auch eine seit längerem in Gang gekommene faktische Veränderung der Kirchenstruktur: Wie heute jede Schule nicht mehr von der Gemeinschaft der Eltern oder einer überschaubaren Gemeinde, sondern von den zentralisierten, anonymen Kultusverwaltungen getragen werden, so sind auch die Pfarreien heute nur in ihrer Abhängigkeit von den Generalvikariaten der Bistümer praktisch lebensfähig. Der Pfarrer hat weder ein Benefizium, noch wird er von der Gemeinde unterhalten, sondern ist Beamter einer kirchlichen Organisation. Gerade dies verschafft ihm eine gewisse Freiheit gegenüber seinen Gläubigen, läßt jedoch auch diese ‚Kirche' zunehmend als ‚Organisation' erfahren, die etwa Geld für einen Kindergarten bewilligen oder verweigern kann. Nicht zuletzt hat die Betonung zentraler kirchlicher Instanzen, sei es das Papsttum, das Konzil oder eine Synode, und die damit zusammenhängende Repräsentation der Kirche in den Massenmedien dazu geführt, daß der erfahrbare Charakter von Kirche in die Nähe anderer, letztlich anonymer Großorganisationen wie den Staat, supranationale Behörden, Universitäten oder Kongresse gerückt worden ist.

Aus der Perspektive eines wachsenden Teils der Kirchenmitglieder erscheint deshalb Kirche nicht mehr als ‚heilige Mutter', sondern als eine (möglicherweise notwendige) organisierte Einrichtung; der Papst nicht mehr als ‚heiliger Vater' (man beachte die dem primärgruppenhaften Familienverband entlehnte Metaphorik! [10]), sondern als hierarchische Spitze einer verzweigten supranationalen Organisation, als deren Hauptzweck der Kampf für allgemein anerkannte moralische Werte wie Friede, Gerechtigkeit und Freiheit angesehen wird. Entsprechend dieser gewandelten Einstellung wird die Kirche zwar weitgehend als moralische Instanz für die Gesellschaft akzeptiert, jedoch nur noch von einer (vermutlich schwindenden) Minderheit als moralischer Instanz der individuellen Lebensführung (wie Vater oder Mutter) angesehen.

5.4 Veranschaulichung dieser Diagnose durch einige Ergebnisse der ‚Umfrage unter allen Katholiken‘

Bei der Abfassung stand eine umfassende Veröffentlichung der im Zusammenhang mit den Synodenumfragen (‚Umfrage unter allen Katholiken‘, Repräsentativbefragung des Instituts für Demoskopie in Allensbach, Priesterbefragung durch dasselbe Institut) gewonnenen Ergebnissen noch aus[10a]. Auch die im Auftrag des Zweiten Deutschen Fernsehens durch das IFAK-Institut, Frankfurt, im April und Mai 1970 durchgeführte Repräsentativbefragung wurde bisher nicht veröffentlicht. Obwohl aus diesem Material vermutlich eine Fülle neuer Informationen über das religiöse Bewußtsein der deutschen Katholiken und damit auch wesentliche Beiträge zu unserer Fragestellung gewonnen werden könnten, können anhand des bisher veröffentlichten Materials die vorangehenden Überlegungen nur veranschaulicht, nicht aber ernsthaft geprüft werden[11]. Unter Vernachlässigung aller methodischen Erörterungen seien hier drei mit den vorangehenden Überlegungen unschwer zu vermittelnde Schlußfolgerungen aus dem bisher veröffentlichten Material dargestellt:

1. *Die öffentlichen Funktionen der Kirche werden stärker bejaht als ihr Einfluß auf die eigene Lebensführung.*

2. *Der Einfluß der Kirche als einer gesellschaftlich-moralischen Instanz* (also die gesamtgesellschaftlich akzeptierte Funktion) *wird stärker bejaht als ihre eigentlich religiöse Funktion* (also die kirchlich definierte Funktion).

3. *Diese Tendenzen gelten nicht nur für die kirchlichen ‚Randgruppen‘, sondern ebenso für die kirchlichen ‚Kerngruppen‘.*

Diese Schlußfolgerungen ergeben sich in erster Linie aus einer Analyse der Antworten auf die Frage 3 der allgemeinen Umfrage: „Unter Katholiken gibt es unterschiedliche Meinungen darüber, wozu die Kirche da ist. Könnten sie im folgenden bitte immer ankreuzen, ob die Kirche da für Sie ‚ganz besonders wichtig‘ ist oder ‚wichtig‘ ist, oder ‚nicht wichtig‘?“ Um die dem Material zu entnehmenden Tendenzen deutlich hervortreten zu lassen, beschränken wir uns im folgenden auf die Wiedergabe der Meinungen in

Tabelle 1:

Von 100 Befragten bewerteten in Beantwortung von Frage 3 als...

Rang	ganz besonders wichtig	nicht wichtig
1. Daß die Kirche Staatsmänner und Politiker in der Welt zu Gerechtigkeit und Frieden auffordert	61	6
2. Daß die Kirche Menschen in seelischer Not Beistand und Hilfe gibt	56	3
3. Daß die Kirche sich für ein menschenwürdiges Leben aller einsetzt, für soziale Gerechtigkeit	54	4
4. Daß die Kirche die Botschaft Gottes in aller Welt verkündet	47	8
5. Daß sich die Kirche für einen brüderlichen Umgang der Menschen miteinander einsetzt	44	4
6. Daß die Kirche unter den Christen das Wort Gottes lebendig werden läßt	43	7
7. Daß die Kirche der Verherrlichung und Lobpreisung Gottes dient	38	12
8. Daß die Kirche mich anleitet, das Gute zu tun und das Böse zu lassen	32	19
9. Daß die Kirche für mein persönliches Heil Sorge trägt	20	29

Quelle: SYNODE 2/1970, S. 20.

den Extremgruppen – und ordnen die Antworten nach der Betonung ihrer Wichtigkeit. Die Spalte 1 ergibt somit die allgemeine Rangskala der empirischen Wichtigkeit der verschiedenen Antwortvorgaben, gemessen durch die Rubrik ‚ganz besonders wichtig'. Ein Vergleich mit der Rangreihe der als ‚nicht wichtig' erwähnten Antworten zeigt, daß diese im wesentlichen in der umgekehrten Reihenfolge läuft, so daß sich eine gesonderte Interpretation erübrigt.

Diese Antworten lassen sich m. E. zu vier Sinnkomplexen zusammenfassen:

a) gesellschaftlich-moralische Funktionen der Kirche (1., 3., 5.),

b) Kirche als Helferin der Benachteiligten (2., 3.),

c) Kirche als auf Gott bezogene Instanz, spezifisch religiöse Funktionen der Kirche (4., 6., 7.),

d) Kirche in ihrer Bedeutung für das befragte Individuum (8., 9.) [11a].

Aus der Tabelle läßt sich somit entnehmen, daß von der Kirche in erster Linie Funktionen erwartet werden, die ihre soziale Nützlichkeit unter Beweis stellen, jedoch nicht notwendigerweise auf Gott verweisen [Sinnkomplexe a) und b)]. Die Antworten, die auf die Funktion der Verkündigung und Vergegenwärtigung Gottes verweisen [Sinnkomplex c)] konzentrieren sich bereits unterhalb der Mitte und die Antworten, die auf die persönliche Relevanz der Kirche hindeuten, stehen eindeutig am Schluß der Rangskala. „Daß die Kirche für mein persönliches Heil Sorge trägt" wird sogar von deutlich mehr Antwortenden als ‚nicht wichtig' angesehen wie als ‚ganz besonders wichtig'. In diesem Zusammenhang sei daran erinnert, daß diese Prozentzahlen der ‚Umfrage unter allen Katholiken' entnommen wurden, daß hier also nur Personen erfaßt wurden, die durch ihre freiwillige Rücksendung des Fragebogens bereits ein gewisses Interesse an der Kirche bekundet haben.

Man könnte nun vermuten, daß die Rangfolge der Wichtigkeit sich verschiebt, wenn man die Befragten nach dem Grad ihrer ‚Kirchlichkeit' unterteilt. Man könnte beispielsweise vermuten, daß die persönliche Relevanz der Kirche bei den Unkirchlichen besonders gering wäre. Die ‚Kirchlichkeit' wurde in der Umfrage durch insgesamt 4 Indikatoren (Kirchenbesuch, aktive Mitarbeit in der

Kirche, Beschäftigung mit kirchlichen Fragen, Verhältnis zur Kirche) direkt erfragt. Eine Prüfung dieser Hypothesen ergibt – auszugsweise – folgendes Bild (vgl. Tab. 2 auf S. 115).

In Tabelle 2 sind diejenigen Gruppen herausgegriffen, bei denen die Abweichungen – bezogen auf ‚Kirchlichkeit' – am größten sind. Es zeigt sich zunächst, daß die *Rangfolge der Häufigkeiten* nur unwesentlich variiert: Einzig bei der Gruppe derjenigen, die angeben, nie zur Kirche zu gehen, ist eine signifikante Abweichung in der Rangfolge der Erwartungen an die Kirche festzustellen. Auch bei den ‚kirchlichsten' Gruppen werden die gesellschaftlichen Funktionen der Kirche stärker als ihre religiösen Funktionen und diese wiederum stärker als die persönliche Bedeutung betont. Dennoch zeigt sich ein deutlicher Unterschied, was die *Abstände der Häufigkeiten* betrifft: Mit sinkender ‚Kirchlichkeit' gehen in allen drei Indikatoren am stärksten die auf Gott bezogenen Nennungen (4., 6., 7.) zurück, während die Nennungen der gesellschaftlichen Funktionen (1., 3., 5.) bei den Unkirchlichen nur schwach zurückgehen und insgesamt stärker an die Spitze der Rangskala rücken. Hinsichtlich der individuellen Relevanz der Kirche lassen sich durchschnittlich starke Rückgänge der Häufigkeiten mit sinkender Kirchlichkeit feststellen.

Man kann also sagen: Die gesellschaftlichen Funktionen der Kirche werden auch von einem erheblichen Teil der Nicht-Kirchlichen bejaht, während die spezifisch religiösen Funktionen von diesen als ebenso irrelevant angesehen werden wie die persönliche Bedeutung der Kirchen für sie selbst. Anders formuliert: Die gesellschaftlich-moralischen Funktionen der Kirche scheinen in der Bundesrepublik, weitgehend unabhängig von der kirchlichen Bindung, allgemein akzeptiert zu sein. Sie entsprechen der gesellschaftlich herrschenden Erwartung an die Kirchen. Der Bezug zu Gott oder gar individuelle Relevanz wird von den Kirchen dagegen nur bei jener Minderheit intensiv erwartet, die stark in die Kirche integriert ist. Aber auch diese Kerngruppen nennen noch häufiger diejenigen Erwartungen an die Kirche, die allgemein gesellschaftlich akzeptiert sind.

Ähnliche Tendenzen, wie sie anhand von Frage 3 ausführlich

Tab. 2: In Beantwortung von Frage 3 erachten als ‚ganz besonders wichtig' ...

Allg. Antwortvorgaben Rang (Vollständiger Texts. Tab. 1)	Kirchgang				Verhältnis zur Kirche				Beschäftigung mit Fragen der katholischen Kirche			
	jeden Sonntag		Nie		gut		enttäuscht		häufig		Nie	
	%	Rang	%	Rang	%	Rang	%	Rang	%	Rang	%	Rang
1. Staatsmänner auffordern	64	1	44	2	67	1	44	2	66	1	44	1
2. Menschen helfen	61	2	30	4	64	2	33	3	64	2	34	3
3. Für soziale Gerechtigkeit	56	4	49	1	57	4	45	1	63	3	37	2
4. Botschaft Gottes in alle Welt	57	3	10	6	61	3	14	6	59	4	20	5
5. Für Brüderlichkeit	47	6	33	3	49	7	31	4	55	6	26	4
6. Wort Gottes lebendig unter Christen	52	5	11	5	56	5	15	5	58	5	17	6
7. Verherrlichung Gottes	47	6	8	7	52	6	10	7	52	7	16	7
8. Mich anleiten, Gutes tun, Böses lassen	40	8	8	7	45	8	7	8	43	8	15	8
9. Sorge für mein persönliches Heil	36	9	5	9	30	9	3	9	31	9	15	8
Signifikanz der Rangabweichungen gegenüber Sp. 1	ns*		›2	%	ns		ns		ns		ns	

* ns = nicht signifikant; die Signifikanz wurde mit Hilfe des Rangkorrelationskoeffizienten nach Spearman ermittelt.

Quelle: SYNODE 4/1971, S. 11–13, Berechnungen durch mich.

dargestellt wurden, läßt die Interpretation anderer Fragen erkennen: Man vergleiche etwa die geringen Antworthäufigkeiten auf Frage 7 („Auf welchen Gebieten ist für Sie persönlich von Bedeutung, was die Kirche sagt?") mit den hohen Antworthäufigkeiten auf Frage 9 („Wie könnte die katholische Kirche Ihrer Meinung nach dazu beitragen, daß die verschiedenen christlichen Kirchen einander näher kommen?")[12]. Auch hier kehrt sich die Tendenz mit zunehmender ‚Kirchlichkeit' nicht etwa um. Auch bei den kirchlichen Kerngruppen läßt sich beobachten, daß sie weit häufiger Anforderungen an die katholische Kirche in Sachen Ökumene anstreichen, als Gebiete zu nennen, auf denen die Kirche für sie persönlich von Bedeutung ist. *Auch die kirchlichen Kerngruppen orientieren sich somit in der Einschätzung der Funktionen der Kirche in erheblichem Maße an Tendenzen der öffentlichen* – von den Kirchen selbst nur wenig beeinflußten – *Meinung,* wenigstens auf dem Niveau, das durch Meinungsumfragen zu erfassen ist. Das bestätigt unsere Auffassung von dem sinkenden direkten Einfluß der Kirchen auf den Gebieten, wo die Kirchen nicht mit Wertorientierungen der herrschenden Kultur übereinstimmen[13].

5.5 Zu den Begriffen kirchliche und außerkirchliche Religiosität

Da den bisher veröffentlichten Daten der verschiedenen Umfragen zur Synode hinsichtlich unseres spezifischen Problems noch nicht viel zu entnehmen ist – Untersuchungen zu diesem Thema setzen komplexere Techniken der Datenverarbeitung voraus –, müssen sich unsere abschließenden Überlegungen auf eine nähere Erörterung der Begriffe kirchliche und außerkirchliche Religiosität beschränken. Wie einleitend erwähnt, handelt es sich hier um eine alltagssprachliche Problemformulierung, die der näheren theologischen und soziologischen Explikation bedarf. Zunächst soll eine soziologische Explikation anhand der vorangehenden Überlegungen versucht werden; abschließend seien einige Fragen aufgeworfen, die die theologische Explikation betreffen.

5.5.1 Soziologische Explikation der Begriffe

In Anknüpfung an das in 5.2 Gesagte ist festzuhalten, daß von Sozialtheorien her, die ein unproblematisches Verhältnis von Personen und Institutionen voraussetzen, zwar ein Begriff kirchlicher Religiosität gebildet werden kann, daß der Begriff ‚außerkirchliche Religiosität' dagegen von diesen Ansätzen her kaum oder nur unter Rekurs auf andere Institutionen expliziert werden kann. Obwohl sich somit die systemtheoretischen und dialektischen Ansätze besser zur Behandlung unseres Problems zu eignen scheinen, sollte deren Ansatz nicht naiv übernommen werden, ohne die Fragen, die die Aufgabe des institutionentheoretischen Ansatzes hinterläßt, deutlich zu stellen:

1. Ist es überhaupt noch möglich, von Religion und Religiosität zu sprechen, wenn man diese Begriffe von bestimmten Institutionen löst? Oder tendieren die Begriffe dann zur Beliebigkeit?

2. Kann sich der Mensch, der nicht mehr durch die fraglosen Gewißheiten einer Institution getragen ist, sondern einer Vielzahl von untereinander nicht koordinierten Einflüssen ausgesetzt ist, überhaupt noch als Identität entwickeln? „Unsere Kenntnisse, Informiertheiten und Meinungen... ja sogar unsere wirklichen oder vermeintlichen Verpflichtungen sind unverhältnismäßig weiter gezogen, als daß wir ihnen mit verantwortlichen Handlungen überhaupt noch nachkommen könnten. Das wäre, jenseits des Atheismus, die eigentlich gottferne Situation: In großen Zusammenhängen leben müssen, die man weder geistig noch moralisch noch affektiv integrieren kann."[14]

Dieses Zitat und die in 5.3 entwickelten Überlegungen dürften deutlich gemacht haben, daß *alle* hier erwähnten Sozialtheorien der Vorstellung außerordentlich skeptisch gegenüberstehen, daß unter den gegenwärtigen gesellschaftlichen Verhältnissen eine ausschließlich durch die kirchlichen Institutionen geprägte Religiosität überhaupt noch möglich ist. Wir müssen vielmehr davon ausgehen, daß auch die Einstellung zu den Kirchen für den heute lebenden Menschen nicht nur von der Kirche her beeinflußt wird, sondern auch von anderen Medien der Meinungsbildung. Seitdem die katholische Kirche den Anspruch auf eine umfassend konfessionelle Kindererziehung praktisch aufgegeben hat, sollte es auch nicht mehr so schwerfallen, sich mit der neuen Situation ernsthaft auseinanderzusetzen. *Kirchliche Religiosität kann nicht mehr dadurch erhalten werden, Glaubenschancen können nicht mehr dadurch erhöht werden, daß man Menschen von nicht durch die Kirche kontrollierten Einflüssen fernhält.* Offen ist lediglich noch die Frage, ob damit die organisierte Religion an ihrem Ende angelangt ist bzw. in welcher Form die Kirchen in Zukunft weiterhin ihren von ihnen als kirchlich definierten Auftrag, Menschen zu Gott zu führen, Menschen Glauben und Frömmigkeit zu ermöglichen oder ganz einfach ‚Heil‘ zu vermitteln, gerecht werden können.

Wenn diese Überlegungen richtig sind, so ergibt sich aus ihnen zunächst, daß ‚kirchliche Religiosität‘ in einem bestimmten, naiven Sinne der unproblematischen Entsprechung von kirchlich geprägtem Milieu und subjektivem Bewußtsein historisch nahezu unmöglich geworden ist und zunehmend nur noch in einigen Randgebieten und Randgruppen der sozialen Entwicklung sich wird auffinden lassen. Schon seit langem zeigen die religionsstatistischen Untersuchungen des Gottesdienstbesuches, daß die traditionellen Formen kirchlicher Betätigung am stärksten von den sogenannten ‚stationären sozialen Schichten‘ (z. B. Bauern, kleine Gewerbetreibende alter Prägung, ältere Menschen) beibehalten werden. Die Chance, daß das ‚katholische Milieu‘ noch länger als eine Generation den Katholizismus in Deutschland zu tragen vermag, scheint mir außerordentlich gering.

Andererseits zeigten unsere bisherigen Überlegungen, daß die Chancen für die Entwicklung einer *von der sichtbaren Kirche distanzierten* Religiosität heute wesentlich größer sind als unter den sozialen Verhältnissen der geschichtlich vorangehenden Epochen. Religiosität als subjektiv erfahrene Beziehung zu Gott ist für Menschen, die ein subjektiviertes Bewußtsein zu entwickeln gezwungen sind, *grundsätzlich* eher möglich als eine *bloß* durch die Institution Kirche vermittelte Religiosität. Allerdings haben unsere bisherigen Überlegungen keinerlei definitiven Anhaltspunkte dafür gegeben, ob und unter welchen Bedingungen solche Religiosität *überhaupt* möglich ist. Wir können nur sagen: Wenn solche von kirchlichen Institutionen distanzierte Religiosität überhaupt möglich ist, so ist die Chance ihrer Realisierung unter den gegenwärtigen gesellschaftlichen Verhältnissen wesentlich höher als unter den vorangehenden. Alle soziologische Evidenz weist zudem darauf hin, daß solche ‚Distanzierung' nicht als ‚Kontaktlosigkeit' verstanden werden darf, sondern nur als u. U. mühevolle, soziale Bezogenheit auf Kirche noch als *religiöse* Motivation nachweisbar ist[14a].

Darüber hinaus läßt sich vermuten, daß nur Personen mit erheblicher Ich-Stärke in Zukunft noch imstande sein werden, christliche Sinngehalte in ‚überzeugender' Weise weiterzuvermitteln. ‚Glaubhaftigkeit' des Christentums wird nicht mehr einfach durch den organisierten kirchlichen Betrieb, sondern nur noch durch soziale Interaktionen vermittelt werden können, in denen die Identität der Partner eingesetzt, die Unverbindlichkeit des bloßen Rollenverhaltens als ‚Bischof', ‚Priester', ‚Gemeindemitglied', ‚Kirchgänger' oder was auch immer durchbrochen wird.

Wenn wir davon ausgehen, daß eine bestimmte Form ‚kirchlicher Religiosität' historisch vergangen und die Möglichkeit neuer Religiositätsformen offen ist, so stellt sich die Frage, *inwieweit für diese möglichen neuen Religiositätsformen die Unterscheidung kirchlich – außerkirchlich relevant ist.* Das hängt wiederum von dem zugrunde gelegten Kirchenbegriff ab, der für dieses Sprechen expliziert werden müßte. Grundsätzlich scheinen zwei Unterscheidungsweisen möglich:

1. Im Horizont christlicher Tradition könnte zwischen kirchlicher und außerkirchlicher Religiosität in der Weise unterschieden werden, daß diejenigen Formen christlicher ‚Religiosität' (die ebenfalls noch näher zu bestimmen wären), die sich *aus der Perspektive des glaubenden Subjekts* noch an Kirche orientieren, als kirchlich, die anderen als ‚außerkirchlich' angesehen werden. Das dem gängigen Denken Widersprechende an dieser Unterscheidung ist, daß nun nicht mehr Kirche (als Organisation) definiert, was als kirchlich zu gelten hat, sondern daß dies dem Einzelnen überantwortet ist (vgl. auch 6.4).

Aus soziologischer Perspektive wird man allerdings auch diese

Art ‚außerkirchlich' definierter Religiosität noch als kirchenbezogen interpretieren müssen, solange man den Begriff Kirche für alle organisierten Formen christlicher Religion anwendet. *Nur über die Existenz solcher Organisationen wird nämlich die historische Kontinuität christlicher Sinngehalte hergestellt.* Die Existenz sichtbarer Kirchen ist somit nicht ohne Bedeutung für die möglicherweise vorhandene außerkirchliche Religiosität; sofern diese überhaupt noch als Religiosität im christlichen Sinne zu identifizieren ist, bleibt sie *mittelbar auf Kirche bezogen.* Gerade im antiinstitutionellen (oder besser gesagt: antiorganisatorischen) Affekt, der ein vermutlich bei Vielen heute wirksames religiöses Motiv darstellt, bleibt der Bezug auf Kirche erhalten. Die Spannung des Subjekts zur kirchlichen Organisation wird durch Erwartungen an diese Organisation stabilisiert, die diese über sich selbst erweckt, die jedoch von den ihr kritisch Gegenüberstehenden als nicht erfüllt angesehen werden. Glaubende Person und Kirche bleiben hier durch einen gemeinsamen Bezugspunkt des Glaubens verbunden, der von seiten des kritisch glaubenden Subjekts normativ an die sichtbare Kirche herangetragen wird. In diesem Sinne könnte auch die hohe Zustimmung zu einer Reihe der in Abschnitt 5.4 dargestellten Antwortmöglichkeiten, die wir als ‚gesellschaftsbezogen' definiert hatten, erklärt werden.

Kirchliche Religiosität wäre demzufolge als eine solche zu definieren, in der die subjektive religiöse Sinngebung sich in den jeweiligen von der Kirche vorgegebenen oder innerhalb des Bezugssystems Kirche entfalteten Sprech- und Handlungsweisen aktualisiert. *Bloße Kirchlichkeit* wäre dort gegeben, wo bestimmte, kirchlich vorgegebene Verhaltensweisen ohne Bezug auf individuell angeeignete religiöse Motive erfüllt werden. Die empirische Feststellung nicht-religiöser Kirchlichkeit dürfte allerdings auf große Schwierigkeiten stoßen und in vielen Fällen auch ein Vorurteil des Betrachters darstellen, der selbst z.B. eine andere Auffassung von Religiosität hat. Gerade bestimmte Formen von traditionalem Katholizismus können z.B. von bestimmten Personen durchaus religiös erlebt, von Dritten jedoch als bloßer Ritualismus erfahren werden. Solche Unterschiede der Einschätzung religiöser Verhaltensweisen lassen sich um so weniger vermeiden, je mehr die kirchliche Sozialisation nur ein kleines Teilmoment der gesellschaftlichen Sozialisationseinflüsse darstellt.

Außerkirchliche Religiosität bestünde insoweit, als das Subjekt die für es relevante religiöse Sinnkonstitution nicht mehr als durch die Kirchen vermittelt erfährt, sondern vermutlich aus anderen Sozialisationseinflüssen, die nur in einem mittelbaren Bezug zu den Kirchen stehen, selegiert (z. B. Buchproduktion, Kunst, Massenmedien, Sekten usw.). In manchen Fällen kann es sich auch um die Spätfolgen einer verdrängten kirchenbezogenen Sozialisation handeln.

2. In einem fundamentaleren Sinne bestünde ,außerkirchliche Religiosität' dann, wenn deren Existenz auch ohne mittelbaren Bezug auf die organisierte Religion postuliert würde. Nach dieser Auffassung wäre also jeder Einzelne ,unmittelbar zu Gott', grundsätzlich unabhängig davon, ob und wie Religion in der ihn umgebenden Gesellschaft institutionalisiert ist. Die Existenz konkreter Sozialformen von Religion würde nur allenfalls die Chancen der Aktualisierung solch unmittelbaren Gottesbezuges erhöhen. In diesem Sinne habe ich die Ausführungen von Karl *Rahner* verstanden, zu denen deshalb abschließend Stellung genommen werden soll.

5.5.2 *Zur theologischen Explikation*

Karl *Rahner* hat in seinen Ausführungen dem Moment der ,Kirchlichkeit' der Frömmigkeit eine eindeutig untergeordnete Rolle zugewiesen (vgl. Anm. 3). Er weist – phänomenologisch sicher zu Recht – auf die erhebliche Variationsbreite möglicher Kirchlichkeitsgrade der Frömmigkeit hin, und zwar sowohl was die Frömmigkeitsgeschichte angeht wie auch was Art der Frömmigkeit innerhalb ein und desselben Lebens und ein und derselben historischen Epoche angeht. Rahner geht, wenn ich es richtig sehe, *von der Perspektive des subjektiven Erlebens aus,* das für die zeitgenössische Religiosität zweifellos wachsende Bedeutung erlangt hat. Unsere Ausführungen suchten glaubhaft zu machen, daß die Bedeutung des subjektiven Erlebens in bezug auf Religion und Gott in der Vergangenheit vermutlich geringer war. Natürlich gab es Mystiker und andere ‚religiöse Virtuosen' (M. *Weber*), aber gesamthaft gesehen, müssen wir uns die Frömmigkeit früherer Epochen als elementarer, weniger reflex, weniger subjektiviert, stärker im Gruppenerlebnis und im Gruppenvollzug gebunden vorstellen. Dieser Hinweis ist deshalb wichtig, weil davon auszugehen ist, daß die bisherigen Formen der Pastoral wie überhaupt die vorherrschende Auffassung über das religiöse Leben und seine Bedingungen in der katholischen Kirche vermutlich von impliziten soziologischen Prämissen ausgehen, die unter den gegenwärtigen gesellschaftlichen Verhältnissen immer weniger gegeben sind. Das war auch der Grund, weshalb auf diesen Wandel so ausführlich eingegangen wurde. *Der Modus der Sozialisation religiöser Sinngehalte wandelt sich grundsätzlich, je nachdem, ob sie als Bestandteil einer einheitlichen, herrschenden Kultur und mittels einer dominierenden, alle wesentlichen Lebensbezüge sichernden Bezugsgruppe erfolgt oder ob das Individuum inmitten einer Vielzahl „sich kreuzender sozialer Kreise" (G. Simmel) steht und seine Religiosität im Zuge einer als subjektiver Prozeß erlebten Selbstfindung aufbaut – oder darin scheitert.*

Rahner unterscheidet „zwischen ursprünglicher Gotteserfahrung und einer reflexen, verbal objektivierenden Gotteserkenntnis". Er veranschaulicht diesen Unterschied an Phänomenen wie Freude, Liebe und Angst, deren ursprünglicher „geistiger Vollzug" nicht mit ihrer „verbalen Objektivation in Reflexion" identisch ist. Die hier anvisierte Unterscheidung ist zweifellos empirisch gegeben; allerdings muß darauf hingewiesen werden, daß zum mindesten nach Auffassung der unter Psychologen weitverbreiteten *Aktivationstheorie* die vom Menschen empfundenen Affekte (Stimmungen, Gefühle) unabhängig von ihrer Reflexion dennoch bereits ein Moment der subjektiven Deutung enthalten: Auf der physiologischen Ebene wären demzufolge lediglich unterschiedliche Grade der neurovegetativen Erregung (‚Aktivation') festzustellen, die aufgrund der Wahrnehmung situativer Momente (vom nicht-reflexen Bewußtsein) bewertet und gedeutet würden. Die Deutung gegebener Sinneseindrücke erfolgt jedoch nicht ausschließlich aufgrund unmittelbarer Wahrnehmung, sondern primär aufgrund kognitiver Strukturen, d. h. der im Gehirn gespeicherten Erwartungen über Welt und mögliche Situationen. ‚Gefühle‘ entstehen erst durch die Verbindung des körperlich Wahrgenommenen mit kognitiven Inhalten [15].

Nach dieser Auffassung wäre somit auch ‚Gotteserfahrung‘ vom vorgängigen Aufbau einer kognitiven Struktur ‚Gott‘ abhängig. *Soll mit dem Begriff der ‚transzendentalen Gotteserfahrung‘ postuliert werden, daß eine solche Kategorie ‚Gott‘ bereits angeboren ist?*

Die Ausführungen *Rahners* zur Transzendentalität des Menschen sind in einer Weise interpretierbar, die sie mit anderen Ergebnissen der empirischen Anthropologie vereinbar macht: Was Rahner „natürliche Geistigkeit des Menschen" nennt, hat durchaus ein empirisches Korrelat: Insofern menschliches Verhalten nicht instinktmäßig abgesichert ist, ist er in seinem Verhalten auf Bewußtsein angewiesen; dieses Bewußtsein ist nicht beliebig sozio-kulturell veränderbar, sondern bereits selbst vorkulturell strukturiert. Hierüber weiß man allerdings noch sehr wenig. Immerhin sei auf die anthropologische Theorie von Dieter *Claessens* hingewiesen, der die große Attraktivität von Ganzheits- oder Totalitätsvorstellungen auf „formale Prinzipien von Instinkten oder Instinktsystemen, die inhaltlich entleert im Menschen von heute weiter wirksam sind", zurückführt: „So ist das Heilige das ‚Heile‘, d. h. das, was der Mensch getrieben ist zu suchen, aber nicht finden kann; was ihm also in der Konstruktion überlegen ist; ... die Geborgenheit in der Aktion und Aktion in Geborgenheit." [16] – Auch wenn dieses Argument bei *Claessens* – für die Gegenwart – in einem ähnlichen Sinne religionskritisch gemeint ist, wie wir uns im Vorangehenden von elementaren Auffassungen der Kirchlichkeit als institutioneller Prägung von Individuen abgesetzt haben, scheint mir hier doch eine Analogie zu *Rahners* Begriff der Transzendentalität des Menschen zu bestehen. Eine weitere Analogie ergibt sich aus dem Bereich der Systemtheorie: Der Mensch hält trotz – oder wegen – seiner weitgehenden Weltoffenheit die Komplexität von Welt in der Fülle ihrer unbestimmten Möglichkeiten nicht aus. Er ist auf ‚Reduktion von

Komplexität' angewiesen[17]. Grundlegende, d. h. überhaupt Sozialisation von Menschen ermöglichende Reduktionen von Komplexität erfolgen durch ‚Gesellschaft'. „Gesellschaftssysteme sind gleichsam ins sozial Voraussetzungslose gebaut. Sie leisten die grundlegenden Strukturselektionen menschlichen Zusammenlebens, wie Sprache, allgemeine Wertmuster, Gesichtspunkte der Systemdifferenzierung. Sie sind, wenn diese formelhafte Kontrastierung zur alteuropäischen Tradition erlaubt ist, in einem transzendentalen Sinne autark, nämlich in der Konstitution von Sinn."[18] Wir können – von diesem Grundgedanken ausgehend – argumentieren, daß unter elementaren Sozialverhältnissen die Reduktion von Weltkomplexität durch die soziale Umwelt des Individuums so weitgehend erfolgte, daß es mit einer relativ undifferenzierten psychischen Struktur zu leben vermochte. Je mehr sich die Sozialbezüge eines Individuums differenzieren, je komplexer seine soziale Umwelt wird, desto komplexer muß seine eigene psychische Struktur werden, damit es noch Identität wahren kann. *Gleichzeitig erfährt es jedoch bewußt, daß seine eigenen Möglichkeiten begrenzt, die Komplexität seiner Umwelt weit größer ist als seine Fähigkeit zur Erlebnisverarbeitung.* Dies ist zweifellos ein fundamentales Erlebnis, zum mindesten des modernen Menschen; es kann jedoch auch sein, daß erst dieser imstande ist, es zu reflektieren. Daß hier jedoch auch eine neue Erlebnisqualität vorliegt, wird wahrscheinlich aufgrund des Umstandes, daß die Differenzierung von Angst und Furcht und die Thematisierung von Angst als Grundbefindlichkeit des Menschen erst in hochdifferenzierten Gesellschaften möglich ist[19].

Es scheint mir eine Analogie zwischen dem fundamentalen Erlebnis der beschränkten Kapazität der Erlebnisverarbeitung des Menschen und dem zu bestehen, was *Rahner* als die „transzendentale Erfahrung der Transzendentalität des Menschen in Erkenntnis und Freiheit" bezeichnet. Oder wird hier auf denselben Tatbestand rekurriert? Als zentrale Funktion von Religion wird von vielen Religionswissenschaftlern das Moment der *Bannung von Angst* angesehen. Es kann kein Zweifel an der ‚kosmisierenden Funktion' (Mircea *Eliade*) der Religionen bestehen, die in elementaren Gesellschaften mit der Ebene des „Gesellschaftssystems" im Sinne *Luhmanns* nahezu gleichzusetzen sind. Für archaische Gesellschaften ist das Moment der Bannung von Angst durch Darstellung der furchterregenden Größen mit der Genese von Religion in Zusammenhang gebracht worden[20]. Wenn wir davon ausgehen können, daß dem modernen, unter manifest überkomplexen Lebensverhältnissen zu leben gezwungenen Menschen Angstbewältigung nicht mehr durch Projektion auf bestimmte Gegenstände möglich ist, sondern nur noch als Erlebnisverarbeitung, als intrapsychische Angstbewältigung (und für die Hypothese sprechen nicht nur die Einsichten der Psychoanalyse), so könnte deutlich werden, *weshalb sich für den modernen Menschen das Problem der Religion ins Subjekt verschiebt* und weshalb hier auch jede Fundamentaltheologie heute anzusetzen hat.

Dennoch bleibt bei diesem Versuch, Anknüpfungspunkte zu einer Anthropologie der Religiosität zu bieten, ein Unbehagen. Was würde geschehen, wenn sich die Theologie *auf solche* Art der Hilfestellung einließe? Einerseits könnte hier auf natürliche Grundlagen möglicher Gotteserfahrung rekurriert werden. Was aber legitimiert, hier die Chiffre ‚Gott' einzusetzen? Diese Frage bezieht sich m. E. auch auf den Begriff der transzendentalen Gotteserfahrung bei Karl *Rahner*.

Von einem anderen Ausgangspunkt wird das hier erörterte Problem durch Heinz Robert *Schlette* wie folgt formuliert: „Gibt es überhaupt spezifisch religiöse Energien, Gefühle, Intentionen im Menschen – oder gibt es nur die eine, fundamentale menschliche Grundkraft, die sich bald auf ein religiöses, bald auf ein nichtreligiöses Objekt richtet? Diese Frage ist von größter Wichtigkeit in bezug auf die Bestimmung dessen, was überhaupt ‚human', was die mögliche Basis eines gemeinsamen und kommunikativen ‚Humanismus' ist, und hat gleichzeitig Folgen für die Beurteilung der Religion(en) selbst sowie auch für die Kritik solcher Bezeichnungen wie ‚Ersatzreligion', ‚säkulare Religion' usw."[21]

Eine weitere Frage von einiger praktischer Reichweite sei abschließend wenigstens gestellt: Aus dem Gesagten ergibt sich, daß die Entfaltung des Menschseins, die Gewinnung von Identität unter überkomplexen Gesellschaftsverhältnissen zum mindesten sehr voraussetzungsvoll ist. Es ist m. E. damit zu rechnen, daß nur ein Teil der Menschen hierzu überhaupt imstande ist. Wenn Religiosität und Glaube nur noch als subjekthafter Vollzug in theologisch legitimer Weise möglich sind, was bleibt für die Pastoral der übrigen? Wie kann verhindert werden, daß die Ausarbeitung dieses Ansatzes nicht einem neuen elitären Verständnis von Religion Vorschub leistet und damit einem Zynismus, der in der Geschichte nicht selten zur Pervertierung von Religion geführt hat?[22] Wie kann umgekehrt jener naiven pastoralen Haltung entgegengewirkt werden, die sich – aus der Einsicht in die möglicherweise strukturell bedingte Subjektschwäche bestimmter, sich im Schutze der Kirche noch ‚geborgen' fühlender Bevölkerungsgruppen – einer derartig beunruhigenden Neuformulierung des Problems der Religiosität widersetzt?

6 Zur Reformierbarkeit kirchlicher Strukturen

6.1 Kann man Kirche denken?

Das Vexierende an dieser Frage ist, daß ihre Beantwortung mit ,ja‘ oder ,nein‘ am durch sie anvisierten Problem vorbeigeht und daß auch eine Formulierung des ,Sowohl-als-auch‘ den Kern der Frage nicht trifft. In diesen abschließenden Überlegungen, für deren skizzenhaften Charakter ich angesichts der Vielschichtigkeit des aufgeworfenen Problems um Verständnis bitte, muß die Frage stehenbleiben und kann nur in ihren Dimensionen erläutert werden. Sie thematisiert eines der zentralen Probleme gegenwärtiger Gesellschaft auf theologische Weise: *das Verhältnis von Theorie und Praxis.*

Das Denken von Kirche innerhalb des Katholizismus geschieht tatsächlich – vor allem in der *Ekklesiologie.* Diese ist ein noch relativ junges Gebiet im sich ausdifferenzierenden System theologischen Denkens. Selbst „die lehramtliche Selbstreflexion der Kirche auf ihr Wesen (setzt) im größeren Maße erst im Hoch- und Spätmittelalter ein in der Lehre von der primatialen Stellung des Papstes... in der Ablehnung eines ekklesiologischen Spiritualismus... in der Abwehr des Konziliarismus und der Angriffe der Reformatoren gegen die hierarchische Struktur der Kirche in Trient. Die wichtigsten Stücke der lehramtlichen Ekklesiologie gehören aber der Neuzeit an...“[1]

Noch jüngeren Datums ist die Ekklesiologie der Theologen: Bis in die erste Hälfte des 19. Jahrhunderts war die Lehre über die Kirche eine nahezu ausschließliche Domäne der Kirchen*rechts*wissenschaft, deren Begründer, *Gratian*, im 12. Jahrhundert gleichzeitig den Grundstock des „Corpus Iuris Canonici" legte, das bis zum Jahre 1917 als im Laufe der Jahrhunderte ergänzter, wenig systematischer Komplex von Rechtsnormen das praktische Leben der katholischen Kirche rechtlich ordnete. Während das 19. Jahrhundert eine Vielfalt synthetisch-systematischer Darstellungsversuche des Kirchenrechts hervorbrachte, wurde dieses von den Kanonisten geleistete geistige Bemühen nach dem Inkraftsetzen des kirchlichen Gesetzbuches, des „Codex Iuris Canonici", im Jahre 1971 abgebrochen: „Die Methode der Erklärung des CIC wurde zum erstenmal amtlich festgelegt... Danach ist gegenüber dem Text des CIC die exegetisch-analytische Methode anzuwenden; jede synthetisch freie Darstellung wird verboten."[2] Die Systematik der Kodifikation wird zum Leitfaden des kirchenrechtlichen Denkens und legt dieses damit auf eine bestimmte – ‚amtliche' – Kirchenauffassung fest, die mit den Bemühungen der neueren Ekklesiologie nur wenig Gemeinsames hat. Die Kanonistik hat an der ekklesiologischen Diskussion der neueren Zeit bezeichnenderweise kaum teilgenommen[3]. Die ersten Ansätze einer theologisch-dogmatischen Ekklesiologie, etwa von Johann Adam *Möhler,* Ignaz *Döllinger,* Matthias *Scheeben* oder des Kardinals *Newman,* wurden durch die implizite Ekklesiologie des I. Vatikanums und die daran anschließende Urgierung der thomistisch-scholastischen Theologie (vgl. 4.2) abgebrochen und haben nur geringe Wirkung gezeigt[4]. Zwar wurde die Diskussion um den Kirchenbegriff bereits zwischen den beiden Weltkriegen wiederaufgenommen und unter der der theologischen Tradition entnommenen Bezeichnung „Corpus Christi mysticum" ein Kirchenbegriff entwickelt, der zum mindesten für eine Zeit das Dilemma von sichtbarer Gestalt (oder Sozialform der Kirche, wie wir im folgenden zu sagen vorziehen) und unsichtbarem ‚Wesen' zu lösen schien. Wie vor allem Yves *Congar* nachgewiesen hat, entspricht jedoch „der mittelalterliche Begriff vom Corpus Christi mysticum... nicht dem der Enzyklika von 1943, und es ist sehr wohl möglich, daß die Exegeten einen anderen haben, der weder mit diesem noch mit jenem übereinstimmt"[5].

Die Enzyklika des Papstes *Pius XII.* „Mystici corporis Christi" vom 29. 6. 1943 „macht sich... ganz offen eine korporative (!) Auffassung vom mystischen Leibe zu eigen; dadurch war es ihr möglich, diesen mit der römisch-katholischen Kirche gleichzusetzen und die hierarchischen Grade als Dienste und Qualifikationen des Leibes zu sehen. Dieser Leib jedoch war ‚mystisch‘, geistig, und er war von Christus und ihm zugehörig"[6]. Die Kirche erscheint hier als eine Art ‚übernatürlicher Gesellschaft‘, wobei mit dem Gesellschaftsbegriff hier jedoch auch die konkreten Sozialformen der Kirche gemeint sind, ohne daß deren historischer Charakter reflektiert würde. Zum mindesten die Strukturmerkmale der sichtbaren Kirche: Hierarchie, Amtsbegriff, Repräsentation und Papsttum, scheinen offensichtlich zum ‚übernatürlichen‘ Charakter dieser ‚Gesellschaft‘ zu gehören, wobei die Wortkombination von ‚mystisch‘ und ‚Corpus‘ (bald organizistisch – Papst als ‚Haupt‘ der Kirche –, bald juristisch – Kirche als ‚Korporation‘ interpretiert), verbunden durch den unaufgebbaren Namen des Stifters ‚Christus‘, eine Vielzahl von Assoziationen anbietet, um die Identität von römischer Amtskirche und Kirche Christi wenn nicht erkennen, so doch empfinden zu lassen. In bezug auf die heute aktuellen Fragen führt diese Ekklesiologie deshalb über die Positionen des I. Vatikanums kaum hinaus.

Erst nach dem Zweiten Weltkrieg hat die theologische Ekklesiologie, zunächst in Frankreich, dann in Deutschland, ihren bis heute anhaltenden Aufschwung genommen und dabei die ekklesiologischen Aussagen des II. Vatikanums sowohl befruchtet wie von ihnen profitiert[7]. Kaum einer der bekannten katholischen Theologen der letzten Jahrzehnte, der nicht über ekklesiologische Fragen publiziert hätte[8]. Man kann sich fragen, ob der hohe theologische Stellenwert des Themas ‚Kirche‘ vor und nach dem II. Vatikanum nicht auf eine tiefgehende Verunsicherung traditioneller Kirchenauffassung zurückzuführen ist, deren gesellschaftliche Verursachung angesichts des gleichzeitig aktuellen Themas ‚Kirche und Welt‘ offenkundig ist.

Betrachtet man die Periode vom Ersten bis zum Zweiten Vatikanischen Konzil kirchengeschichtlich als eine Epoche, in der die Kirche über eine Urgierung ihrer *geistlichen* Herrschaftsfunktionen eine *soziale* Kohärenz des Weltkatholizismus zu erreichen suchte (vgl. 4.3), so ergibt sich als Funktion der in diesem Zusammenhang stark aufgewerteten scholastischen Theologie zunächst ein Zurückdrängen von ekklesiologischen Ansätzen, die auf eine Neubestimmung von Kirche im Horizont neuzeitlicher Problemstellungen hindrängten. Man versuchte, die Probleme des 19. Jahrhunderts mit konzeptionell verengter Adaption von Aussagen des 13. oder 16. Jahrhunderts zu lösen. In gewissem Sinn erscheint somit die gegenwärtige ekklesiologische Diskussion als Lösung eines Problemstaus.

Obwohl die Ausgangssituation am Ende des 18. Jahrhunderts in der evangelischen Kirche Deutschlands etwas verschieden war, könnte doch ein Vergleich mit der Geschichte der evangelischen Theologie bei der Aufarbeitung des Problemstaus behilflich sein[9]. Geistesgeschichtlich ist zunächst der Zusammenhang von beginnender Ekklesiologie und Historismus festzuhalten. Erst mit dem Ernstnehmen der Geschichtlichkeit des Menschen und seiner Entwicklung bzw. der Geschichtlichkeit der Gesellungsformen des Menschen stellt sich die Frage nach dem ‚Wesen‘, das zunächst als ein ungeschichtliches, überzeitliches gedacht wird. Erst wenn bestimmte Sozialformen in ihrem So-Sein nicht mehr selbstverständlich sind, wenn ihr Anders-Sein-Können mitgedacht wird, stellt sich die Frage nach ihrem ‚Wesen‘, nach dem die Identität im Wandel Garantierenden[10]. Geschichtliches Denken stellt eine bestimmte Form der geistigen Bewältigung sozialen Wandels dar; das Ende der ständisch-feudalen Gesellschaftsformation in Westeuropa, mit der sich die katholische wie die evangelische Kirche rechtlich-organisatorisch, aber in etwa auch geistig eng verbunden hatten, koinzidiert mit der Entstehung des neuzeitlichen geschichtlichen Bewußtseins und, damit verbunden, einer zunehmenden Betonung der zeitlichen Dimension menschlicher Existenz, die bis heute noch nicht voll aufgearbeitet erscheint. Diesen Zusammenhängen kann hier nicht nachgegangen werden, sie sind im folgenden jedoch vorausgesetzt.

6.2 Theologen und Hierarchen

Für den Soziologen bietet die gegenwärtige ekklesiologische Diskussion eine Reihe faszinierender Aspekte: Sie stellt sich ihm dar als der Versuch von Theologen, ihre eigene Stellung im Rahmen der Kirche deutlicher herauszuarbeiten[11], in der sie bisher als Gruppe keinen eigenen Status besitzen, jedoch faktisch als ‚kirchliche Intelligenz‘ fungieren (vgl. 1.1). Die Fortschritte der theologischen Wissenschaft, insbesondere im Bereich der Exegese (in dem die Kompetenz profanwissenschaftlicher Wissensbestände und Methoden auch kirchenamtlich nicht in Frage gestellt werden kann), haben zu einem objektiven Wissensvorsprung der Theologen gegenüber der kirchlichen Hierarchie bzw. deren administrativem Stab im Laufe der letzten Jahrzehnte geführt, ein Sachverhalt, der bis dahin allenfalls in bezug auf einzelne Theologen und Bischöfe, nicht jedoch in bezug auf das Verhältnis von Theologie und Hierarchie generell bestand. Oder genauer gesagt: Erst in den letzten Jahrzehnten hat sich eine Situation ergeben, in der Theologen aufgrund einer konkurrierenden, außerkirchlichen Legitimation ihres Wissens (nämlich der profanwissenschaftlichen) gegenüber der kirchenamtlichen Interpretation kirchlichen Wissens auftreten können.

Da zwischen kirchlicher Hierarchie und katholischen Theologen unbestritten ist, daß die die Identität garantierenden Momente des Christentums vor allem an seinem Ursprung zu finden sind, kommt hier der Exegese, allerdings auch dem Verhältnis von Schrift und Tradition, strategische Bedeutung zu: In dem Maße, als in der Tradition ein gegenüber der Schrift selbständiges Kriterium der Richtigkeit des theologischen Denkens gesehen wird, wird die Stellung der Hierarchie gegenüber den Theologen gestärkt. Die Ablehnung der nachtridentinischen „Zweiquellentheorie" auf dem II. Vatikanum kann deshalb als eine bereits gesamtkirchlich sanktionierte Aufwertung des Theologenstandes angesehen werden[12]. Freilich findet der Versuch einzelner Theologen, zwischen „Lehre ‚im weiteren Sinne‘" (als Wortverkündigung der ‚Hirten‘) und „‚Lehre‘ im strengen Sinne (Theologie)" zu unterscheiden und damit den Primat der Hierarchie in theologischen Fragen zu problematisieren[13], deutlichen Widerspruch sowohl auf seiten der Hierarchie wie auch zahlreicher keineswegs als konservativ geltender Theologen. Offensichtlich steht hier ein zentrales Moment gegenwärtiger kirchlicher Identität zur Debatte, das nicht durch einen Rückgriff auf den Ursprung, sondern nur durch eine Klärung des kirchlichen Amtsbegriffs unter Einbezug theologischer, historischer und sozialwissenschaftlicher Überlegungen näher bestimmt werden kann[13a].

Das hier anvisierte Phänomen wurde kürzlich bereits von einem anderen Soziologen wie folgt beschrieben: „Die Gruppe der Theologen hat nun in der Kirche einen nicht zu unterschätzenden Machtgewinn im Nachgang des Zweiten Vatikanischen Konzils zu verbuchen gehabt. Der Rückgang des Herrschaftsbewußtseins der Bischöfe wurde weitgehend durch den Anstieg des Herrschaftsbewußtseins bei den Theologen kompensiert. Das ist im übrigen nicht weiter verwunderlich, denn wenn die Herrschaftsausübung an einer Stelle nachläßt, muß sie an deren Stelle von anderen übernommen werden."[14] *Siebel* äußert diese These im Anschluß an eine Auseinandersetzung mit Karl *Rahners* Forderung „einer gewissen Neuinterpretation des Amtes und der Amtsträger... Diese Neuinterpretation liegt in der Richtung des Abbaus feudalistischer und paternalistischer Vorstellungen des Amtes und der Amtsträger in der Richtung eines funktionalen Verständnisses des Amtes."[15]

Leider muß auf eine eingehende Kritik der *Siebel*schen Streitschrift an dieser Stelle verzichtet werden; ihre Mängel werden erklärlich, sobald man erkennt, in welchem Maße hier an archaischen Kulturen gewonnene Aussagen unbesehen auf moderne Verhältnisse übertragen werden. Die durch die Kontroverse aufgeworfene Frage, inwieweit nämlich die heute zu beobachtende Emanzipation der Theologie von der kirchlichen Hierarchie, ihr Anspruch auf Definition dessen, was ‚Kirche' wesentlich sei, als Abänderung der Herrschaftsverhältnisse, als funktionale Differenzierung des kirchlichen Amtes, als ‚Emanzipation von der Kirche' oder als Moment einer Veränderung der Kirchenstruktur angemessen zu verstehen ist, scheint jedoch ernst genug, um an ihr einige Schwierigkeiten der gegenwärtigen Kirchentheorie und Kirchenpraxis deutlicher zu machen.

Die bisherigen Ausführungen lassen erkennen, daß die lehramtliche Selbstdarstellung der katholischen Kirche bis zur dogmatischen Konstitution über die Kirche „Lumen gentium" des Zweiten Vatikanischen Konzils von einer *Abwehrhaltung* geprägt war. Die lehramtliche Ekklesiologie entwickelte sich als Moment der Rechtfertigung jeweils vorhandener kirchenamtlicher Strukturen gegenüber abweichenden Interpretationen, die bald aus innerkirchlichen, bald aus außerkirchlichen Quellen stammten [16]. Aus der Perspektive des neuen ekklesiologischen Denkens muß alles bisherige Denken von Kirche als unreflektiert, pragmatisch, wenn nicht gar ideologisch erscheinen. Tatsächlich ließe sich wohl unschwer nachweisen, in welchem Ausmaße die bisherigen expliziten Selbstdefinitionen von Kirche durch das kirchliche Lehramt wie auch durch die mit der Alltagspraxis der Kirchenverwaltung vertrauten Kanonisten zwar von einem realitätsgerechten Sinn für wirksame Herrschaftsformen bestimmt waren, aber theologisch über Ad-hoc-Argumentationen gegenüber bestimmten, die bestehende Kirchenordnung in Frage stellenden Strömungen nicht hinauskamen.

Dennoch scheinen von den neueren ekklesiologischen Gedankengängen und den an sie anschließenden Vorschlägen zur Reform kirchlicher Strukturen weniger die unmittelbar mit dem Leitungsamt der Kirche beauftragten Episkopen als die *Kirchenverwaltungen* betroffen zu sein. Bezeichnenderweise kam bei den Vorlagen, die auf der 2. Vollversammlung der gemeinsamen Synode der Bistümer in der BRD im Mai 1972 in Würzburg diskutiert wurden, der Hauptwiderstand gegen die vorgeschlagenen Veränderungen kirchlicher Strukturen von seiten einiger Kanonisten und von Angehörigen der Kirchenverwaltung (Generalvikare, Kapitularvikare usw.), jener hinter den die Kirche repräsentierenden Bischöfen sich verbergenden Schicht von Personen, deren Einfluß auf kirchliche Entscheidungen besonders hoch eingeschätzt werden muß. Sie haben zwar wenig Entscheidungsbefugnisse, diese stehen vielmehr den Bischöfen zu, da die Bischöfe aber in zunehmendem Maße Entscheidungen zu treffen haben, deren Prämissen sie überhaupt nicht mehr überschauen können, kommt denjenigen Personen, welche ihre Entscheidungen vorbereiten, faktisch größere Bedeutung für Inhalt und Form der Ausübung von Herrschaft in der Kirche zu als den Bischöfen selbst. Diese Form der zwar nicht juristisch, aber faktisch bereits arbeitsteiligen Entscheidungsstruktur ist im Amtsverständnis der katholischen Kirche nicht vorgesehen und wird durch das Interpretament der Einheit von Lehr-, Hirten- und Priesteramt verschleiert. Von daher wird verständlich, daß der Streit um das kirchliche *Amtsverständnis* eine zentrale Stellung in den gegenwärtigen kirchenpolitischen Diskussionen einnimmt.

Die Infragestellung der bestehenden Amts- und Herrschaftsstrukturen in der Kirche geht – soweit ist *Siebel* recht zu geben – von den Theologen aus. Immer deutlicher lassen die exegetischen und kirchenhistorischen Arbeiten der letzten Jahre erkennen, daß weder das Evangelium noch die urchristliche Tradition für die Legitimation des status quo zu Recht in Anspruch genommen werden kann. Diese Feststellungen unter Ideologieverdacht zu stellen, weil sie in dem vermuteten innerkirchlichen ‚Machtkampf‘ anscheinend die Position der kirchlichen Hierarchie schwächen, würde jedoch dem ernsthaften Bemühen der Theologen nicht gerecht und bedürfte überdies einer bisher nicht abzusehenden inhaltlichen und methodischen Widerlegung der exegetischen und historischen Feststellungen; Ideologieverdacht – wie ihn *Siebel* äußert – wird gegenüber den Theologen seitens der Hierarchie auch nie ausgesprochen, weil dadurch die theologische Methode und damit die explizite Legitimationsbasis allen kirchlichen Handelns in Frage gestellt würde. *Der eigentliche Konflikt scheint zwischen den Theologen und den Verwaltungsmännern der Kirche zu bestehen, und er wird von den Episkopen nach einem Opportunitätsprinzip geschlichtet:* Nicht der Inhalt abweichender theologischer Lehrmeinungen steht und stand im Vordergrund des kirchlichen Kontrollinteresses, sondern ihre möglichen Wirkungen. Folgerichtig dreht sich der gegenwärtige Konflikt über die Aufsichtsfunktion der römischen Glaubenskongregation um die Frage, inwieweit theologische oder aber Kriterien der kirchenamtlich eingeschätzten Opportunität den Ausschlag bei Verfahren gegenüber von bisherigen Auffassungen abweichenden Theologen den Ausschlag geben sollen[17].

Dieser Konflikt scheint mir für die gegenwärtige kirchliche Situation gleichermaßen symptomatisch wie unaufhebbar: Die Kriterien der ‚Richtigkeit‘ theologischer Aussagen sind nicht dieselben unter dem Gesichtspunkt der Fachtheologie und demjenigen der Hierarchie, die sich als mit dem Lehr-, Hirten- und Priesteramt ausgestattet interpretiert. Der Konflikt ist Ausdruck von kirchlichen Anpassungsschwierigkeiten an eine komplexer gewordene Umwelt. Es wird weniger darauf ankommen, ihn zu ‚lösen‘, als Modalitäten zu finden, um ihn so auszutragen, daß die Glaubhaftigkeit von Kirche dadurch nicht beeinträchtigt, sondern wenn möglich gestärkt wird[18]. Das stößt allerdings auf charakteristische Schwierigkeiten.

6.3 Die ungenügende Kapazität der Kirche, ihre Probleme zu lösen

Ohne den folgenden Gedanken hier vertiefen zu können, sei darauf hingewiesen, daß in weiten Bereichen der demokratisch regierten Gegenwartsgesellschaften ähnliche Formen des Konflikts zwischen Wissenschaftlern und Politikern auftauchen wie in der Kirche zwischen Theologen und Hierarchen, ganz abgesehen von dem Konflikt zwischen den jeweils Herrschenden und einer kritischen Intelligenz. Auch im staatlichen Bereich scheint sich dabei die eigentliche Stoßrichtung der Kritik weniger auf die Regierenden selbst als auf die sie unterstützende Verwaltung und die Formen der Entscheidungsvorbereitung zu beziehen. Auch in anderen gesellschaftlichen Bereichen lassen sich Gegensätze zwischen ‚Theoretikern‘ und ‚Praktikern‘ nachweisen, wobei auf beiden Seiten charakteristische Vorurteile zu herrschen scheinen. Das Problem wird heute von Wissenschaftlern in einer Flut von Publikationen unter den verschiedensten Stichworten, z.B. ‚Werturteilsfrage‘, ‚Theorie und Praxis‘, ‚Wissenschaft und Politik‘, ‚Politik und Planung‘, ‚Technokratie‘, abgehandelt. Das hat vermutlich sowohl sachliche wie interessenbedingte Gründe: Wissenschaftler (auch Theologen) drängen nicht nach Herrschaft, aber nach Einfluß. Inwieweit aber ist ihre Vernunft die bessere?

Die keineswegs abgeschlossene Diskussion dieses Problemkreises läßt m. E. bereits drei Schlußfolgerungen zu:

1. Wissenschaftliche und praktische Vernunft können eine gewisse Eigenständigkeit beanspruchen. Weder die ,Verwissenschaftlichung der Politik' noch die ,Politisierung der Wissenschaft' stellt eine stabile Lösung des Problems der Vermittlung von Theorie und Praxis dar. Nur die Sicherung angemessener Kommunikationsformen zwischen ,Wissenschaft' und ,Politik' läßt eine – stets neu zu leistende – Vermittlung als möglich erscheinen[19].

2. Ursache des prekären Verhältnisses zwischen ,Theorie' und ,Praxis' ist die gesteigerte Komplexität sowohl der theoretischen wie der praktischen Problemstellungen, die sich nur noch arbeitsteilig bewältigen lassen. Angesichts der Komplexität der anstehenden Probleme ist der ,gesunde Menschenverstand' der Praktiker überfordert. Angemessene Problemlösungen sind nur noch mit Hilfe wissenschaftlicher Beratung zu erwarten. Effektive wissenschaftliche Beratung ist nur in Bereichen zu erwarten, wo gleichzeitig Autonomie (und damit von praktischem Problemdruck unbelasteter wissenschaftlicher Fortschritt) und Zusammenarbeit von Wissenschaft und Praxis gewährleistet wird.

3. Soll die direkte Zusammenarbeit von Spezialisten in Wissenschaft und Politik nicht zum Verlust übergreifender Problemstellungen und damit zu einem nicht mehr sinnhaft integrierbaren, bloß technisch orientierten Prozeß entarten, ist eine breite Kommunikation über politische Probleme und die Diffusion wissenschaftlicher Einsichten in der Öffentlichkeit unverzichtbar[20].

Die Spannung zwischen Theologen und Hierarchie in der Kirche (die umgekehrte Spannung entwickelt sich angesichts der Vielbeschäftigung der Hierarchen und ihrer in der Regel geringen geistigen Regsamkeit meist nur als Reaktion auf öffentliche theologische Provokationen) signalisiert somit m. E. zunächst das wachsende Unbehagen an einer Kirchenführung, die aufgrund einer veralteten Organisationsstruktur durch die wachsende Komplexität der Probleme, mit denen die Kirche in einer stets komplizierter werdenden gesellschaftlichen Umwelt konfrontiert wird, überfordert ist. Diese Überforderung bezieht sich primär auf die Lösung der ganz praktischen Probleme der Kirchenführung, insbesondere die Personalpolitik, die Finanzpolitik sowie die Organisation der Dienstleistungen, die von der Kirche seitens der Gläubigen mehr oder weniger diffus erwartet werden. Die Überforderung bezieht sich sodann jedoch auch auf den geistigen Bereich, auf die Selbstdarstellung des Christentums durch die Kirche, wobei die praktischen und die geistigen Probleme hier jedoch weit enger zusammenhängen als bei den meisten anderen gesellschaftlichen Organisationen der Gegenwart: Denn die zentrale ‚Dienstleistung‘, die von der Kirche erwartet wird, ist ja expressiver oder geistiger Art: Der Sinngehalt des Christentums soll von den Kirchen in der Weise weitervermittelt werden, daß möglichst viele Menschen durch ihn zum Glauben und dadurch zu einer ‚sinnvollen‘ Lebensführung gelangen [20a].

Es sei versucht, dieses Problem etwas systematischer zu formulieren, und zwar ausgehend vom kirchlichen Interesse, jedoch mit den gedanklichen Mitteln der Soziologie: Die Kirche steht in ihrem Bemühen, sich in der gegenwärtigen, durch raschen gesellschaftlichen Wandel gekennzeichneten geschichtlichen Situation zu behaupten, vor einem dreifachen Problem: Sie kann sich nicht ohne Rücksicht auf ihre Tradition verändern, sie muß also ‚ihre Vergangenheit bewältigen‘, ja sie muß, um ihre Identität überhaupt bewahren zu können, dieser Tradition zweifellos erhebliches Gewicht beimessen. Sie ist zweitens heute mehr denn je auf eine individuelle Gläubigkeit ihrer Mitglieder angewiesen, wenn sie in der Zukunft noch irgendwelche Chancen haben will (vgl. 2.3). Sie ist drittens eine große und komplexe Organisation, die unter den gegenwärtigen Verhältnissen immer weniger darauf verzichten kann, ihr Wirken planvoll zu koordinieren.

Daraus ergeben sich drei Aufgaben:

1. Erhaltung der objektiven Sinnkonstitution oder – kirchlicher formuliert – die *Weitergabe der Offenbarung Christi in konsistentsinnhafter Form*. Das ist die eigentlich theologische Aufgabe. Dabei wird die Kirche nicht umhin können, ihre eigene Botschaft in Aus-

einandersetzung mit den Sinngehalten der jeweiligen Kultur zu formulieren und zu versuchen, sie in einer Weise auszusagen, die den Angehörigen einer bestimmten Kultur *plausibel* erscheint. Die Kirche ist hinsichtlich ihrer Lehre in gleicher Weise auf ihren Ursprung wie auf die Gegenwart verwiesen. Sie muß Kontinuität und Aktualität ihrer Lehre glaubhaft machen.

2. Die Kirche muß *neue Mitglieder gewinnen* und ihre jeweiligen Mitglieder im Glauben erhalten; das ist die pastorale Aufgabe. Dazu ist es erforderlich, daß sich die Kirche glaubhaft darstellt, daß es ihr gelingt, Menschen davon zu überzeugen, daß sie eine frohe Botschaft verkündet; daß sie Menschen dazu motiviert, ihren Glauben anzunehmen. In dem Maße, als die Kirche auf politische und allgemeine gesellschaftliche Mechanismen der sozialen Kontrolle der Gläubigen verzichten muß – oder will –, und in dem Maße, als sich bloß traditionale Bindungen an die Kirche infolge der Auflösung katholischer Subkulturen abschwächen, kommt dem Problem der *Motivation zum Glauben als Funktion der Verkündigung* wachsende Bedeutung zu.

3. Die Erfüllung dieser beiden Aufgaben wird – dies dürften unsere bisherigen Ausführungen deutlich gemacht haben – heute zunehmend schwieriger. Die Kirche bedurfte hierzu immer einer *sozialen Organisation,* die sich – verfolgt man die bisherige Kirchengeschichte – im Laufe der Zeit stark gewandelt hat. Es ist anzunehmen, daß gerade in der gegenwärtigen Situation erhebliche Wandlungen der sozialen Organisation notwendig sind, wenn die Kirche die beiden erstgenannten Aufgaben weiter angemessen erfüllen will. Auch dies stellt somit eine eigenständige Aufgabe dar, da sie einerseits notwendig, andererseits jedoch mit den beiden anderen Aufgaben nicht identisch ist.

Unsere Dreiteilung trifft sich in auffallender Weise mit der dreifachen Interpretation des kirchlichen Amtes als Lehr-, Priester- und Hirten- oder Leitungsamt. Es dürfte aber bereits deutlich geworden sein, daß unsere Formulierungen komplexere Zusammenhänge beinhalten, als sie im Rahmen des bisherigen Amtsverständnisses vorgestellt werden können. Da das kirchliche Amtsverständnis die Einheit der drei Ämter betont, ist die dem Prinzip der einfachen

Hierarchie folgende Organisationsstruktur – de jure – entsprechend einfach und leistet de facto einem weitgehenden Wildwuchs kirchlicher ,Stellen' Vorschub, die man in profaner Sprechweise als ,Ämter' bezeichnen könnte, jedoch nicht in theologischer. Obwohl der Begriff ,kirchliches Amt' offensichtlich nicht nur einen theologischen, sondern auch einen organisatorischen Aspekt hat, ist er mit der organisatorischen Wirklichkeit der Kirche nicht zur Deckung zu bringen.

Ordnet man den Begriff ,Hirten- oder Leitungsamt' unserer dritten Aufgabe zu, so stellt sich allzu leicht ein Mißverständnis ein: Die Vorstellung nämlich, als ob es sich hier um eine ,Organisationsaufgabe' im allgemeinen Sinne des Wortes handle, die im Rahmen des bestehenden Hierarchieverständnisses zu leisten sei. Die Organisation der ,Amtskirche' ist jedoch nur ein Teilaspekt dessen, was hier als ,soziale Organisation der Kirche' bezeichnet wird. Der Ausdruck ,soziale Organisation der Kirche' bedeutet nämlich weit mehr als bloß administrative Organisation, wir verstehen darunter vielmehr die Gesamtheit der geregelten sozialen Interaktion im Rahmen der Kirche, also etwa auch Gottesdienst, Verbandswesen, regelmäßig zusammenkommende unorganisierte Kreise von Gläubigen (z. B. Bibelkreise, sozial-caritative Kreise, nicht zu vergessen die christlichen Familien), kurzum alle Sozialformen von ,Kirche'. Längst nicht alle Sozialformen von Kirche können von dem mit dem Leitungsamt Beauftragten in der Kirche ,geleitet' oder ,organisiert' werden; gerade dies scheint vielmehr ein Alptraum vieler Gläubigen zu sein und hat z. B. im Bereich der Orden oder im katholischen Verbandswesen lange Zeit zu charakteristischen Konflikten geführt. Die Veränderung der sozialen Organisation der Kirche kann somit kein administrativ planbarer und lenkbarer Prozeß sein (gerade dies ist den guten Seelsorgern seit eh und je bewußt), sondern sie ist bestenfalls als schöpferische Anpassungsleistung von Hierarchie, kirchlicher Administration, Orden, Weltklerus *und* aktiven Laien denkbar, als der stets zu erneuernde Versuch, Christentum unter wechselnden sozialen Bedingungen glaubhaft zu leben und soziale Lebensformen zu unterstützen und zu ermöglichen, die Aussicht auf zukünftigen Bestand bieten.

Dennoch muß betont werden, daß die Kirche im Bereich ihrer administrativen, ‚amtlichen' Organisation erhebliche organisatorische Defizite aufweist, die bisher unter dem Begriff des ‚Hirtenamtes' kaum deutlich werden konnten. Wer kirchliche Veranstaltungen und Entscheidungen beobachtet, ist immer wieder beeindruckt von dem Maß des *Dilettantismus,* mit dem die kirchliche Leitung operiert[21]. Bei dieser Kritik muß man sich jedoch bewußt sein, daß dieser ‚Dilettantismus' bis zum Beginn dieses Jahrhunderts im Gesamtbereich der Politik selbstverständlich war und eine Verwissenschaftlichung politischer Problembearbeitungen erst während des Zweiten Weltkriegs – vor allem in den USA – einsetzte. Es ist ein Zeichen für die außerordentliche Beschleunigung der politischen und sozialen Wandlungsprozesse, daß der organisatorische Rückstand der Kirchen heute bereits anachronistisch anmutet.

Die administrative Organisation der Kirche wird verstärkt und verbessert werden müssen, sie wird eine größere ‚Problemlösungskapazität' entwickeln müssen, um die Fortexistenz von ‚Kirche' im theologischen *und* soziologischen Sinne zu ermöglichen. Das Paradox der Situation besteht darin, daß gegenwärtig der antiinstitutionelle (oder besser gesagt: antiorganisatorische) Affekt ein wirksames sozialpsychologisches Substrat echter – oder wertfreier ausgedrückt: personaler – Gläubigkeit darstellt, daß jedoch gleichzeitig nur eine Verstärkung der administrativen Kapazität, der Fähigkeit zur wirkungsvollen Organisation, der Aufnahme moderner Planungs- und Problembearbeitungsmethoden und die Berücksichtigung des von der kirchlichen Administration unabhängigen Sachverstandes die gegenwärtige Verschleuderung von menschlichem gutem Willen in der Kirche abzubauen und die geringe Effektivität des Einsatzes kirchlicher Kräfte zu steigern vermögen. Dabei wird es nicht um eine globale Übernahme moderner Managementmethoden des privatkapitalistischen Wirtschaftssystems oder die globale Übernahme staatlicher Verwaltungsformen handeln können. Dazu weicht das kirchliche Selbstverständnis zu sehr von demjenigen dieser Bereiche ab. Es geht vielmehr auch hier um eine schöpferische Rezeption technischer Errungenschaften in einen besonderen sozialen Kontext, dessen Eigenart zu erhalten das Bestreben all derjenigen sein wird, für die ‚Kirche' mehr ist als ein gut funktionierender administrativer Apparat. Es zeugte jedoch von einem geringen kirchlichen Selbstbewußtsein der ‚Konservativen' wie der ‚Progressiven', wenn sie – wenn auch aus sehr verschiedenen Motiven – an veralteten Organisationsformen festzuhalten tendierten, entweder um die ‚Strukturen nicht zu ändern' oder aber aus Angst vor einem zu mächtig werdenden ‚Apparat'[22].

Die *soziale* Organisation der Kirche ist von entscheidender Bedeutung für die Erfüllung der beiden erstgenannten Aufgaben: die Weitergabe des Glaubensguts und die Gewinnung von neuen Gläubigen. Das wird für den Bereich der Pastoral – wenigstens grundsätzlich – allgemein zugestanden: Ob Menschen sich zum Glauben bekehren oder in ihm verbleiben, ist ebenso durch Faktoren ihrer sozialen Umwelt mitbedingt wie etwa die Häufigkeit von Priester-‚Berufungen'. Pastoral bedeutet deshalb *auch* das Bemühen, in geeigneter Form Kirche als soziale Umwelt von Personen wirksam zu machen. Durch diese auf der ganzen Fülle religionsstatistischer Untersuchungen der letzten Jahrzehnte beruhende Feststellung wird die Möglichkeit einer eigenständigen Wirksamkeit von ‚Gnade' nicht verneint, sondern lediglich der Sinn jenes Naturbegriffs uminterpretiert, der in einem zentralen Satz der katholischen Gnadenlehre – gratia supponit naturam – enthalten ist. Von daher kann auch der Begriff des Hirtenamtes für die zweite Aufgabe nur bedingt verwendet werden, zum mindesten so lange, als man ihn an das von der spezifischen Ordination abhängige kirchliche Amt bindet. Die ‚religiöse Sozialisation' kann nur zum kleinsten Teil von Amtsträgern geleistet werden. Familie, Schule, Pfarrei, Vereine und freie christliche Gruppen spielen hier eine wesentliche Rolle. Der Begriff des Hirtenamtes deckt in seiner traditionellen Form lediglich die Epiphänomene des hier anvisierten Prozesses, der heute in Dimensionen gefährdet erscheint, die dem bisherigen Amtsverständnis deshalb weitgehend fremd sind, weil unter den vorneuzeitlichen Sozialisationsbedingungen die Formen der Wertetradierung einfacher und weitgehend unproblematisch waren[23].

Noch kaum ins kirchliche Bewußtsein gedrungen ist der *Zusam-*

menhang zwischen sozialer Organisation der Kirche, sozio-kultu-
reller Umwelt der Kirche und der Weitergabe des ‚depositum fidei‘.
Zwar hat die Exegese ein angemesseneres Verständnis dieses Zusammenhangs grundsätzlich vorbereitet; die Zeitbedingtheit bibli-
scher Aussagen – oder auch von Aussagen der kirchlichen Tradition – wird wenigstens hinsichtlich der Form der Aussage allgemein
anerkannt. Allerdings scheint die Trennung zwischen Form und
Inhalt oder zwischen ‚Zeitbedingtem‘ und ‚Ewigem‘ heute bereits
zu einfach bzw. aus Denkbeständen gewonnen, die durch die
neueren Entwicklungen der Philosophie und der Wissenschaften
überholt sind. Die ‚Zeitbedingtheit‘ greift tiefer, sie umfaßt ganze
Sinnstrukturen, innerhalb deren bestimmte Aussagen als plausibel
oder als nicht mehr nachvollziehbar erscheinen. Daraus folgt, daß
bestimmte Formen kirchlichen Denkens heute nur noch bei Menschen anzukommen scheinen, die unter bestimmten sozialen Voraussetzungen, nämlich weitgehender Isolierung von der herrschenden Kultur und engem persönlichem Kontakt untereinander leben.
Diese Sozialform entspricht dem, was seitens der Religionssoziologie als ‚Sekte‘ bezeichnet wird.

Peter L. *Berger,* einer der scharfsinnigsten Religionssoziologen
der Gegenwart skizziert das dabei auftauchende Dilemma wie folgt:
„Wenn man in der modernen Gesellschaft eine große Rolle spielen
will, dann muß man die tradierten religiösen Inhalte weitgehend
aufgeben, denn gerade sie sind in der heutigen Situation ‚irrelevant‘.
Wenn man aber diese Inhalte weiter als Wirklichkeit behaupten
will, dann muß man sich mit den sozialen Strukturen der Sektenexi-
stenz befreunden und damit wohl auch mit dem Schicksal, von den
großen Wirklichkeitsdefinitoren der Gesamtgesellschaft (wie den
Massenmedien) bestenfalls als Kuriosum angesehen zu werden.
Tertium non datur, in empirischer Sicht... Eine besonders triste
Erscheinung der gegenwärtigen theologischen Situation ist die zunehmende Abwesenheit jeglicher Bereitschaft, sich selbst zu einer
kognitiven Minderheit zu zählen... Diese Haltung ist nicht nur
moralisch abstoßend, sondern geistig paradox. Man ist einerseits
gewillt, alles in der vorhandenen Tradition zu relativieren, verabsolutiert aber gleichzeitig die eigene, geschichtlich genauso relative

Situation. Gerade hier kann eine wissenssoziologische Perspektive sehr nützlich sein. Sie kann sogar davor bewahren, das Weltbild eines Paulus dem Abfalleimer der Geschichte zuzuschreiben und gleichzeitig in scheuer Ehrfurcht vor der im Fernsehen legitimierten Wirklichkeit zu stehen. Man kommt so vielleicht sogar zum Verdacht, daß das, was in der modernen Industriegesellschaft als Wirklichkeit selbstverständlich ist, nicht unbedingt der Höhepunkt der kognitiven Entwicklung des Menschen sein muß."[24]

Andererseits betont einer der mutigsten Vorkämpfer einer gegenwartsorientierten Sozialethik, Oswald von *Nell-Breuning,* am Schluß seines Berichtes über die Genese der Enzyklika ‚Quadragesimo anno': „... schon damals war die Welt nicht so anspruchslos, daß man ihr das zumuten durfte: heute erwartet sie, daß Verlautbarungen der höchsten kirchlichen Stelle zu Fragen, in denen die Profanwissenschaften mitzusprechen haben, dem wissenschaftlichen Niveau von Erklärungen der qualifiziertesten internationalen Gremien nicht nachstehen; das aber setzt voraus, daß ein Kreis international anerkannter Fachleute dieser Disziplinen an der Ausarbeitung beteiligt ist und die *fach*wissenschaftliche Verantwortung dafür übernimmt."[25]

Die beiden Zitate legen offensichtlich unterschiedliche Verhaltensweisen hinsichtlich der sozialen Organisation in der Kirche nahe: Während der Jesuit *Nell-Breuning* als selbstverständlich voraussetzt, daß die Kirche – entsprechend dem soziologischen Kirchenbegriff – als gesellschaftlich relevante geistige Macht auftritt, die sich gegenüber konkurrierenden Sinndeutungen zu behaupten vermag, sofern sie nur das gesellschaftlich legitimierte Wissen – das wissenschaftliche – rezipiert und in ihre Selbstdarstellung einbezieht, scheint der evangelische Soziologe *Berger* hiervon eine weitgehende Aufgabe tradierter religiöser Inhalte zu befürchten. Für ihn scheint die Erhaltung religiöser Sinngehalte nur im Rahmen „einer stark strukturierten Gruppe (möglich), um das glauben zu können, was diese Theologie einem zu glauben zumutet. Als religiöser Individualist, en existentialiste, schafft man es kaum."[26]

Berücksichtigt man, daß auch das gesellschaftlich legitimierte Wissen der Wissenschaftler für weite Kreise der Bevölkerung unplausibel bleibt und – wenn überhaupt – nur in punktueller und damit (gegenüber dem wissenschaftlichen Kontext) pervertierter Form Bestandteil der jeweiligen öffentlichen Plausibilitäten wird, besteht allerdings kein logischer Widerspruch zwischen den beiden Auffassungen: Auch bei den Wissenschaftlern handelt es sich – zum mindesten teilweise – um kognitive Minderheiten, deren Wirklichkeitsdeutungen von den herrschenden abweichen. Die Schwierigkeit der Kirche besteht vor allem darin, daß sie ihrem pastoralen Selbstverständnis nach eine Wahrheit zu verkünden hat, die einfach und allen Menschen prinzipiell zugänglich ist, daß jedoch das, was in der modernen Gesellschaft noch als ,Wahrheit' gilt, eine elitäre Angelegenheit weniger geworden ist. An die Stelle ,symbolischer Sinnwelten', die in sich die Gesamtheit der in einer Gesellschaft (oder einer bestimmten, vom Individuum als umfassend erfahrenen sozialen Gruppierung) anerkannten Lebensvollzüge zu deuten und sinnhaft zu integrieren vermögen, tritt in der modernen Gesellschaft ein Zustand des öffentlichen Bewußtseins, der zutreffend als ,anonyme Sinnwelt' zu bezeichnen ist[27]: Die symbolischen Sinnwelten, die in Europa von dem durch die Kirchen dargestellten Christentum her strukturiert wurden, werden im Zuge des zumeist als ,Säkularisierung' bezeichneten epochalen Prozesses zunehmend zu marginalen, in der Perspektive des herrschenden Bewußtseins ,privaten' und damit relativierten Teilphänomenen der allgemeinen Kultur, deren Konsensus durch – bezogen auf die symbolischen Sinnwelten – inhaltsarme Begriffe, wie Pluralismus, Toleranz, Effizienz, Rationalität, Bedürfnisbefriedigung, Autonomie oder Demokratie, sprachliche Form findet.

Wir sind im vorangehenden bereits auf die aus der gesteigerten Komplexität der gesellschaftlichen Verhältnisse resultierende ,Sinnkrise' eingegangen. Sie besteht darin, daß kaum mehr gesellschaftlich relevante Lebenszusammenhänge so eng mit allgemein akzeptierten Sinnstrukturen verknüpft sind, daß den Individuen ein selektives Erleben und Verhalten gegenüber den gesellschaftlichen Sinnangeboten erspart werden könnte (vgl. 2.3, 5.3).

Symbolische Sinnwelten fungieren jedoch als Interpretationen eines Gesamtzusammenhangs, den sie vereinfacht darstellen. Ihre

Glaubhaftigkeit beruht auf ihrer *globalen* Übernahme; *die selektive Übernahme gefährdet ihre Glaubhaftigkeit.* Sofern Christentum vor allem ,Weltanschauung' ist und sich als von der Kirche repräsentierte symbolische Sinnwelt manifestiert, scheint seine Zukunft ernsthaft gefährdet. Sofern Christentum jedoch vor allem als Selektionskriterium in Personen fungiert, die in Auseinandersetzung mit ihrer Umwelt stehen (wozu es notwendig sein dürfte, daß sein ,Sinn' abstrakter, mit unterschiedlicheren Kulturmustern kompatibel, jedoch unmittelbar auf personale Identität bezogen dargestellt würde), scheint seine Vermittlung zwar prekär, seine religiöse Funktion dagegen weiterhin möglich.

Wer ,Kirche sein will' (und diese Formulierung allein scheint einem administrativen Mißverständnis von Kirche sprachlich den Riegel vorschieben zu können), *wird somit den ,Sinn des Christentums' gegen die herrschende ,anonyme' Sinnwelt behaupten müssen, ohne Hoffnung, diese verchristlichen zu können* [27a]. Die unter Christen (und Soziologen!) strittige Frage kann lediglich sein, welcher Grad der Komplexität der sozialen Organisation des Christentums eine Behauptung des ,Sinns des Christentums' gegenüber der die Öffentlichkeit gegenwärtig prägenden ,anonymen Sinnwelt' in der Weise ermöglicht, daß einer möglichst großen Zahl von Menschen die sozialen *Chancen des Glaubens,* d. h. die sozialen Voraussetzungen für eine sinnhafte Integration christlicher Botschaft in die lebensführenden ,Schichten' des individuellen Bewußtseins erhalten bleiben. Dieses Problem steht m. E. im Hintergrund der gegenwärtigen Diskussion über die ,Demokratisierung' der Kirche [28]. An der Analyse dieses Postulats sei abschließend eine stärker theoretisch orientierte Erörterung des hier angesprochenen Problemkreises versucht.

6.4 ,Demokratisierung' der Kirche?

Wie auch immer man ,Kirche' interpretieren mag, es ist nicht zu bestreiten, daß der gesellschaftliche Stellenwert von ,Kirche' sich im Zuge der Neuzeit verändert hat, und zwar in Richtung auf eine losere Verbindung mit den nach dem heute herrschenden Gesellschaftsverständnis ‚zentralen‘ gesellschaftlichen Prozessen, wie Güterproduktion und -verteilung, Bildung und Wissenschaft, Innen- und Außenpolitik usw. Die losere Verbindung bedeutet einerseits geringeren Einfluß von ‚Kirche‘ auf ‚Staat‘ bzw. ‚Gesellschaft‘ (auch wenn dieser Einfluß im Rahmen der anonymen Sinnwelt als ihr nicht konformes Element immer noch zu hoch erscheint), sie bedeutet jedoch andererseits auch geringeren Einfluß von ‚Staat‘ bzw. ‚Gesellschaft‘ auf ‚Kirche‘[29]. Das zeigt sich an Äußerlichkeiten wie dem Fehlen politischer Beeinflussungsversuche von Papstwahlen (zuletzt 1903 durch den Kaiser von Österreich), es manifestiert sich aber auch in der Gesamttendenz der Kirchen, sich als eigenständige ‚gesellschaftliche Kraft‘ darzustellen. Diese *Unabhängigkeit* der Kirche scheint heute weitgehend akzeptiert. Strittig ist lediglich der *externe Einflußbereich* der in ihrer Autonomie kaum bedrohten Kirchen[29a]. Zum mindesten in den westlichen Industriegesellschaften sind die Kirchen nicht in ihrer Identität ‚von außen‘, sondern allenfalls ‚von innen‘ bedroht, darin scheinen sich nahezu alle Religionssoziologen, die meisten ‚konservativen‘ und selbst ein Teil der ‚progressiven‘ Kirchenangehörigen einig. Strittig ist lediglich, von wem die Bedrohung ausgeht und worin sie besteht. Daß die ‚innere Bedrohung‘ (wie auch immer sie interpretiert sein mag) ‚äußere‘ Ursachen hat, daß kirchliche Krisenerscheinungen aus Veränderungen der Umwelt von Kirche resultieren, dürfte zwar abstrakt allgemein zugestanden werden, *doch fehlt es dem kirchlichen Denken noch weithin an Kategorien, um diese Veränderungen in der Weise zu denken, daß sie auch für das kirchliche Handeln relevant werden können.*

Die Forderung nach ‚Demokratisierung‘ der Kirche steht einerseits im Horizont der gesellschaftlich-politischen Freisetzung des religiösen Bereichs, sie kann sich andererseits nur im Rahmen einer ‚kirchenmäßigen‘ sozialen Organisation des Christentums entwickeln, d.h. im Rahmen einer sozialen Organisation, die durch komplexe administrative Strukturen und nach dem Prinzip der hierarchischen Legitimation organisierte Leitungsfunktionen gekennzeichnet ist. ‚Demokratisierung‘ erscheint dabei als politischer

Begriff[30]; und zwar im dreifachen Sinn des Wortes: erstens entstammt er der politischen Terminologie, zweitens stehen hinter ihm ‚politische', d. h. auf Veränderung der Herrschaftsformen und Einflußverhältnisse gerichtete Interessen, und drittens ist der Begriff ‚politisch' bereits in dem Sinne, daß seine Legitimität im kirchlichen Bereich umstritten ist: ‚Demokratie' bedeutet unter anderem die Legitimierung politischer Interessenvertretung unabhängig von ihrem Inhalt. Die direkte Artikulation politischer Interessen wird jedoch durch die gegenwärtige Kirchenstruktur verunmöglicht: Es wird vorausgesetzt, daß es keine ‚politischen Interessen' in der Kirche gebe, sie sind in der Selbstdefinition von Kirche nicht enthalten. Das Postulat einer Demokratisierung der Kirche zielt deshalb in mehrfacher Hinsicht auf eine *Veränderung kirchlicher Strukturen*.

Unter *‚Strukturen der Kirche'* seien die jeweiligen institutionalisierten Beziehungen zwischen unterschiedlichen Wissens- und Handlungszusammenhängen sowie die kirchenimmanenten Deutungsformen dieser Beziehungen (‚Ordnungsvorstellungen') verstanden. Strukturen der Kirche meinen ‚das Ganze' der Kirche unter dem Gesichtspunkt der Sozialformen von als kirchlich bezeichnetem Handeln. Strukturen müssen demzufolge sowohl unter dem Gesichtspunkt ihres ‚Sinnes' (der sich heute als theologische Deutung darstellt) als auch unter dem Gesichtspunkt ihrer faktischen Wirksamkeit (insbesondere der durch sie eröffneten oder ausgeschlossenen Handlungsmöglichkeiten) betrachtet werden.

Die meisten der gegenwärtig in der katholischen Kirche umstrittenen Fragen (z. B. Zölibat, Mischehe, Ökumenismus, Maß und Grenzen kirchlicher Mitverantwortung der Laien, Amt und Hierarchieverständnis, Definition ‚kirchlichen' und ‚nicht kirchlichen' – z. B. privaten, politischen – Handelns) beziehen sich auf Fragen der Kirchenstruktur. Die Abgrenzung zwischen strukturellen und bloß organisatorischen Fragen erfolgt zweckmäßigerweise nach dem Kriterium, *inwieweit ein Problem der Sozialform der Kirche als theologisch relevant definiert wird.* Als bloß organisatorische Fragen erscheinen z. B. heute die Pfarrei-Einteilung eines Dekanats, die Ressortaufteilung eines bischöflichen Ordinariats, die Fragen der Aufteilung kirchlicher Finanzen usw. Es ist jedoch ein bewährtes Mittel, organisatorische Probleme zu ‚Strukturfragen' zu erheben, um den Status quo nicht verändern zu müssen.

Die Rede von ‚konservativen' und ‚progressiven' Kräften in der Kirche bekommt dann einen festen Sinn, wenn man sie auf die Frage bezieht, ob ihren Postulaten und Handlungsweisen die Vorstellung der Veränderbarkeit oder der Unveränderbarkeit kirchlicher Strukturen zugrunde liegt; der Fortschritt der ‚Konservativen' besteht darin, eine bestimmte Veränderung als bloß organisatorisch zu deklarieren.

Hinter dieser Meinungsverschiedenheit steht das *Problem der Identität von Kirche unter den Bedingungen raschen gesellschaftlichen Wandels und des daraus resultierenden Plausibilitätsverlusts christlicher Weltinterpretationen.* Während Einigkeit darüber herrscht, daß der zentrale Bezugspunkt kirchlicher Identität in ihrem Stifter selbst und seiner Offenbarung zu finden ist, gehen die Auffassungen über die Bedingungen, unter denen die ‚Identität der Kirche' heute zu wahren ist (und worin somit die zentralen Merkmale der Identität bestehen), weit auseinander. Da die Kirche den Bezug zu ihrem die Identität garantierenden Ursprung nur über ihre eigene Überlieferung herstellen kann, verlagert sich das Problem (und der Streit) vor allem auf die Frage, welche Bestandteile der kirchlichen Überlieferung als die die Identität garantierenden dem Ursprung zuzurechnen sind. Dabei reicht zur Erschütterung der traditionalen Position offenbar der Nachweis nicht aus, daß eine bestimmte strukturelle Eigenart der Kirche in den ersten Gemeinden noch nicht verwirklicht war. Wie die progressive kann auch die konservative Position die Entfaltung kirchlicher Strukturen im Laufe der Kirchengeschichte für sich in Anspruch nehmen. Differenzen bestehen allenfalls hinsichtlich der Sinndeutung geschichtlicher Entwicklungsprozesse.

Die Vertreter *traditionaler* (und tendenziell meist konservativer) Auffassungen neigen dazu, die Identität als Unwandelbarkeit bestimmter Merkmale einmal entfalteter Tradition aufzufassen, handele es sich um Fragen der Lehre (z. B. Dogmen) oder der Struktur (z. B. Amtsverständnis). Die Intention richtet sich hier auf *die Lösung des Identitätsproblems durch Erhaltung bestimmter gleichzei-*

tig sozialer und sinnhafter Strukturmerkmale als Schutzwall für die Invarianthaltung des ,depositum fidei'. – In soziologischer Perspektive kann diese Strategie unter relativ elementaren Sozialbedingungen ein hohes Maß an Rationalität für sich in Anspruch nehmen. Durch die Formalisierung bestimmter Strukturmerkmale: z. B. Interpretationsmonopol der ,fides quae creditur' für eine bestimmte, zölibatäre Personengruppe, die durch einen besonders sakralen Status ausgezeichnet wird (Kleriker), z. B. Aberkennung der Mitgliedschaft für solche Personengruppen, die bestimmte Glaubensinhalte oder Strukturmerkmale öffentlich in Frage stellen (Häretiker), gelingt es, ein hohes Maß an normativer Konsistenz der religiösen und der Lebensanschauungen unter den Kirchenangehörigen aufrechtzuerhalten.

In dem Maße, als die ,symbolische Sinnwelt', die diese Sozialform des Christentums legitimiert, in der Perspektive der gesellschaftlich dominierenden Sinnstrukturen unplausibel wird, scheint sich jedoch als Folge dieser Strategie der Kreis der ,Kirchengläubigen' in charakteristischer Weise zu reduzieren und zu verändern: Die Strategie der Erhaltung kirchlicher Strukturen wird von vielen als Immobilismus erlebt[31] und treibt sie in Distanz zur Kirche; sie führt gleichzeitig zur Abkapselung der noch kirchlichen Bevölkerungsgruppen von der herrschenden Kultur. *Diese Abkapselung resultiert nicht aus dem Willen der Kirchenführer, sondern aus der Selektion der verbleibenden aktiven Kirchenmitglieder.* Empirische Untersuchungen deuten darauf hin, daß sie sich überwiegend aus sozialen Schichten rekrutieren, die durch die gesellschaftliche Entwicklung als benachteiligt erscheinen und in kirchlichen Bezügen eine Art kompensatorischer Selbstbestätigung suchen. Es ist überdies zu vermuten, daß unter ihnen Personen mit bestimmten Persönlichkeitsmerkmalen – die durch Begriffe wie geringes Selbstvertrauen oder Ich-Schwäche bezeichnet werden können – besonders häufig vertreten sind.

Auch wenn die Selbstverständlichkeit, mit der diese These gelegentlich vertreten wird, auf außerwissenschaftlichen Gründen beruhen dürfte[32], so verweist sie doch auf ein ernstzunehmendes Problem: In dem Maße als kirchenbezogenes Handeln nur noch für bestimmte, gesellschaftlich marginale Gruppen attraktiv sein sollte, muß damit gerechnet werden, daß hier ein sich selbst steigernder Prozeß in Gang kommt: Je geringer die Zahl derjenigen aktiven Kirchenangehörigen, die auch in außerkirchlichem Bereich aktiv und erfolgreich sind, um so mehr dürfte sich das Erscheinungsbild von Kirche für die Außenstehenden verzerren und sektenartige Züge annehmen, wodurch die Anziehungskraft für nur sehr beschränkte Personenkreise noch zunehmen und für die große Mehrheit abnehmen würde. Damit würde es der Kirche nur noch in sehr reduziertem Maße gelingen, die zweite der oben erwähnten Aufgaben – „Gewinnung neuer Mitglieder" – zu erfüllen[33]. Die Politik der Konstanthaltung kirchlicher Strukturen tendiert also vermutlich unter den gegenwärtigen Gesellschaftsverhältnissen dazu, einer motivationalen Vereinseitigung der aktiven Kirchenangehörigen Vorschub zu leisten.

Der Fortschritt der ‚Konservativen' – so sagten wir – besteht darin, ein bestimmtes Problem aus dem ‚strukturellen' Bereich auszuklammern und es als bloße Organisationsfrage zu behandeln. Das bedeutet, daß für ein bestimmtes Problem seine theologische Deutbarkeit – und damit letztlich auch seine religiöse Relevanz – aufgegeben wird. *Dieser ‚konservative Fortschritt' muß sich deshalb in einer zunehmenden Einengung des ‚eigentlich religiösen' Bereichs auswirken.* Außerdem wird daran deutlich, daß hier letztlich pragmatische und nicht theologische Erwägungen den Ausschlag gegeben haben. Die kognitive Trennbarkeit von pragmatischen und theologischen Erwägungen ist eben auch von den ‚Konservativen' nicht aufzuheben, sondern nur von einem schwindenden Bevölkerungsteil durch ‚strukturelle Invarianz' zu verschleiern.

Deshalb ist es verständlich, daß die ‚progressive Position' das Verhältnis von theologischer Ekklesiologie und organisatorischen Erwägungen *variabel* zu halten sucht, ohne jedoch auf eine Beziehung zwischen beiden zu verzichten. Das setzt einen Verzicht auf die Vorstellung von ‚wandelbarer Form und bleibendem Kern' oder ‚Ewigem und Zeitbedingtem' als tragenden Denkfiguren der Identitätsbestimmung von Kirche voraus: „Wir haben den unwandelbaren Kern niemals ‚chemisch rein' neben einer bestimmten Form, sondern nur jeweils geschichtlich vermittelt."[34] Das Bestreben geht hier offensichtlich auf die *Formulierung komplexerer Identitätsbedingungen* von Kirche, bei denen die Kirchenstruktur nicht mehr als ‚im Wesen gleichbleibend', sondern im Gegensatz dazu ‚im Wesen wandelbar, entwickelbar' angesehen wird. Gerade in der Variabilität der Struktur muß das ‚Wesentliche des Glaubens' angesichts sich wandelnder historischer Umstände glaubhaft gemacht werden. Dieser Position ist das Postulat nach ‚Demokratisierung der Kirche' unschwer zuzuordnen.

Nach der hier vertretenen Auffassung verbirgt sich hinter dem Postulat einer ‚Demokratisierung der Kirche' in erster Linie das Bedürfnis nach erhöhter Strukturvariabilität der Kirche, nach Zulassung von mehr Handlungsmöglichkeiten als *legitimer* Ausprägung ‚*kirchlichen* Lebens'. Dahinter steht offenbar die Sorge, daß die gegenwärtig als ‚kirchlich' zugelassenen Handlungsmöglichkeiten so wenig attraktiv (für Priester und/oder Laien) sind, daß mit einer personellen und insbesondere motivationsmäßigen Auszehrung der Kirche gerechnet werden muß. Wenn die als kirchlich zugelassenen Handlungsmöglichkeiten nicht mehr als angemessener Ausdruck des subjektiven Glaubensverständnisses erfahren werden können, muß damit gerechnet werden, daß *genuin christliche Motivationen sich zunehmend außerhalb der Kirche entfalten und damit beliebig interpretierbar und zurechenbar werden.* Die Glaubhaftigkeit der kirchlichen Lehre erscheint als gestört, die Glaubenschancen der Menschen deshalb reduziert, weil sie keinen Zusammenhang zwischen den Sinnangeboten der Kirche und ihrem eigenen Lebenssinn mehr herstellen können. Nach dieser Interpretation ist somit nicht das Problem der Partizipation (der Laien an den Entscheidungen der Gemeinde, der hierarchisch untergeordneten an den Entscheidungen übergeordneter Stellen usw.) das primäre Movens einer Forderung nach ‚Demokratisierung'; ebensowenig geht es primär um die Übernahme politisch-demokratischer Verhaltensmuster in der Kirche. *Partizipation und demokratische Herrschaftskontrolle erscheinen vielmehr als gegenwärtig mögliche Mittel zur Erhöhung der strukturellen Variabilität der Kirche.*

Der Widerstand, der seitens der kirchlichen Organisation und ihrer hierarchischen Repräsentanten all den Maßnahmen und Vorschlägen entgegengebracht wird, die auf eine *Erhöhung unterschiedlicher Handlungsmöglichkeiten im Rahmen der Kirche* hinauslaufen, beruht auf der unbewußten Einsicht in die zunehmenden Schwierigkeiten, bei erhöhter struktureller Variabilität die Identität der Kirche mit den bisherigen elementaren Mitteln zu kontrollieren und darzustellen. Bürokratische Schwerfälligkeit und subjektiv ‚echte Sorge um das anvertraute Gut' ergänzen sich im Rahmen des traditionellen Strukturverständnisses von Kirche.

Diejenige Position, die ihre Erwartungen unter dem Stichwort ‚Demokratisierung' zusammenfaßt, läuft dagegen Gefahr, unfreiwillig der gleichen Entwicklung Vorschub zu leisten, wenn sie nämlich ihr Hauptaugenmerk auf organisatorische Veränderungen der Willensbildungsprozesse im Rahmen der gegenwärtig als kirchlich angesehenen Handlungsmöglichkeiten legt. *Damit wird allenfalls die Beteiligung der noch Kirchlichen erhöht, aber die Tendenz zur Entropie, zum Energieverlust, welche die gegenwärtige Kirchenentwicklung kennzeichnet, nicht wirksam bekämpft.* Die in jüngster Zeit eingeführten Formen der Mitbestimmung von Laien im Rahmen der gegenwärtigen Kirchenorganisation wird – da sich die Laienvertreter überwiegend aus den kirchlichen Kerngruppen rekrutieren – kaum die Ausstrahlungskraft der Kirche erhöhen können. Sie garantiert auch nicht an sich bereits gesteigerte Sachverständigkeit kirchlicher Entscheidungen, da die Selektionskriterien der Laienvertreter andere Gesichtspunkte (z. B. Verbandstätigkeit, Gemeindeaktivitäten) favorisieren. Eine entscheidende Veränderung scheint nur dann möglich, wenn es gelingt, die Struktur dessen, was als ‚Kirche' gilt, komplexer zu machen, in ihr mehr Handlungsmöglichkeiten anzusiedeln und damit ihre Ausstrahlungskraft zu erhöhen (z. B. Publik, Studentengemeinden, Arbeiterpriester). Das bedeutet gleichzeitig eine stärkere Differenzierung der Grenzen kirchlichen Handelns, so daß sich Identität von Kirche nicht mehr durch feste Grenzen, sondern auf andere Weise bestimmen muß[35].

In diesem Zusammenhang kommt den neueren Bemühungen um eine theologisch fundierte Ekklesiologie besondere Bedeutung zu.

Diese wird sich allerdings nicht auf theologische Legitimationsversuche neuer Sozialformen von Kirche oder auf die Kritik bestehender Sozialformen konzentrieren dürfen, wenn sie einen Beitrag zu einem komplexeren Kirchenverständnis leisten will[36]. Sie wird vielmehr ein Selbstverständnis von Kirche zu formulieren haben, das die Vielfalt und Wandelbarkeit kirchlicher Sozialformen und ihrer unterschiedlichen gesellschaftlichen Bezüge verständlich macht. Sie wird daher z. B. den Gedanken der ‚Gemeinschaft der Glaubenden' oder des ‚Volkes Gottes' ins Zentrum ihrer Aussagen stellen müssen. *Die Gemeinschaft der Glaubenden realisiert sich historisch in unterschiedlichen Sozialformen, deren konkrete Ausgestaltung und Veränderung sich in Wechselbeziehung mit dem jeweiligen soziokulturellen Kontext und seinen Wandlungen vollzieht.* Dabei ist das soziologische Mißverständnis zu vermeiden, als ob die geschichtliche Entwicklung von Kirche nur in einseitiger Abhängigkeit von den jeweiligen gesellschaftlichen Verhältnissen sich vollzogen hätte oder vollziehen sollte. Sofern dies geschähe, hätte die Kirche ihre soziale Identität verloren. Kirchengeschichte ist stets auch endogener Entwicklungsprozeß, ist schöpferische Anpassung an sich wandelnde Umweltverhältnisse.

Voraussetzung einer Fortsetzung dieses endogenen Entwicklungsprozesses ist – in *soziologischer* (!) Perspektive: *Glaube.* Nur solange sich genügend Menschen finden, die – möglicherweise im Widerspruch zum herrschenden Allerweltswissen und vulgarisierten religionssoziologischen Zukunftsprognosen – an die Zukunft des Christentums glauben und aus ihrer Hoffnung auf die Verheißungen des Stifters in Kirche zu leben und Kirche zu gestalten suchen, wird sich Kirche als Manifestation des Christentums erhalten.

Welchen Inhalt dieser Glaube hat, welches der zu behauptende ‚Sinn des Christentums' ist und wie sich ‚Christentum' hic et nunc im Handeln zu manifestieren vermag, das sind Fragen, deren Beantwortung der Soziologe dem Theologen, aber nicht nur ihm, sondern jedem, der beansprucht, ‚Christ' zu sein, überlassen muß. Er wird lediglich einige sehr elementare Aussagen über die sozialen Bedingungen von ‚Glauben' (wie er ihn definieren und wahrnehmen kann, vgl. zu diesem Problem 2.2) oder ‚Glaubenschancen' machen können, die als kritisches Korrektiv einer durch Theologumena verstellten Wirklichkeitswahrnehmung möglicherweise das Denken und Streben der Christen nüchterner und wacher machen können[37]. Er wird jedoch gleichzeitig den Theologen davor warnen müssen, sich die Eigenständigkeit seines Denkens durch Soziologumena vernebeln zu lassen[38]. Denn Kirche verwirklicht sich weder im theologischen noch im soziologischen Denken; beides ist auch im günstigen Falle nur ein Moment des geschichtlichen Prozesses, in dem sich Kirche realisiert.

Aufgrund dieser Hintergrundvorstellung ist dieses Buch geschrieben worden. Es enthält deshalb auch kaum soziologische Aussagen, die unmittelbar in pastorale Empfehlungen umgesetzt werden könnten. Damit sei nichts gegen den Nutzen der Soziologie für die Pastoral gesagt, doch handelt es sich hierbei noch um relativ oberflächliche Schichten des Kontakts zwischen Soziologie und Kirche (vgl. 1.3, 2.1). Mit den vorangehenden Überlegungen wurde versucht, soziologische Einsichten für zentralere Schichten des kirchlichen Selbstverständnisses bedeutungsvoll zu machen.

Die damit einhergehende Problematisierung traditioneller Elemente kirchlichen Selbstverständnisses wird praktische Wirkungen nur auf sehr vermittelte Weise zeitigen können: Erst wenn gleichzeitig die Hilflosigkeit und die Unentbehrlichkeit des ‚offiziellen‘ Kirchenhandelns in bezug auf die Erhaltung und Tradierung des Christentums erkannt worden ist, wird innerkirchlich die Frage ernsthaft erörtert werden, wie Christentum unter den gegenwärtigen (im Rahmen der Weltkirchen zudem sehr unterschiedlichen) sozio-kulturellen Bedingungen realisiert werden kann. In der katholischen Kirche in der Bundesrepublik wird diese Frage zur Zeit praktisch vor allem durch die Einführung einer Honoratiorendemokratie zu beantworten gesucht. M. E. sind wirkliche Erneuerungen des in der katholischen Kirche verfaßten Christentums – wie in der Vergangenheit – am ehesten von neuen, in einer gewissen Spannung zur Amtskirche entstehenden sozialen Formationen gläubiger Christen zu erwarten, sofern deren religiöse Erfahrungen in die ‚offizielle‘ Kirche Eingang finden.

Anmerkungen

Vorwort:

[1] An in deutscher Sprache zugänglichen Veröffentlichungen sind dabei vor allem zu erwähnen: *P. L. Berger*, Auf den Spuren der Engel. Die moderne Gesellschaft und die Wiederentdeckung der Transzendenz (Frankfurt a. M. 1970); *H.-G. Geyer – H. N. Janowski – A. Schmidt*, Theologie und Soziologie (Stuttgart 1970); *F. Haarsma – W. Kasper – F.-X. Kaufmann*, Kirchliche Lehre – Skepsis der Gläubigen (Freiburg i. Br. 1970); *H. Hoefnagels*, Kirche in veränderter Welt (Essen 1964); *ders.*, Demokratisierung der kirchlichen Autorität (Freiburg i. Br. 1969); *L. Hoffmann*, Ausweg aus der Sackgasse. Anwendungen soziologischer Kategorien auf die gegenwärtige Situation von Kirche und Seelsorge (München 1971); *A. Hollweg*, Theologie und Empirie. Ein Beitrag zum Gespräch zwischen Theologie und Sozialwissenschaften in den USA und in Deutschland (Stuttgart 1971); *J. Matthes*, Die Emigration der Kirche aus der Gesellschaft (Hamburg 1964); *D. Savramis*, Theologie und Gesellschaft (München 1971); *O. Schreuder*, Gestaltswandel der Kirche, Vorschläge zur Erneuerung (Olten u. Freiburg i. B. 1967); *W. Siebel*, Freiheit und Herrschaftsstruktur in der Kirche. Eine soziologische Studie (Berlin 1971).

Erstes Kapitel: Soziologie und Theologie – ein Überblick

[1] In der älteren Literatur findet sich gelegentlich der Begriff ‚katholische‘ oder ‚christliche Soziologie‘. Dabei handelt es sich i. d. R. um sozialreformerisch inspirierte Werke, die sich mit der Arbeiterfrage aus christlicher Sicht beschäftigen. Diese Terminologie wird vom Zusammenhang zwischen ‚sozialer Frage‘ und der Entstehung der modernen Sozialwissenschaften her verständlich. Da dieser Soziologiebegriff inzwischen obsolet geworden ist, kann dieses Schrifttum in unserem Zusammenhang außer acht bleiben.

[2] Hier ist für Deutschland der Gesamtbereich der ‚katholischen Soziallehre‘ zu erwähnen, die sich im Anschluß an die Sozialenzykliken der Päpste entwickelt und nach dem Zweiten Weltkrieg als eigener Wissenszweig institutionalisiert hat. Vgl. hierzu *W. Schöllgen*, Die soziologischen Grundlagen der katholischen Sittenlehre, in: F. Tillmann (Hrsg.), Handbuch der katholischen Sittenlehre, Bd. 5 (Düsseldorf 1953). – Auf die solche Rezeption steuernde und gleichzeitig immunisierende Naturrechtstheorie kommen wir in Kap. 4 zurück.

[3] Unter den deutschsprachigen Autoren ist hier vor allem *N. Monzel* zu erwähnen: Struktursoziologie und Kirchenbegriff (Bonn 1939); Die Überlieferung (Bonn 1950); Katholische Soziallehre, 2 Bde. (Köln 1965/67). – Vgl. auch *A. Geck,* Zum Aufbau einer Sozialtheologie, in: Theologische Quartalschrift (1950); auch zahlreiche Schriften von *B. Häring,* vor allem: Macht und Ohnmacht der Religion. Religionssoziologie als Anruf (Salzburg [2]1957), gehören in die hier skizzierte Denkrichtung.

[4] Als Beispiel sei die Rezeption der Begriffe ‚Gemeinschaft' und ‚Gesellschaft' erwähnt, wobei Kirche dann selbstverständlich als ‚Gemeinschaft' postuliert wurde. Der soziologische Gemeinschaftsbegriff bezieht sich als ein historischer Strukturbegriff auf die Lebensverhältnisse weitgehend geschlossener und überschaubarer Gruppen, als deren Paradigma das ‚ganze Haus' des europäischen Mittelalters gilt. Vgl. vor allem *H. Freyer,* Soziologie als Wirklichkeitswissenschaft (Stuttgart [2]1964) 240ff.

[5] Vgl. *I. Fetscher,* Einleitung zu Auguste Comte, Rede über den Geist des Positivismus (Hamburg [2]1966).

[6] Vgl. vor allem *É. Durkheim,* L'éducation morale (Paris 1925); *ders.,* Sociologie et Philosophie (Paris 1924), deutsch: Soziologie und Philosophie, Einleitung von *Th. W. Adorno* (Frankfurt a. M. 1967).

[7] Bezeichnenderweise setzt sich das Buch von *J. Hasenfuß,* Der Soziologismus in der modernen Religionswissenschaft (Würzburg 1955), mit den neueren religionssoziologischen Strömungen nur unter dem Gesichtspunkt ihrer unterstellten weltanschaulichen Prämissen und nicht im Hinblick auf ihre Methode auseinander.

[8] Vgl. zur Begründung dieser Position etwa *W. u. R.P.M. Goddijn,* Kirche als Institution (Mainz 1963) bes. Kap. 1 und 5.

[9] Das schließt selbstverständlich nicht aus, daß in der Praxis weiterhin ein erhebliches Interesse an Soziologie als Weltanschauungssurrogat besteht.

[10] Die Verselbständigung der Theologie und ihren potentiellen Interessengegensatz zur Hierarchie betont neuerdings *W. Siebel,* Freiheit und Herrschaftsstruktur in der Kirche (Berlin 1971). Näheres hierzu unter 6.2.

[11] Die beschreibenden Kategorien der Soziologie, z.B. Typen der Siedlungs- u. Wirtschaftsweise, der Schichtung, der Kultur oder der Organisation werden durch Komplexe von Verhaltensmustern definiert. Auch die analytischen Kategorien der Soziologie, z. B. Rolle, Institution, Gruppe, soziales System usw., haben stets einen Bezug auf soziale Normen, d. h. verbindliche Vorstellungen über sein-sollendes Verhalten, das sich in den Individuen als eine Form der Erwartung manifestiert.

[12] *M. Weber,* Wirtschaft und Gesellschaft. Studienausgabe (Köln – Berlin 1956), 1. Halbbd., 17.

[13] Vgl. bereits *É. Durkheim,* Die Regeln der soziologischen Methode (Paris 1895), deutsch: Soziologische Texte, Bd. 3 (Neuwied 1961) bes. 105ff.

[14] Im Sinne bloßer Illustration einige Stichworte der gegenwärtigen Diskussion: ekklesiogene Neurosen; negative Folgen der Mischehengesetzgebung für die religiöse Situation der aus Mischehen entstehenden Familien; der Zusammenhang zwischen autoritärer, d.h. obrigkeitshöriger Einstellung und empirisch meßbarer ‚Kirchlichkeit'; die Identifikation von ‚kirchlicher' und ‚bürgerlicher' Moralität und ihre Auswirkungen auf die Verfestigung ökonomischer Ausbeutungssituationen usw.

[15] Vgl. *R. K. Merton,* Manifest and Latent Functions, in: Social Theory and Social Structure (Glencoe [2]1957) 19ff.

[16] ‚Funktional‘, d. h. etwa: ‚zur Erhaltung eines (gesellschaftlichen) Gleichgewichts beitragend‘. Man denke z. B. an die Problematik der Geburtenkontrolle in den Entwicklungsländern! Der Begriff ‚funktional‘ ist durchaus schillernd und hat einen verdeckt normativen Inhalt. Die Theologen sollten sich seiner im Sinne einer Gegenfrage an die Soziologie annehmen.

[17] Dieses schwierige Problem kann hier nicht entfaltet werden. Vgl. als neuste Herausforderung des essentialistischen durch das funktionalistische Denken *N. Luhmann,* Zweckbegriff und Systemrationalität. Über die Funktion von Zwecken in sozialen Systemen (Tübingen 1968).

[18] Als in praktisch allen Kulturen verbreitete Normen können bisher einzig das Inzestverbot innerhalb der Kernfamilie und das Verspeisungsverbot von Gruppengenossen als weitgehend gesichert gelten. Zu diesem Fragenkomplex vgl. ausführlicher: *F.-X. Kaufmann,* Die Ehe in sozialanthropologischer Sicht, in: *F. Böckle* (Hrsg.), Das Naturrecht im Disput (Düsseldorf 1966) 15 ff.

[19] Ein guter Überblick über die internationale Organisation der kirchlichen Sozialforschung, ihre Ergebnisse und Probleme findet sich in: Concilium, internationale Zeitschrift für Theologie, 1. Jhg., Heft 3 (März 1965). Vgl. besonders die Beiträge von *F. Houtart – J. Rémy,* Die Anwendung der Soziologie in der pastoralen Praxis, heutiger Stand (209 ff.); und *N. Greinacher,* Chronik der wichtigsten pastoralsoziologischen Bemühungen im deutschen Sprachgebiet seit 1945 (227 ff.). – Vgl. auch die Beiträge von *Egon Colomb* und *Linus Grond,* in: Probleme der Religionssoziologie. Sonderheft 6 der Kölner Zeitschrift für Soziologie und Sozialpsychologie (Köln – Opladen 1962) 202 ff. 254 ff.

[20] Zur Bibliographie vgl. *H. Carrier – É. Pin,* Sociologie du Christianisme, Bibliographie internationale (Rom 1964) sowie: Probleme der Religionssoziologie, a. a. O. 264–289.

[21] *K. Rahner – H. Schuster,* Vorwort, in: Concilium, a. a. O. 163.

[22] *H. Schuster,* Wesen und Aufgabe der Pastoraltheologie, ebd. 166.

[23] Die Analogie des kirchlichen Handelns zum marktwirtschaftlichen Handeln kann noch weiter getrieben werden. Vgl. z. B. die Analyse des Verhältnisses der verschiedenen Kirchen und Denominationen in den Vereinigten Staaten sowie der ökumenischen Bestrebungen bei *P. L. Berger,* Ein Marktmodell zur Analyse ökumenischer Prozesse, in: Internationales Jahrbuch für Religionssoziologie, hrsg. von *J. Matthes* (im folgenden zitiert als: IJRS) Bd. 1 (Köln – Opladen 1965) 235 ff. – Der Ansatzpunkt derartig ‚unpassender‘ Vergleiche ist in der funktionalistischen Betrachtungsweise der Soziologie zu finden, die es gestattet, von konkreten Sinngehalten der Handelnden zu abstrahieren.

[24] Vgl. zuerst *J. H. Fichter,* Religion as an Occupation. A Study in the Sociology of Professions (Southland/Indiana 1961). – Deutsche Studien: *G. Siefer,* Zur Soziologie des Priesterbildes, in: Diakonia 2 (1967) H. 3, 129–142; ebd. 3 (1968) H. 2; *L. v. Deschwanden,* Eine Rollenanalyse des katholischen Pfarreipriesters, in: IJRS, Bd. 4 (1968) 123 ff.; *ders.,* Die Rolle des Gemeindepriesters zwischen Kirche und Gesellschaft, in: *J. Wössner* (Hrsg.), Religion im Umbruch. Soziologische Beiträge zur Situation von Religion und Kirche in der gegenwärtigen Gesellschaft (Stuttgart 1972) 395–409; *O. Schreuder* (Hrsg.), Der alarmierende Trend (Mainz 1970); *F. Luthe,* Der Berufswechsel der Priester (Düsseldorf 1970).
Einen inspirierenden Überblick über das Priesterproblem gibt *J. Duquesne,* Die Priester. Struktur, Krise und Erneuerung (Wien – München 1965). Zum Vergleich

sei auf die den evangelischen Pfarrer betreffenden Studien von *K. W. Dahm,* Beruf: Pfarrer (München 1971), hingewiesen.

25 Vgl. *neuerdings L. Hoffmann,* Management und Gemeinde, in: Religion im Umbruch, a. a. O. 369–394. Als Versuch in dieser Richtung für den evangelischen Raum vgl. *G. Bormann,* Theorie und Praxis kirchlicher Organisation. Ein Beitrag zum Problem der Rückständigkeit sozialer Gruppen (Köln – Opladen 1969); *Y. Spiegel,* Kirche als bürokratische Organisation (München 1969).

26 Als bedeutende soziologische Untersuchungen deutscher katholischer Pfarreien seien erwähnt: *J. H. Fichter,* Soziologie der Pfarrgruppen. Untersuchungen zur Struktur und Dynamik der Gruppen einer deutschen Pfarrei (Münster 1958); *O. Schreuder,* Kirche im Vorort. Soziologische Erkundung einer Pfarrei (Freiburg i. Br. 1962). Einen Überblick über den Gesamtbereich der ‚Soziologie der Kirchengemeinde' gibt der gleichnamige, von *D. Goldschmidt, F. Greiner* und *H. Schelsky* herausgegebene Sammelband (Stuttgart 1960).

26a Eine erfreuliche Ausnahme bildet die durch die Deutsche Bischofskonferenz in Zusammenarbeit mit dem Zentralkomitee der Deutschen Katholiken in Auftrag gegebene Untersuchung des Instituts für kirchliche Sozialforschung des Bistums Essen über Pfarrgemeinderäte. Vgl. Institut für Kirchliche Sozialforschung des Bistums Essen:
1. Synopse der Satzungen und Wahlordnungen für die Pfarrgemeinderäte, Bericht Nr. 64 (1971);
2. Mitgliederstatistik der Pfarrgemeinderäte Bericht Nr. 79 (1971). Zu erwarten sind weitere Berichte über die Einstellungen von Mitgliedern der Pfarrgemeinderäte zum Pfarrgemeinderat sowie über Arbeit und Probleme des Pfarrgemeinderates.

27 Vgl. z. B. die Sammelrezension von *Th. Luckmann,* Neuere Schriften zur Religionssoziologie, in: Kölner Zeitschrift für Soziologie und Sozialpsychologie 12 (1960) 315 ff. Eine zusammenfassende Deutung des kirchensoziologischen Bemühens der letzten Jahrzehnte gibt *J. Matthes,* Kirche und Gesellschaft. Einführung in die Religionssoziologie II, rde 312/13 (Reinbek bei Hamburg 1969) bes. 9 ff.

28 Vgl. z. B. *E. Blankenburg,* Kirchliche Bindung und Wahlverhalten (Olten – Freiburg i. Br. 1967).

29 Vgl. hierzu ausführlicher *F. X. Kaufmann,* Zur Bestimmung und Messung von Kirchlichkeit in der Bundesrepublik Deutschland, in: IJRS, Bd. 4 (1968) 63 ff. (auch in *J. Matthes,* a. a. O. 207 ff.). Zitat S. 66 f. – Neuerdings hat *G. Schmidtchen* anhand reichen Datenmaterials den zentralen Stellenwert der Dominikantie als empirisches Kirchlichkeitskriterium deutscher Katholiken nachgewiesen. Die Unwahrscheinlichkeit einer Spannung zwischen Einstellung und Verhalten begründet er auch theoretisch mit dem Argument, daß die Teilnahme am kirchlichen Leben quantitativ weit leichter abgestuft werden könne als bei anderen Organisationen. Vgl. *G. Schmidtchen,* Zwischen Kirche und Gesellschaft. Forschungsbericht über die Umfrage zur Gemeinsamen Synode der Bistümer in der Bundesrepublik Deutschland (Freiburg i. Br. 1972), bes. 94 ff. – Die Pluridimensionalität kirchlich-religiöser Phänomene bestätigt dagegen die Untersuchung von *U. Boos-Nünning,* Dimensionen der Religiosität zur Operationalisierung und Messung religiöser Einstellungen (München – Mainz 1972). Ich beabsichtige, diese Problemstellung anhand von Sekundäranalysen neuerer religionssoziologischer Untersuchungen demnächst strengeren Prüfungsbedingungen zu unterwerfen.

30 Vgl. zum folgenden auch *Charles Y. Glock,* On the Study of Religious Commit-

ment. Deutsche Übersetzung in: *J. Matthes,* Kirche und Gesellschaft, a. a. O. 150 ff.

[31] Andere Klassifikationen beziehen sich auf die Struktur der (erwarteten oder tatsächlichen) religiösen Motivation und die Vielfalt von Weltinterpretationen, die sich ebenfalls quer durch die verschiedenen Religionen hindurchziehen. Vgl. z. B. *G. Lenski,* The Religious Factor (Garden City 1963), deutsch: Religion und Realität ([o. O.] 1967); *L. Pin,* Les motivations des conduites religieuses et le passage d'une civilisation prétechnique, in: Social Compass, XIII/1 (1966) 25 ff.

[32] So zuerst *R. Otto,* Das Heilige (Breslau 1917). – Vgl. neuerdings: *M. Eliade,* Das Heilige und das Profane. Vom Wesen des Religiösen, rde 31 (Reinbek bei Hamburg 1957). – In der Religionssoziologie i. e. S. sind dieser Richtung vor allem *J. Wach* (z. B. Einleitung in die Religionssoziologie [Tübingen 1930], Vergleichende Religionsforschung [Stuttgart 1962]) und *G. Mensching,* Die Religion (Stuttgart 1959), zuzurechnen. Aus katholisch-theologischer Perspektive setzte sich mit diesem Ansatz bereits *N. Monzel* (Die Überlieferung, a. a. O., bes. 47 ff.), auseinander.

[33] Dieses Postulat ist bisher weitgehend unerfülltes Programm geblieben, vor allem was die religionssoziologische Analyse der nichtchristlichen Weltreligionen betrifft.

[34] *J. Matthes,* Religion und Gesellschaft. Einführung in die Religionssoziologie I, rde 279/280 (Reinbek bei Hamburg 1967) 13.

[35] Vgl. hierzu ausführlich *P. H. Vrijhof,* Was ist Religionssoziologie, in: Probleme der Religionssoziologie, a. a. O. 10 ff.

[36] *M. Yinger,* Religion, Society and the Individual. An Introduction to the Sociology of Religion (New York 1957) 9.

[37] Näheres siehe *J. Matthes,* Religion und Gesellschaft, a. a. O. 15 ff.

[38] Eine Zusammenfassung dieses Ansatzes gibt *O. Schreuder,* Die strukturell-funktionale Theologie und die Religionssoziologie, in: IJRS, Bd. 2 (1966) 99 ff.

[39] Vgl. die kritische Diskussion dieses Ansatzes bei *P. H. Vrijhof,* a. a. O. 21 ff.

[40] Dieses Denkmodell ist am amerikanischen Kirchensystem gewonnen, in dem die Denominationen dominieren. Vgl. vor allem *P. L. Berger,* The Noise of Solemn Assemblies. Christian Commitment and the Religious Establishment in America (New York 1961), deutsch: Kirche ohne Auftrag. Am Beispiel Amerikas (Stuttgart 1962), sowie *P. Berger – Th. Luckmann,* Secularisation and Pluralism, in: IJRS, Bd. 2 (1966) 73 ff.

[41] Vgl. vor allem *Th. Luckmann,* Das Problem der Religion in der modernen Gesellschaft (Freiburg 1963) sowie (in erweiterter Fassung): The Invisible Religion. The Problem of Religion in Modern Society (London – New York 1967) und zuletzt: *ders.,* Religion in der modernen Gesellschaft, in: Religion im Umbruch, a. a. O. 3–15. – Eine gewisse Synthese mit dem erstgenannten Ansatz versucht neuerdings *P. L. Berger,* Auf den Spuren der Engel. Die moderne Gesellschaft und die Wiederentdeckung der Transzendenz (Frankfurt a. M. 1970) (engl. 1969).

[42] *J. Matthes,* Religion und Gesellschaft, a. a. O. 111. – Diese Problemstellung wurde schon früher von *H. Schelsky* aufgegriffen. Vgl. Ist die Dauerreflexion institutionalisierbar?, in: Zeitschrift für evangelische Ethik 1 (1957) (abgedruckt in: *H. Schelsky,* Auf der Suche nach Wirklichkeit [Düsseldorf – Köln 1965] 250 ff.).

[43] Vgl. *T. Rendtorff,* Säkularisierung als theologisches Problem, in: Neue Zeitschrift für systematische Theologie 4 (1964); *ders.,* Zur Säkularisierungsproblematik. Über die Weiterentwicklung der Kirchensoziologie zur Religionssoziologie, in: IJRS, Bd. 2 (1966) 51 ff.; *J. Matthes,* Bemerkungen zur Säkularisierungsthese in der neueren

Religionssoziologie, in: Probleme der Religionssoziologie, a. a. O. 65 ff.; *ders.*, Religion und Gesellschaft, a. a. O.

[44] Damit wird der religionssoziologische Ansatz von *Max Weber* und *Ernst Troeltsch* nach einer Zeit unverdienter Vergessenheit erneut aktuell. Zu einer kritischen Wiederaufnahme vgl. auch *H. Bosse*, Marx – Weber – Troeltsch. Religionssoziologie und marxistische Ideologiekritik (Mainz [2]1971).

[45] Auf die Theologie des ‚religionslosen Christentums‘ *(D. Bonhoeffer)* kann in diesem Zusammenhang nicht eingegangen werden. Sie kann,m. E. in etwa als theologische Antwort auf die älteren Tendenzen der Religionssoziologie verstanden werden, führt jedoch ebenfalls zu einer Unterbewertung des institutionellen Elements des historisch gewordenen Christentums. Immerhin scheint mir hier die einzige dezidierte Alternative einer Theologie vorzuliegen, die sich den folgenden Fragen entziehen kann. Vgl. auch 5.5.2.

[46] *J. Matthes*, Religion und Gesellschaft, a. a. O. 118.

[47] Erwähnt sei lediglich die Frage nach der Kirchenzugehörigkeit deutscher Katholiken, die offiziell aus der Kirche austreten, weil sie mit dem herrschenden Kirchensteuersystem nicht einverstanden sind, wobei zudem zu fragen wäre, ob ihre weitere Kirchenzugehörigkeit gleich zu beurteilen ist, wenn sie dies aus religiöser Gleichgültigkeit oder im Gegenteil aus religiöser Überzeugung tun.

[48] Man denke etwa an die Ablaßprivilegien mittelalterlicher Bruderschaften oder an die Theologie der ‚geistlichen Stände‘.

[49] Zur Herkunft des dichotomen Selbstverständnisses von ‚Kirche und Welt‘ aus der mittelalterlichen ‚Klerikerkultur‘ *(O. Brunner)* und seiner Fortsetzung in der (aus der zunächst höfischen ‚Laienkultur‘ sich entwickelnden) Religionskritik der Aufklärung vgl. *J. Matthes*, Religion und Gesellschaft, a. a. O. 32 ff. sowie *A. M. Knoll*, Zins und Gnade, Studien zur Soziologie der christlichen Existenz (Neuwied – Berlin 1967).

[50] Es sei zugestanden, daß diese Entwicklung in jüngster Zeit in der evangelischen Kirche deutlicher geworden ist als in der katholischen. Vgl. hierzu *J. Matthes*, Die Emigration der Kirche aus der Gesellschaft (Hamburg 1964). Es will mir jedoch scheinen, daß trotz aller theoretischen Versuche, den Gegensatz von ‚Kirche‘ und ‚Welt‘ im katholischen Raum zu überbrücken, die Selbstisolierung der Kirche in der zweiten Hälfte des 19. und der ersten Hälfte des 20. Jahrhunderts rasche Fortschritte gemacht hat. Als Symptom seien etwa die berufsständischen Laienorganisationen, aber auch die Restauration des Naturrechtsdenkens erwähnt, welches die Funktion hatte, ‚nach innen‘ die Zuständigkeit der Kirche für die ‚profanen‘ Bereiche zu legitimieren und gleichzeitig ‚nach außen‘ den Anschein einer ungebrochenen Kommunikationsebene zu wahren, die sich jedoch in der Praxis als nur wenig tragfähig erwiesen hat (Näheres siehe 4.3). – Die von *J. B. Metz* ausgehende ‚politische Theologie‘ (ein unglücklicher Name!) versucht zu Recht, diese Aporie zu überwinden. Vgl. *H. Peukert* (Hrsg.), Diskussion zur ‚politischen Theologie‘ (Mainz – München 1969), insbesondere den weiterführenden Beitrag von *K. Lehmann*, Die ‚politische Theologie‘: Theologische Legitimation und gegenwärtige Aporie, in: ebd. 185–216.

[51] Vgl. hierzu die aufschlußreiche Untersuchung von *R. Köster*, Die Kirchentreuen (Stuttgart 1960).

[52] Man denke etwa an die Anteilnahme, die dem Sterben Johannes’ XXIII., dem Konzil oder ‚welt‘-bezogenen päpstlichen Verlautbarungen entgegengebracht wird.

[53] Hier wäre etwa die von *H. O. Wölber* diagnostizierte ‚distanzierte Kirchlichkeit‘ zu erwähnen (vgl. Religion ohne Entscheidung. Volkskirche am Beispiel der jungen Generation [Göttingen 1959]). – Eine Repräsentativuntersuchung der gesamten männlichen Bevölkerung der Bundesrepublik (1963) ergab hinsichtlich einer sozialpsychologisch definierten Kirchlichkeit ein recht differenziertes Bild, dessen Extrapolation nur ein geringes Schwinden solcher ‚Kirchlichkeit‘ erwarten läßt. Vgl. *F. X. Kaufmann,* Zur Bestimmung und Messung von Kirchlichkeit in der Bundesrepublik Deutschland, a. a. O., bes. Teil IV.

[54] *J. Matthes,* Kirche und Gesellschaft, a. a. O. 123.

[55] Vgl. z. B. *K. Rahner,* Theologische Reflexionen zur Säkularisation, in: Schriften zur Theologie, Bd. VIII (Einsiedeln 1967) 637 ff.; *N. Greinacher,* Ja zur weltlichen Welt, in: Mitten in dieser Welt. 82. deutscher Katholikentag vom 4.–8. 9. 1968 in Essen (Paderborn 1968) 185 ff.

[56] In diesem Bereich ist die Entwicklung der Soziologie in vollem Gange: Nahezu alle neueren Theorierichtungen beschäftigen sich mit dem Zusammenhang von sozialer Organisation oder Interaktion und Wissen bzw. Sprache. Zur Einführung sei das Buch von *P. L. Berger* und *Th. Luckmann,* Die gesellschaftliche Konstruktion der Wirklichkeit. Eine Theorie der Wissenssoziologie (Frankfurt a. M. 1969), empfohlen. Vgl. auch *R. Kjolseth* – *F. Sack,* Soziologie der Sprache, Sonderheft 14 der Kölner Zeitschrift für Soziologie und Sozialpsychologie (Köln – Opladen 1972), *J. Habermas,* Arbeit, Erkenntnis, Fortschritt. Aufsätze 1954–1970 (Amsterdam 1970). – Zur Anwendung der Wissenssoziologie auf religiöse Phänomene vgl. die Aufsätze von *N. Greinacher, J. Matthes, P. L. Berger* und *W. Bergmann* in: Internationale Dialog Zeitschrift 2 (1969) Heft 2.

[57] Zwei Beispiele mögen das hier Gemeinte verdeutlichen: Die Transsubstantiationslehre geht von einem mittelalterlichen Substanzbegriff aus, der für den modernen Menschen kaum nachvollziehbar ist; die katholische Ehelehre scheint sich der ‚Falle‘ nur schwer entziehen zu können, in die sie durch die Identität des Wortsymbols ‚Natur‘ geraten ist; dabei kann kaum ein Zweifel bestehen, daß der metaphysisch gedachte Naturbegriff der mittelalterlichen Philosophie mit dem biologischen Naturbegriff der Neuzeit nicht identisch ist.

ZWEITES KAPITEL: Zur Rezeption soziologischer Einsichten in die Theologie

[1] Vgl. *R. Aubert,* Die Theologie während der ersten Hälfte des 20. Jahrhunderts, hrsg. von H. Vorgrimler und R. Vander Gucht, Bd. II (Freiburg i. Br. 1969) 49 ff.

[2] Wie *T. Rendtorff,* Kirche und Theologie (Gütersloh 1966), gezeigt hat, spielt zum mindesten für die evangelische Theologie der Kirchenbegriff erst eine zentrale Rolle, seitdem sich diese der Geschichte als theologischem Problem zugewandt hat. Auch in der katholischen Theologie hat sich die Kirche als selbständiger Gegenstand theologischen Denkens – im Sinne einer verselbständigten Ekklesiologie erst im 20. Jahrhundert konstituiert. Vgl. *R. Aubert,* a. a. O. 33 ff. und unten 6.1.

[3] So z. B. *H. Küng:* „Der Begriff der Kirche wird wesentlich mitbestimmt von der jeweiligen geschichtlichen Gestalt der Kirche... Es gibt ein Identisches, aber nur im Variablen; ein Kontinuum, aber nur im Ereignis; eine Ständigkeit, aber nur in der wechselnden Erscheinung; kurz ein Wesen der Kirche, aber dieses nicht in metaphysischer Unbeweglichkeit, sondern in einer stets wandelbaren geschichtlichen Gestalt“ (Die Kirche [Freiburg i. Br. 1969] 14 ff.).

161

[4] Die soziographische Methode wurde zuerst in Frankreich systematisch von *G. Le Bras* und seinen Schülern entwickelt. Einen guten Überblick über die geleistete Forschungsarbeit in diesem Bereich geben *W. u. H. P. M. Goddijn,* Kirche als Institution – Eine Einführung in die Religionssoziologie (Mainz 1963) (mit Bibliographie); vgl. auch Kap. 1, Anm. 19. Die wichtigsten Forschungsinstitute sind in der FERES (Fédération Internationale des Instituts Catholiques de Recherches Socio-Religieuses et Sociales) zusammengeschlossen.

[5] Vgl. z. B. das von der amtlichen Zentralstelle für kirchliche Statistik des katholischen Deutschland herausgegebene „Kirchliche Jahrbuch".

[6] Zum Beispiel scheinen Katholiken im Durchschnitt politisch weniger informiert als der Rest der Bevölkerung, und zwar scheint die Information mit zunehmender Kirchlichkeit zu sinken. Vgl. als Überblick *A. Burger,* Religionszugehörigkeit und soziales Verhalten (Göttingen 1964).

[7] Für die empirischen Untersuchungen vgl. den zusammenfassenden Bericht Nr. 42 der Abteilung kirchliche Sozialforschung im Sozialinstitut des Bistums Essen: ‚Zum Begriff und zu den sozialwissenschaftlichen Meßmethoden der Religiosität'. Vervielfältigtes Manuskript (Essen 1966). – Der gründlichste theoretische Versuch einer Nutzbarmachung psychologischer und soziologischer Einsichten für die Interpretation von ‚Religiosität' oder ‚Gläubigkeit' stammt von einem Jesuiten, *Hervé Carrier,* Psycho-Sociologie de l'appartenance religieuse (Rom 1960). Carrier vermeidet es jedoch sorgfältig, die Frage nach dem theologischen Stellenwert seiner Thesen aufzuwerfen. – Für eine nähere Erörterung der Messung und Interpretation kirchenbezogener sozialpsychologischer Einstellungen siehe *F. X. Kaufmann,* Zur Bestimmung und Messung von Kirchlichkeit in der Bundesrepublik Deutschland, in: IJRS, Bd. 4: Beiträge zur religionssoziologischen Forschung (Köln – Opladen 1968) 63–99. Abgedruckt in: *J. Matthes,* Kirche und Gesellschaft, rde 312/13 (Reinbek bei Hamburg 1969) 207–242; *U. Boos-Nünning,* Dimensionen der Religiosität. Zur Operationalisierung und Messung religiöser Einstellungen (München und Mainz 1972).

[8] Eine Reihe wertvoller Überlegungen finden sich auch in den Kommentaren zur ‚Spiegel-Umfrage'. Vgl. ‚Was glauben die Deutschen?' – hrsg. v. *W. Harenberg,* bes. den Beitrag von *N. Greinacher.*

[9] Vgl. *F. Haarsma,* Die Lehre der Kirche und der Glaube ihrer Glieder, in: *F. Haarsma – W. Kasper – F. X. Kaufmann,* Kirchliche Lehre, Skepsis der Gläubigen (Freiburg i. Br. 1970) 9–36 127–132.

[9a] Bezeichnenderweise wurden zunächst die Ergebnisse der offiziell von den Bischöfen durchgeführten ‚Umfrage unter allen Katholiken' praktisch ohne Kommentar veröffentlicht (vgl. SYNODE, Amtliche Mitteilungen der Gemeinsamen Synode in der Bundesrepublik Deutschland, 1970/71, passim), und ihr Einfluß auf die Synodenarbeit blieb gering. Der kürzlich veröffentlichte Forschungsbericht über die Repräsentativbefragung des Instituts für Demoskopie (*G. Schmidtchen,* Zwischen Kirche und Gesellschaft, Freiburg i. Br. 1972) versuchte in erster Linie, die sozialpsychologische Funktion der Kirche darzustellen. Das Material wird deshalb von sozialpsychologischen Theorien her strukturiert. Für eine Diskussion der Ergebnisse müssen nicht nur die Daten, sondern auch die ihrer Interpretation zugrunde liegenden Theorien und interpretativen Kunstgriffe mit bedacht werden. Vgl. hierzu meine Besprechung des Forschungsberichts in Herder-Korrespondenz 26. Jg. (1972), Heft 10, S. 505–509, sowie die Diskussion der Besprechung, ebd., Heft 12 (Dezember 1972).

[10] Vgl. z. B. *O. Schreuder,* Gestaltwandel der Kirche – Vorschläge zur Erneuerung (Olten – Freiburg 1967); *H. Hoefnagels,* Demokratisierung der kirchlichen Autorität (Wien 1969). – Die seit 1970 vom Chr. Kaiser-Verlag in München und dem Matthias Grünewald-Verlag in Mainz gemeinsam publizierte, breitangelegte Schriftenreihe ,Gesellschaft und Theologie' dürfte zu einem Kristallisationspunkt dieser Interessen werden.

[11] Vgl. FAZ vom 8. 12. 1969.

[12] So versuchte beispielsweise die Una-Voce-Bewegung – ebenfalls in Zusammenarbeit mit dem Institut für Demoskopie in Allensbach –, aus einer von ihr in Auftrag gegebenen Meinungsumfrage Argumente für eine verstärkte Beibehaltung des Lateinischen im liturgischen Gebrauch herzuleiten. Vgl. *E. M. de Saventhem,* Die deutschen Katholiken und das Konzil, in: Wort und Wahrheit 22 (1967) 249–262. – Vgl. auch *W. Siebel,* Freiheit und Herrschaftsstruktur in der Kirche (Berlin 1971).

[13] Dennoch impliziert die Anwendung auch solcher Methoden bereits bestimmte Vorentscheidungen, z. B. hinsichtlich des zugrunde liegenden Erfahrungsbegriffs: Wer ,Kirchlichkeit' oder ,Religiosität' mit den Mitteln empirischer Sozialforschung untersuchen will, setzt unabhängig von der näheren theoretischen Bestimmung dieser Begriffe bereits voraus, daß es sich hier um mit Hilfe von Befragungen erfaßbare Phänomene handele. Vgl. Abschnitt 2, S. 106 ff.

[14] Als deutschsprachiges, methodologisches Standardwerk kann das von *R. König* herausgegebene Handbuch der empirischen Sozialforschung, Bd. I (Stuttgart 1967) gelten. Zur Einführung sei empfohlen: *R. Mayntz – P. Hübner – K. Holm,* Einführung in die Methoden der empirischen Soziologie (Köln – Opladen 1969).

[15] Diese Begriffsbestimmung ergibt sich aus dem Umstand, daß zahlreiche Institute, z. B. kommerzielle Markt- und Meinungsforschungsinstitute, errichtet wurden, die sich vor allem der im folgenden erläuterten Methode bedienen. Auch die von *F. Haarsma* zitierten empirischen Untersuchungen sind größtenteils diesem Typus zuzurechnen.

[16] Fragen werden ,geschlossen' genannt, wenn dem Befragten nur eine beschränkte Zahl von Antwortmöglichkeiten vorgegeben werden bzw. wenn der Interviewer gehalten ist, die Antworten der Befragten nach einem vorgegebenen Schema zu klassifizieren. Zum Beispiel: Gehen Sie sonntags zur Kirche? Antwortmöglichkeiten: Immer – meistens – ab und zu – nie. Bei ,offenen' Fragen werden die Antworten der Befragten wörtlich oder sinngemäß notiert und erst nachträglich zu Antwortklassen zusammengefaßt. Die Aussagekraft der heute sowohl aus wirtschaftlichen wie aus forschungstechnischen Gründen meist bevorzugten geschlossenen Fragestellungen ist sowohl vom Fragenthema wie auch von der Formulierung der Fragen und Antwortvorgaben abhängig. Der Forscher muß hier nach Möglichkeit sämtliche forschungsrelevanten Antwortmöglichkeiten, die im Horizont der Befragten liegen, antizipieren. In vielen Fällen – z. B. bei Fragen nach dem Verhalten in bestimmten Situationen (politische Wahlen, Kirchenbesuch, Sakramentenempfang etc.) – ist das relativ leicht möglich, weil die Situationen oder die in ihnen enthaltenen Möglichkeiten institutionell vordefiniert sind. Bei Fragen nach Motiven, Einstellungen und subjektiven Präferenzen ist dieses Vorgehen weit problematischer.

[17] Diese methodische Kritik muß auch gegenüber der umfassend angelegten ,Spiegel-Umfrage', insbesondere der Erstveröffentlichung in der Zeitschrift ,Der Spiegel' vom 18. 12. 1967, vorgebracht werden. Im ausführlichen Bericht – vgl. Anm. 8 – zeigt vor allem der Beitrag von *E. Golomb,* welche zusätzlichen Interpretationsmög-

lichkeiten bereits die korrelationsstatistische Analyse bietet. Der Forschungsbericht *Schmidtchens* über die Synodenumfragen (vgl. Anm. 9a) ist methodisch die bisher anspruchsvollste Arbeit auf dem Gebiet der empirischen Religionssoziologie.

[18] Es kann auch mit Hilfe ‚projektiver Fragen' versucht werden, vorbewußte Tatbestände zu erforschen, doch gilt für sie das oben Gesagte in noch verstärktem Maße.

[19] *F. Haarsma,* a. a. O. 13.

[20] Vgl. *A. M. Greely – P. H. Rossi,* The Education of Catholic Americans (Chicago 1966). Zit. *F. Haarsma,* a. a. O. 13 f.

[21] Hierzu ein bezeichnendes Beispiel: Wir haben in einer Repräsentativumfrage unter der männlichen Bevölkerung der Bundesrepublik den Befragten folgende Aussagen zur Zustimmung oder Ablehnung vorgelegt: a) Ich gehe, wenn möglich, jeden Sonntag zur Kirche. b) Ich gehe mindestens einmal im Monat zur Kirche. 21% der Landeskirchlich-Evangelischen stimmten Aussage a) und 39% der Aussage b) zu. Bei den Katholiken ergab sich jedoch ein umgekehrtes Häufigkeitsverhältnis: 56% stimmten Aussage a) und nur 47% Aussage b) zu, also eine ‚unlogische' Reaktion. Bei den Evangelischen ergab sich auch eine hohe Korrelation zwischen beiden Aussagen, d. h., wer Aussage a) zustimmte, stimmte mit hoher Wahrscheinlichkeit auch Aussage b) zu. Bei den Katholiken war die Korrelation dagegen recht niedrig. Das ist so zu erklären, daß für Katholiken die Aussage ‚Ich gehe mindestens einmal im Monat zur Kirche' ein von der Kirche verpöntes soziales Verhaltensmuster darstellt; man hat nicht ‚mindestens einmal im Monat', sondern, wenn möglich, jeden Sonntag zur Kirche zu gehen (vgl. *F. X. Kaufmann,* a. a. O. 81). Das Beispiel zeigt auch, daß Fragen, die ein bestimmtes Verhalten des Befragten anvisieren, von diesem anders, nämlich als Stellungnahme zu einer bestimmten Norm, interpretiert werden können.

[22] Bei einer gründlich vorbereiteten Umfrage wird das zu untersuchende Thema zunächst mit anderen Methoden, z. B. Gruppendiskussionen oder offenen Interviews, vorbereitet, bei denen sich relativ einfache Formulierungen eines Problems oder einer möglichen Antwort durch den Befragten ergeben, die nicht selten dann in den Fragebogen übernommen werden und erfahrungsgemäß eher eine höhere Trennschärfe besitzen als die am ‚grünen Tisch' ausgedachten Fragen und Antworten.

[23] A. a. O. 13, 15.

[24] Näheres siehe *F. X. Kaufmann,* a. a. O. 68 ff. 86 f.

[25] Mit dem charakteristischen Unterschied allerdings, daß der Interviewer in jedem Falle gehalten ist, seine eigene Auffassung zu einem Themenkomplex nicht kundzutun. Gerade darin unterscheidet sich die Befragungssituation vom dialogischen Glaubensgespräch, in dem Glauben als intersubjektive Gewißheit erst manifest werden kann. Vgl. auch *F. Haarsma,* a. a. O. 17.

[26] Wenn im Hinblick auf die gemeinsame Synode der deutschen Bistümer nach neuen Impulsen gesucht werden soll, wenn es „gerade auf die Vielfalt der Meinungen, auf die Ansichten kleiner und kleinster Gruppen ... den deutschen Bischöfen bei der Umfrage unter dem deutschen Kirchenvolk ... an(kommt)" (*A. v. Kirschhofer,* Institut für Demoskopie: Fragen an das deutsche Kirchenvolk. 20 Millionen Katholiken werden um Auskunft gebeten. Vervielfältigte Beilage zur Pressekonferenz vom 20. 4. 70, S. 3), so ist die schematisierte Totalerhebung gerade kein geeignetes Mittel hierzu. Solche kleinen Gruppen werden ihre Anliegen nur in individuellen Formulierungen vortragen können, und es scheint mir nicht die geringste Aufgabe der Synode, aus der Vielzahl zerstreuter Glaubensimpulse das aufzunehmen, was

in einem übergreifenden Sinnzusammenhang formulierbar erscheint. Soll aus dem monströsen Umfragenaufwand für die Synode tatsächlich ein „Dialog der deutschen Katholiken über die Themen der Synode" erwachsen, liegt den Bischöfen wirklich daran, „daß von Anfang an möglichst viele deutsche Katholiken an den Überlegungen teilnehmen und aus ihrer beruflichen und persönlichen Erfahrung zur Bearbeitung der Fragen beitragen" (Pressekonferenztext), so kann nur dazu geraten werden, die bei Bistümern und Synodensekretariat hoffentlich als Folge dieser Umfrage eingehende Brieflut sorgfältig zu sichten und nach inhaltsanalytischen Gesichtspunkten auszuwerten. Methodische Vorarbeiten bestehen beim holländischen Pastoralkonzil. Vgl. Brieven aan het Pastoraal Concilie, samengesteld door het Instituut voon Toegepaste Sociologie (o. O., 1968) sowie seitens der Arbeitsgruppe, die im Auftrag des Zweiten Deutschen Fernsehens die Hörerbriefe des Postfachs Synode auswertet. Vgl. *N. Greinacher* u. a., 2000 Briefe an die Synode (Mainz 1971).

[27] *F. Haarsma*, a. a. O. 9.

[28] Vgl. ebd. 31.

[29] Man könnte beispielsweise sämtliche Antworten auf Glaubensfragen, die in der ‚Spiegel-Umfrage' gestellt wurden, miteinander korrelieren und einer Faktorenanalyse unterziehen, gegebenenfalls getrennt nach Konfessionen. Ließe sich ein sogenannter ‚genereller Faktor' ermitteln, in dem die theologisch zentralen Aussagen eine besonders hohe Ladung aufweisen, würde damit obige Hypothese gestützt. Sollten dagegen eher traditional orientierte Aussagen den Inhalt des generellen Faktors bestimmen, müßten hinsichtlich der theologischen Qualität des verbreiteten Glaubens größere Vorbehalte gemacht werden.

[30] Hierfür sprechen vor allem theoretische Überlegungen, die Frage ist noch wenig untersucht. Vgl. immerhin *W. W. Schroeder – V. Obenhaus,* Religion in American Culture (Glencoe – London 1964) bes. 93 ff. 241. Leider ist diese von Theologen angeregte, von der Fragestellung her interessante Studie methodisch weitgehend verfehlt.

[31] Im Bereich der Psychologie wären hier vor allem die Denk- und Wahrnehmungspsychologie, im Bereich der Soziologie die Sprach- und Wissenssoziologie heranzuziehen. Die folgenden Überlegungen wurden vor allem angeregt von: *G. M. Vernon,* The Symbolic Interactionist Approach to the Sociology of Religion, in: IJRS, Bd. 2 (1966), Theoretische Aspekte der Religionssoziologie (I), 135–155. *P. L. Berger – Th. Luckmann,* Secularisation and Pluralism, ebd. S. 73–86.

[32] Soziologisch gesehen, wäre deshalb vom ‚Tode Gottes' insoweit zu sprechen, als ein bestimmter Bewußtseinsinhalt ‚Gott' seine gesellschaftliche oder menschliche Wirksamkeit verloren hat. Die Wirksamkeit eines bestimmten Bewußtseinsinhalts läßt sich am besten daran erkennen, inwieweit er auf folgende Generationen übertragen wird. Dieser Gedanke wird wesentlich interessanter, wenn man berücksichtigt, daß das Wortsymbol ‚Gott' sehr unterschiedliche Bewußtseinsinhalte decken kann.

[33] Die Monopolisierung des kirchlichen Wissens durch den Klerikerstand geht selbstverständlich bis ins Mittelalter zurück, wurde jedoch so lange nicht manifest, als die sich in partiellem Gegensatz zur Klerikerkultur entwickelnde Laienkultur sich noch nicht voll emanzipiert hatte. Zu diesem Emanzipationsprozeß vgl. *J. Matthes,* Religion und Gesellschaft, rde 279/280 (Reinbek bei Hamburg 1967) bes. S. 33 f.

[34] Vgl. hierzu *N. Greinacher,* Der Glaube wird anders, in: Was glauben die Deutschen?, a. a. O. 123–151.

[35] Diese These wurde zuerst von *Th. Luckmann,* Das Problem der Religion in der modernen Gesellschaft. Institution, Person und Weltanschauung (Freiburg i. Br. 1963), pointiert herausgearbeitet. Zum Problem des Auseinandertretens von gesellschaftlichen und subjektbezogenen Stabilitätsbedingungen infolge zunehmender gesellschaftlicher Differenzierung vgl. auch *F. X. Kaufmann,* Sicherheit als soziologisches und sozialpolitisches Problem. Untersuchungen zu einer Wertidee hochdifferenzierter Gesellschaften (Stuttgart 1970) bes. 192 ff. 248 ff.

[36] Daß gerade dies zunehmend nicht mehr möglich sei, ist eine zentrale Schlußfolgerung der Hörerbriefauswertung beim ZDF. Vgl. 2000 Briefe an die Synode, a. a. O., Kap. 6.

[37] Vgl. *H. Hoefnagels,* Kirche in veränderter Welt (Essen 1964) Kap. 2.

[38] Dieses Idealbild scheint mir deshalb auch selbst durch die gegenwärtige soziokulturelle Lage des Christentums in hochdifferenzierten Gesellschaften bestimmt.

[39] Zahlreiche Hinweise hierzu finden sich bei *G. Le Bras,* Études de Sociologie religieuse, 2 Bde. (Paris 1955).

[40] Charakteristisch hierfür ist etwa folgende Denkfigur *Karl Rahners:* „Der Beitrag über psychologische und soziologische Aspekte des modernen Atheismus wäre mißverstanden, wenn der Leser sich dabei nicht bewußt bliebe, worüber gesprochen, worüber nicht gesprochen wird; es handelt sich hier und auch in anderen Beiträgen um spezifisch soziologisch-psychologische Momente des Gottesverhältnisses bzw. des Atheismus, nicht um die metaphysische und theologische Frage nach der Wahrheit der Existenz Gottes. Gerade der ‚pastoral‘ aufgeschlossene Leser wird für diese unbefangene ‚Empirie‘ empfänglich sein" (aus dem Vorwort zu Heft 3 [1967] der Zeitschrift ‚Concilium‘, das dem Problem des Atheismus aus pastoraltheologischer Sicht gewidmet ist).

[41] So z. B. *D. O. Moberg:* „To succeed in accomplishing its purposes in the modern world, the church must plan systematically for the future. Ideally this includes the application of social research methodology to analyze and interpret its structure and functions in relation to the entire changing society of which it is a part. As it does this, many of the latent ill effects (dysfunctions) of organized religion can be avoided and its contributions to individuals and society (functions) can be promoted more effectiveley; both the ends and means for church organization and processes need careful scientific evaluation guided by the normative goals of the church" (The Church as a Social Institution [Englewood Cliffs, N. J., 1962] 520).

[42] Vgl. *F. Haarsma,* a. a. O. 13.

[42a] Von denjenigen Deutschen, die an die leibliche Auferstehung bzw. an die Gottessohnschaft Jesu glauben, beantworten über 90% die Gottesfrage positiv. Vgl. Was glauben die Deutschen?, a. a. O. 63.

[43] Aus der Kumulation von einem guten Dutzend kirchenlehrekonformer Antworten wurde in der Spiegel-Umfrage der statistische Typus des ‚Katechismus-Katholiken‘ konstruiert, und es zeigt sich erwartungsgemäß, daß davon über 90% an Fegefeuer und Hölle glauben. 88% verneinen dagegen die Frage, ob sie schon irgendwann an Gott gezweifelt haben. Unter der Voraussetzung der Gültigkeit aller Antworten müßten somit vom Standpunkt einer Theologie des ‚angefochtenen Glaubens‘ (vgl. *F. Haarsma,* a. a. O. 34) erhebliche Zweifel an der existentiellen Gläubigkeit dieser katholischen ‚Musterschüler‘ geäußert werden.

[44] So bemerkt z. B. *H. Hammans* hinsichtlich der in diesem Zusammenhang besonders interessanten Kategorie des ‚Glaubenssinns‘ („eine Art spontaner Urteilskraft

in Dingen des Glaubens"): „Klar ist, daß er unter dem Einfluß des Glaubenslichtes und der Gaben des Heiligen Geistes steht. Weniger klar ist, an welches natürliche Substrat dieses Wirken anknüpft." Vgl. die neueren katholischen Erklärungen der Dogmenentwicklung in: Concilium 3 (1967) Heft 1, 56.

[45] Erst allmählich scheint sich die Einsicht Bahn zu brechen, daß solche Einheit auch in einer durchaus akzeptierten Vielfalt gegeben sein könnte. Vgl. *K. Rahner,* Der Pluralismus in der Theologie und die Einheit des Bekenntnisses in der Kirche, in: Concilium 5 (1969) Heft 6/7, 462–471. – Vgl. auch *F. Haarsma,* a. a. O. 25 f. Im Bereiche des deutschen Katholizismus scheint dem Begriff der Einheit eine stark ideologische Komponente anzuhaften. In gewissem Sinne manifestiert sich darin die Unfähigkeit und der Unwille, sich auf eine komplexer gewordene Wirklichkeit einzulassen. Vgl. hierzu bereits *C. Amery,* Die Kapitulation oder Deutscher Katholizismus heute (Reinbek bei Hamburg 1963) bes. 35 ff., 78.

DRITTES KAPITEL: Norm und Freiheit

[1] *J. M. Pohier,* Remarques d'un théologien, in: Supplément de la vie spirituelle, Nr. 90 (Sept. 1969) 345–354.
[2] Ebd. 349 (von mir übersetzt).
[3] ,Passen' hier im Sinne von Köhlers Begriff des ,requiredness'. Vgl. *W. Köhler:* The Place of Value in a World of Facts (New York 1938) bes. 93 ff. Dieser Sinn von ,tauglich', ,passend' ist übrigens der ursprüngliche Sinn des deutschen Adjektivs ,gut'. Vgl. Deutsches Wörterbuch (begr. v. *J.* u. *W. Grimm*), Bd. IV, I, 6, Sp. 1228.
[4] Eine umfassende Analyse des soziologischen Sprachgebrauchs gibt *R. Lautmann,* Wert und Norm – Begriffsanalyse für die Soziologie (Köln – Opladen 1969).
[5] Der technische Normbegriff (im Sinne von ,Winkelmaß', ,dem Winkelmaß entsprechend') hat sich ebenfalls erhalten: z. B. Herstellungsnormen in der Industrie. Moralische Normen beziehen sich ebenfalls auf menschliches Verhalten bzw. Handeln und stellen in der beschreibenden Sprache der Soziologie eine besondere Klasse sozialer Normen dar. Eine gute Einführung in die soziologische Reflexion ,Sozialer Normen' gibt der gleichnamige Aufsatz von *H. Popitz* in: Europäisches Archiv für Soziologie, Bd. II (1961) Heft 2, 185–198. Vgl. auch *G. Spittler,* Norm und Sanktion, Untersuchungen zum Sanktionsmechanismus (Olten – Freiburg 1967).
[5a] Eine wesentlich breitere Konzeption des Normbegriffs vertritt neuerdings *N. Luhmann.* Vgl. insbesondere: Normen in soziologischer Perspektive, in: Soziale Welt, 20. Jg. (1969), 28–48. – Dieser Ansatz eignet sich jedoch m. E. weniger, um die spezifisch moralwissenschaftlichen – und praktischen – Probleme des Normbegriffs zu fassen.
[6] Vgl. hierzu ausführlicher: *F. X. Kaufmann,* Die Ehe in sozialanthropologischer Sicht, in: *F. Böckle* (Hrsg.), Das Naturrecht im Disput (Düsseldorf 1966) bes. 51 ff., sowie *ders.,* Wissenssoziologische Überlegungen zu Renaissance und Verfall des katholischen Naturrechtsdenkens im 19. und 20. Jahrhundert, in: *E. W. Böckenförde – F. Böckle,* Naturrecht in der Kritik (Mainz 1973) bes. Abschnitt V.
[7] Zum Beispiel mit dem Aufkommen der Verkehrswirtschaft wurde das Zinsverbot mehr und mehr zu einer Benachteiligung, mit dessen Einhaltung keine positiven Sanktionen mehr (z. B. Anerkennung als ,rechtschaffener Mann') verbunden waren.

Wer keinen Zins nahm, verhielt sich nicht situationsgemäß, war ‚dumm'. Ein solches Verbot kann sich nur so lange halten, als die negativen Sanktionen, z. B. im Beichtstuhl, stark genug sind. Ähnliches scheint sich heute im Bereich der Geburtenkontrolle zu vollziehen.

[8] Eine gute Schilderung des ‚oikos' gibt *O. Brunner, Das ‚ganze Haus'* und die alteuropäische Ökonomik, in: Neue Wege der Sozialgeschichte, Vorträge und Aufsätze (Göttingen 1956).

[9] Ich formuliere bewußt pointiert, um den zentralen Gedankengang hervortreten zu lassen; natürlich wären hier zahlreiche historische Erwägungen und Abgrenzungen vorzunehmen.

[10] Der sozialgeschichtliche Vorgang einer Agrarisierung des Christentums, das ja ursprünglich eine großstädtische Religion gewesen ist, wird in seinen wissenssoziologischen Konsequenzen m. E. von der katholischen Theologie auch heute noch zuwenig bedacht. *C. Brockmöllers* Versuch (Industriekultur und Religion, 1964) sieht zwar das Problem, kommt jedoch m. E. zu falschen Schlußfolgerungen, weil sein Begriff der ‚Industriekultur' an der Oberfläche der gesellschaftlichen Wandlungen verbleibt.

[11] Die folgenden Gedankengänge habe ich in meiner Schrift „Sicherheit als soziologisches und sozialpolitisches Problem. Untersuchungen zu einer Wertidee hochdifferenzierter Gesellschaften" (Stuttgart 1970) ausführlicher entwickelt und begründet. Vgl. bes. S. 192 ff. u. 234 ff.

[12] Vgl. hierzu zuerst *G. Simmel,* Über soziale Differenzierung. Sociologische und psychologische Untersuchungen (Leipzig 1890), sowie *ders.,* Soziologie (Leipzig 1908) Kap. VI, X.

[13] Zahlreiche Gesellschaftsanalysen und geistige Strömungen des 20. Jahrhunderts konvergieren in der Diagnose eines ‚Konflikts der modernen Kultur' (Simmel), die dem Menschen die Alternative und Selbstverwirklichung oder der Selbstverfehlung anbiete. Besonders deutlich wird dies im Existentialismus, aber auch in den verschiedenen tiefenpsychologischen Richtungen. Die Nomenklatur der Begriffe ist vielfältig: Autonomie, Personalität, Identität, Selbstverwirklichung, Mündigkeit usw. einerseits; Verfallenheit (M. Heidegger), Außenleitung (D. Riesman), Entfremdung (K. Marx), autoritärer Charakter (Th. W. Adorno) usw. andererseits. Im vorliegenden Zusammenhang muß darauf insistiert werden, daß es sich hier um *spezifisch neuzeitliche Alternativen* handelt, um eine Problemstellung also, die etwa der mittelalterlichen Philosophie als existentielle Denkmöglichkeit kaum gegeben war.

[14] Auch die Rede von der ‚Gefährdung des Menschen' – die von Nicolai Hartmann bis zu Konrad Lorenz das anthropologische Denken des 20. Jahrhunderts durchzieht – muß als Reflex dieser Konstellation gesehen werden.

[15] Vgl. z. B. das exemplarische Beispiel des Konflikts zwischen familiärer und nationaler Moralität bei *J.-P. Sartre,* L'existentialisme est un humanisme (Paris 1954) 39 ff.

[16] Vgl. hierzu demnächst *N. Luhmann.* Das Phänomen des Gewissens und die normative Selbstbestimmung der Persönlichkeit, in: *E. W. Böckenförde – F. Böckle,* Naturrecht in der Kritik (Mainz 1973).

[17] Es ist deshalb auch fraglich, ob etwa die normative Rezeption des sich anbietenden soziologischen Rollenbegriffs hier weiterhilft.

[1] So unterscheidet z. B. E. *Wolf* neun verschiedene, für den Naturrechtsbegriff relevante Naturbegriffe. Vgl. Das Problem der Naturrechtslehre. Versuch einer Orientierung (Karlsruhe ²1959). – *Ph. Delhaye* spricht von „zwanzig möglichen Naturbegriffen". Vgl. Art. Naturrecht, in: Lexikon für Theologie und Kirche (Freiburg i. Br. ²1962) Bd. VII., Sp. 823.

[2] Dieser Versuchung entgeht auch nicht die im übrigen sehr sorgfältig erarbeitete Analyse von *H. D. Schelauske,* Naturrechtsdiskussion in Deutschland. Ein Überblick über zwei Jahrzehnte: 1945–1965 (Köln 1968).

[3] Vgl. z. B. *E. Wolf,* a. a. O., und *H. Welzel,* Naturrecht und materiale Gerechtigkeit (Göttingen ⁴1962).

[4] In dieser Kurzfassung einer umfangreicheren Arbeit zur Naturrechtsthematik wurden vor allem diejenigen Argumentationen beibehalten, die für eine Soziologie des Katholizismus von Bedeutung sind. Die Argumentationen zur Naturrechtsproblematik i. e. S. wurden dagegen thesenhaft verkürzt. Wer sich mit den hier vorgetragenen Thesen kritisch auseinandersetzen will, sei auf den Originalbeitrag verwiesen: Wissenssoziologische Überlegungen zu Renaissance und Niedergang des katholischen Naturrechtsdenkens im 19. und 20. Jahrhundert, in: *E. W. Böckenförde – F. Böckle* (Hrsg.), Naturrecht in der Kritik (Mainz 1973).

[4a] Nicht berücksichtigt werden in unserer Untersuchung die erheblichen Variationen des Verhältnisses von ‚Kirche', ‚Staat' und ‚Gesellschaft', wie sie sich in den unterschiedlichen nationalen Entwicklungen (und ihrer gedanklichen Verarbeitung) manifestieren. Vgl. hierzu neuerdings aus politikwissenschaftlicher Perspektive die Aufsatzsammlung von *H. Maier,* Kirche und Gesellschaft (München 1972) bes. 34–57. Auch Maier stellt eine Konvergenz der unterschiedlichen Verhältnistypen von ‚Kirche' und ‚Staat' fest, die dem aufgrund einer Theorie gesellschaftlicher Differenzierung zu erwartenden Verhältnis funktional spezialisierter gesellschaftlicher Teilbereiche entspricht.

[5] Eine bemerkenswerte sozialgeschichtliche Beschreibung der hier anvisierten Entwicklung gibt *N. Elias,* Über den Prozeß der Zivilisation, 2 Bde. (1939) (Bern ²1969).

[6] Vgl. hierzu *N. Luhmann,* Rechtssoziologie. rororo-studium, Bde. 1 und 2 (Reinbek bei Hamburg 1972) bes. 186 f. 197 ff.

[7] *L. Taparelli,* Saggio teoretico di diritto naturale appoggiato sul fatto. 2 Bde. (Palermo 1840) (deutsch: Regensburg 1845). – Die italienische Ausgabe erschien 1857 bereits in 6. Auflage!

[8] *J. Fuchs,* Lex naturae. Zur Theologie des Naturrechts (Düsseldorf 1955) 12.

[9] Eine unserer Darstellung im wesentlichen entsprechende, knappe Argumentation geben *Th. Meyer,* Art. ‚Naturrecht', in: Staatslexikon, hrsg. im Auftrag der Görres-Gesellschaft (Freiburg i. Br. ¹1894) Bd. III, Sp. 1423–1443; (²1903) Bd. IV, Sp. 48–68; (³1910) Bd. III, Sp. 1292–1314 (rev. *V. Cathrein*) und *Viktor Cathrein,* Recht, Naturrecht und positives Recht (Freiburg i. Br. ²1909) 221–227. Letzterer gipfelt in der Feststellung: „Es kann deshalb kein Zweifel daran bestehen: Vernunft und kirchliche Lehrautorität bezeugen in unzweideutigster Weise, daß es ein *wahres, eigentliches Naturrecht* gibt, d. h. ein Recht, das nicht erst von den Menschen eingeführt oder eingesetzt wird, sondern durch die *Natur selbst oder, besser, den Urheber der Natur* besteht. Dieses Naturrecht erhebt nicht bloß Anspruch ,auf künftige Geltung', nein, es hat gegolten, seit es Menschen gibt, und es wird auch in Zukunft

gelten, solange Menschen auf Erden in Gesellschaft leben" (S. 277, Hervorhebungen im Original). – Vgl. etwa auch: *G. M. Manser,* Das Naturrecht in thomistischer Beleuchtung (Freiburg i. Br. 1944) 62–102; *J. Messner,* Das Naturrecht. Handbuch der Gesellschaftsethik, Staatsethik und Wirtschaftsethik. I. Buch, I. Teil (Innsbruck ⁵1966) 23–148; *F. Klüber,* Naturrecht als Ordnungsnorm der Gesellschaft. Der Weg der katholischen Gesellschaftslehre (Köln 1966) 9–16.

[10] Vgl. vor allem: *E. Troeltsch,* Das stoisch-christliche Naturrecht und das moderne profane Naturrecht, in: Historische Zeitschrift, Bd. 106 (1911) 237–267; *ders.,* Die Soziallehren der christlichen Kirchen und Gruppen (Tübingen ³1923); *A. M. Knoll,* Katholische Kirche und scholastisches Naturrecht – Zur Frage der Freiheit (Neuwied – Berlin ²1968); *E. Topitsch,* Vom Ursprung und Ende der Metaphysik (Wien 1958); *ders.,* Sozialphilosophie zwischen Ideologie und Wissenschaft (Neuwied – Berlin ²1966); *ders.,* Mythos, Philosophie, Politik – Zur Naturgeschichte der Illusion (Freiburg i. Br. 1969).

[11] Ein gutes Beispiel hierfür stellt der große Naturrechtsartikel in der 6. Auflage des für den deutschen Katholizismus einflußreichen Staatslexikons dar. Vgl. hierzu den in Anm. 4 erwähnten ausführlicheren Beitrag.

[12] Vgl. z. B. die gründliche Studie von *E. E. Y. Hales,* Papst Pius IX., Politik und Religion (a. d. Engl.) (Graz 1957). Mit einem Nachwort von *Andreas Posch:* Die kirchenpolitischen Ereignisse in Österreich und Deutschland während des Pontifikats Pius' IX.

[13] Vgl. z. B. *K. Buchheim,* Ultramontanismus und Demokratie. Der Weg der deutschen Katholiken im 19. Jahrhundert (München 1963); *H. Lutz,* Demokratie im Zwielicht. Der Weg der deutschen Katholiken aus dem Kaiserreich in die Republik 1914–1925 (München 1963); *Cl. Bauer,* Deutscher Katholizismus (Frankfurt a. M. 1964); *R. Morsey,* Die deutsche Zentrumspartei 1917–1923 (Düsseldorf 1966).

[14] Vgl. z. B. *N. Luhmann,* Soziologie als Theorie sozialer Systeme (1967), Neudruck in: Soziologische Aufklärung. Aufsätze zur Theorie sozialer Systeme (Köln – Opladen 1970) 113–136.

[15] Einen Überblick sowie erste Ansätze einer Theorie „gesellschaftlicher Systeme von Religion" gibt *J. Matthes,* Kirche und Gesellschaft. Einführung in die Religionssoziologie II (Reinbek bei Hamburg 1968) bes. 123 ff.

[16] *E. Rosenstock* (-Huessy), Religio depopulata. Zu Josef Wittigs Ächtung (Berlin 1926) 10.

[17] Diesem Aspekt des deutschen Katholizismus wird – bei gleichzeitiger Überbewertung der Zentrumspartei – im einschlägigen Schrifttum u. E. zu geringe Bedeutung beigemessen. Wissenschaftliche Untersuchungen fehlen noch weitgehend. Zur Information vgl. *O. W. Roegele,* L'organisation du catholicisme allemand, in: *F. X. Arnold* u. a., Catholicisme allemand (Paris 1956) 130–150; *K. Forster* (Hrsg.), Katholizismus und Kirche. Zum Weg des deutschen Katholizismus nach 1945 (Würzburg 1965); *J. Oelinger,* Organisierte Verantwortung. Zeitfragen der katholisch-sozialen Verbände (Köln 1967).

[18] Heute, da eine neue ‚politische Theologie' die Parteilichkeit der Katholiken in ‚progressiver' Absicht zu mobilisieren sucht, wird diese Unterscheidung auch von ‚konservativer' Seite zugegeben. Vgl. *H. Barion,* Kirche oder Partei? Römischer Katholizismus und politische Form, in: Der Staat, 4. Bd. (1965) 131–176, bes. 163 ff.

[19] Vgl. vor allem *C. Amery,* Die Kapitulation oder deutscher Katholizismus heute (Reinbek bei Hamburg 1963). – Zum Verhältnis von „Religion und Milieu" vgl.

H. Hoefnagels, Kirche in veränderter Welt. Religionssoziologische Gedanken (Essen 1964) 35–55.

[20] Unsere Analyse trifft sich hier weitgehend mit derjenigen von *Troeltsch* (vgl. vor allem: Das stoisch-christliche Naturrecht..., a. a. O. 247 ff.), allerdings mit umgekehrten Vorzeichen: Die Rezeption des stoischen Naturrechtsdenkens hatte eine ,Kirche' und ,Gesellschaft' integrierende, die Urgierung des Naturrechtsdenkens durch die Päpste seit Pius IX. eine beide segregierende Funktion.

[21] Vgl. außer der in Anm. 13 genannten Literatur: *A. M. Knoll,* Katholische Kirche und scholastisches Naturrecht, a. a. O.; *E.-W. Böckenförde,* Der deutsche Katholizismus im Jahre 1933. Eine kritische Betrachtung, in: Hochland 53 (1960/61) 215–239; *ders.,* Kirche und Politik, in: Der Staat, Bd. 5 (1966) 225–238.

[22] Vgl. etwa *F. Böckle* (Hrsg.), Das Naturrecht im Disput (Düsseldorf 1966); *J. David,* Das Naturrecht in Krise und Läuterung (Köln 1967); *E. W. Böckenförde – F. Böckle* (Hrsg.), Naturrecht in der Kritik (Mainz 1973).

[23] „Das naturhafte Gewissen (Synderesis) besorgt spontan die Umformung der Seinserkenntnis in die Sollenserkenntnis" (*A. F. Utz,* Sozialethik, I. Teil: Die Prinzipien der Gesellschaftslehre [Heidelberg – Löwen 1958] 67 ff., Zitat S. 68). Zur Methode der Naturrechtserkenntnis vgl. auch *J. Messner,* a. a. O. S. 67; *F. Klüber,* a. a. O. 16. – Auch die im übrigen naturrechtsfreundliche Arbeit von *H. D. Schelauske* zeigt, wie sehr das Problem einer intersubjektiv verbindlichen Naturrechtserkenntnis noch ungelöst ist. Vgl. insbesondere a. a. O. 306 ff.

[24] Vgl. vor allem *A. Schuetz,* Collected Papers I, The Problem of Social Reality (Den Haag 1962); *H. Garfinkel,* Aspects of the Problem of Common-Sense Knowledge of Social Structures, in: Transactions of the Fourth World Congress of Sociology, Bd. IV (1959) 51–65.

FÜNFTES KAPITEL: Kirchliche und außerkirchliche Religiosität

[1] Vgl. vor allem: *J. Matthes,* Bemerkungen zur Säkularisierungsthese in der neueren Religionssoziologie, in: Probleme der Religionssoziologie. Sonderheft 6 der Kölner Zeitschrift für Soziologie und Sozialpsychologie (Köln – Opladen 1962) 65–77; *ders.,* Religion und Gesellschaft. Einführung in die Religionssoziologie I (Reinbek bei Hamburg 1967) 74 ff.; *T. Rendtorff,* Zur Säkularisierungsproblematik. Über die Weiterentwicklung der Kirchensoziologie zur Religionssoziologie, in: Internat. Jahrbuch für Religionssoziologie, Bd. 2 (1966) 51–72.

[2] Jede dieser Bezeichnungen legt bereits eine bestimmte Interpretation des Sachverhalts nahe: Die beiden ersten Bezeichnungen entstammen dem evangelischen, die beiden letzten dem katholischen Sprachgebrauch. Offensichtlich fällt es von der evangelischen Tradition her leichter, Christentum und Kirche zu trennen! Eine gute Einführung in die Problematik gibt *T. Rendtorff,* Christentum außerhalb der Kirche. Konkretionen der Aufklärung (Hamburg 1969).

[3] Die nachfolgenden Ausführungen wurden zunächst als Arbeitspapier zu Händen der Sachkommission I (Glaubenssituation und Glaubensverkündigung) der Gemeinsamen Synode der Bistümer in der BRD formuliert. Das theologische Parallelpapier von *K. Rahner* („Kirchliche und außerkirchliche Religiosität") lag mir bereits im Entwurf vor, so daß auf es gelegentlich Bezug genommen wird. Es ist bis jetzt nicht veröffentlicht. Zum für Rahner zentralen Gedanken der transzendentalen

Gotteserfahrung vgl. *K. Rahner,* Bemerkungen zur Gotteslehre in der katholischen Dogmatik, in: Schriften zur Theologie, Bd. VIII (Einsiedeln 1967) 165–186; *ders.,* Atheismus und implizites Christentum, ebd. 187–212; *ders.,* Gotteserfahrung heute, in: a. a. O. Bd. IX (Einsiedeln 1970) 161–176.

[4] Diese Prämisse orientiert sich am allgemeinen Sprachgebrauch, in dem unser Problem zunächst formuliert ist. So erläuterte beispielsweise die Sachkommission I der Synode das Thema ‚Kirchliche und außerkirchliche Religiosität' durch den Zusatz: „Distanzierung von der Kirche als Institution". Rahners Frömmigkeitsbegriff – „persönlich frei angenommene Bezogenheit des Menschen auf Gott" – zeigt den Personbezug deutlich und unabhängig vom Kirchenbegriff. – Um Mißverständnissen vorzubeugen, sei betont, daß diese für die weiteren Erörterungen zentrale Setzung wieder eine ‚Wesensaussage' intendiert noch beliebig ist: Durch diese Interpretation der Begriffe – so wird hier behauptet – wird ein zentrales Problem der gegenwärtigen Religion (die eine bestimmte, historische Form des Christentums darstellt) artikulierbar. Wenn heute alltagssprachlich zwischen ‚Kirchlichkeit' und ‚Religiosität' unterschieden wird, so ist dies ein *Symptom* des Problems, das hier zu analysieren ist. Natürlich *kann* man die Begriffe anders setzen. Es wird jedoch behauptet, daß eine andere Setzung dem gemeinten Sinn der Polarität Religiosität–Kirchlichkeit widerspricht.

[5] Vgl. vor allem *A. Gehlen,* Nichtbewußte kulturanthropologische Kategorien, in: Zeitschrift für philosophische Forschung 4 (1950) H. 3, S. 321–346; *ders.,* Probleme einer soziologischen Handlungslehre (1952), in: *ders.:* Studien zur Anthropologie und Soziologie, Soziologische Texte, Bd. 17 (Neuwied – Berlin 1963) 196–231. – Das Buch ‚Urmensch und Spätkultur' (Bonn ¹1956) bringt gegenüber diesen früheren Entwürfen m. E. wenig zusätzliche Klärung. – Vgl. hierzu auch *H. Schelsky,* Zur soziologischen Theorie der Institution, in: *ders.* (Hrsg.), Zur Theorie der Institution (Düsseldorf 1970) 9–26, bes. 22 ff. Die Beiträge von *W.-D. Marsch* und *T. Rendtorff* im gleichen Band zeigen unterschiedliche Aspekte der Diskussion um den Institutionsbegriff im evangelischen Bereich. Im katholischen Bereich ist mir eine systematische Erörterung des Institutionsbegriffs nicht bekannt, doch fungiert hier die Kategorie noch quasi selbstverständlich, im Sinne einer ‚gestifteten Rechtsordnung'.

[6] In den deutschsprachigen systemtheoretischen Ansätzen wird der Sozialisationsaspekt noch wenig expliziert. Vgl. etwa *O. J. Harvey,* Motivation and Social Interaction (New York 1963). – Zur Sozialisationsproblematik vgl. insbesondere *J. Habermas,* Thesen zur Theorie der Sozialisation. Stichworte und Literatur zur Vorlesung im SS 1968 (Raubdruck): *P. L. Berger – Th. Luckmann,* Die gesellschaftliche Konstruktion der Wirklichkeit. Eine Theorie der Wissenssoziologie (Frankfurt a. M. 1969) 139 ff.

[7] Als bedeutendste Explikation dieses Standpunkts ist nach wie vor *É. Durkheims* „Les formes élémentaires de la parenté" (1912) zu bezeichnen. Wie *T. Parsons* (Art. ‚Émile Durkheim', in: International Encyclopedia of the Social Sciences, Bd. 4, 317 f.) vermerkt, hat Durkheim nie eine gründliche Analyse über den Ort der Religion in hochdifferenzierten Gesellschaften vorgelegt.

[8] Vgl. vor allem *Th. Luckmann,* Das Problem der Religion in der modernen Gesellschaft (Freiburg i. Br. 1963). – Die Gegenüberstellung der beiden Positionen verengt das Spektrum der religionssoziologischen Ansätze im Hinblick auf das hier in Frage stehende Argument. Für eine breitere Auffächerung vgl. oben 1.4. – Eine interessante Zwischenposition vertritt *H. Schelsky,* Ist die Dauerreflexion institutionali-

sierbar? Zum Thema einer modernen Religionssoziologie (1957), in: *ders.*, Auf der Suche nach Wirklichkeit (Düsseldorf – Köln 1965) 250–275; Schelskys Versuch, die Institutionentheorie zur Analyse der Probleme subjektivierter Religiosität anzuwenden, zeigt jedoch m. E. gerade die im folgenden zu erörternde Schwäche der Theorie auf.

[8a] Theoretische Überlegungen wie empirische Untersuchungen legen die Vermutung nahe, daß die *Familie* heute die zentrale Sozialisationsinstanz religiöser Wertorientierungen und Verhaltensweisen darstellt. Vgl. bes. *L. A. Vaskovics,* Familie und religiöse Sozialisation (Wien 1970); *J. Wössner,* Kirche – Familie – Sozialisation, in: *G. Wurzbacher* (Hrsg.), Die Familie als Sozialisationsfaktor (Stuttgart 1968) 308–352. Dieser Sachverhalt widerspricht unseren Überlegungen nicht, sondern erklärt aus dem Umkehrschluß, daß andere Sozialisationsinstanzen heute religiöse Sozialisation kaum leisten (können?), die gegenwärtige Gefährdung einer Tradierung des Christentums. Vgl. hierzu auch 6.3

[9] Nicht berücksichtigt ist in diesem Argument der Umstand, daß vom Christentum selbst bestimmte Impulse ausgingen, die Entstehung struktureller Differenzierung von Gesellschaft begünstigten. So etwa die prinzipielle Unterscheidung von geistlicher und weltlicher Gewalt, der antifamilialistische Zug in der Konstitution des Klerikerstandes, usw.

[10] *K. G. Rey* schließt aus dem Vorherrschen einer familienhaften Metaphorik zur Deutung der kirchlichen Sozialbeziehungen auf das Vorherrschen infantil geprägter Abhängigkeitsverhältnisse bei den Gläubigen und auf eine entsprechend paternalistische Haltung beim Klerus. Vgl. *K. G. Rey,* Pubertätserscheinungen in der katholischen Kirche (Zürich 1970).

[10a] Inzwischen ist ein erster Forschungsbericht erschienen: *G. Schmidtchen* (in Verbindung mit dem Institut für Demoskopie Allensbach), Zwischen Kirche und Gesellschaft. Forschungsbericht über die Umfragen zur Gemeinsamen Synode in der Bundesrepublik Deutschland (Freiburg i. Br. 1972).

[11] In der unregelmäßig erscheinenden Zeitschrift SYNODE (herausgegeben vom Sekretariat der gemeinsamen Synode der Bistümer in der BRD, München) wurde in Heft·2/1970 (19–26), Heft 1/1971 (31–48), Heft 4/1971 (7–26) eine Reihe wichtiger Ergebnisse der ‚Umfrage unter allen Katholiken‘ publiziert. Auf sie wird im folgenden Bezug genommen. Ich bediene mich dabei ausschließlich der Methode des *Rangvergleichs,* da eine Bezugnahme auf die absoluten Häufigkeiten sich angesichts der angewandten Methode verbietet.

[11a] Die faktorenanalytischen Untersuchungen *Schmidtchens* (vgl. a. a. O. S. 24 ff.) zeigen, daß die Sinnkomplexe a) und b) einerseits, die Sinnkomplexe c) und d) andererseits je einen deutlich trennbaren Faktor bilden; den Faktor (a + b) bezeichnet er als „gesellschaftlichen Auftrag (utilitaristische Funktion)", den Faktor (c + d) als „spirituellen Auftrag der Kirche". Sein Ergebnis: „Das Verhältnis zur Kirche wird im wesentlichen durch die spirituelle Orientierung bestimmt. Das Anliegen, die Kirche möge eine utilitarische Funktion erfüllen, hat nur wenig Einfluß auf die Einstellung zur Kirche" (30), weist in eine ähnliche Richtung wie unsere Überlegungen. Die Wahrnehmung von Kirche als gesellschaftlich akzeptierter ‚moralischer Organisation‘ vermag i. d. R. nicht eine für die persönliche Lebensführung relevante kirchliche Identifikation zu erzeugen; wo jedoch eine solche Identifikation vorhanden ist, wird die gesellschaftlich zugeschriebene Funktion von Kirche in noch stärkerem Maße bejaht.

[12] Vgl. SYNODE 2/1970, S. 22.

[13] Die Reaktion der Katholiken auf die Konflikte zwischen kirchlichen und gesellschaftlichen Wertorientierungen stehen im Zentrum der Untersuchungen *Schmidtchens*. Vgl. a. a. O., S. 56 ff., sowie meine Besprechung: *F. X. Kaufmann*, Zwischen Kirche und Meinungsforschung – Zum Forschungsbericht über die Synodenumfragen, in: Herder-Korrespondenz 26 (1972) H. 10, 505–509, bes. 507 f.

[14] *A. Gehlen*, Das Ende der Persönlichkeit?, in: Studien zur Anthropologie und Soziologie, a. a. O. 338.

[14a] Die Untersuchungen *Schmidtchens* weisen überzeugend nach, daß regelmäßige Kirchenbesucher die Konflikte zwischen kirchlichen und gesellschaftlichen Wertorientierungen leichter ertragen als Personen mit geringer kirchlicher Praxis. Vgl. a. a. O. 73 ff.

[15] Den hier gemeinten Tatbestand verdeutlichen Experimente von *S. Schachter* und *J. S. Singer:* Versuchspersonen, bei denen durch Adrenalingaben eine Sympathikusaktivation hervorgerufen wurde, konnten ohne Schwierigkeiten in den Zustand der Euphorie, des Ärgers oder der Vergnügtheit versetzt werden, wenn sie um den Grund der Erregung nicht wußten. Wurde ihnen der Erregungszustand jedoch als durch das Adrenalin bewirkt erklärt, war die Ansteckungsbereitschaft kaum vorhanden. Vgl. zum Gesamten *O. Ewert*, Gefühle und Stimmungen, in: Handbuch der Psychologie, Bd. 2 (Göttingen 1965) 229–271.

[16] *D. Claessens*, Instinkt, Psyche, Geltung. Bestimmungsfaktoren menschlichen Verhaltens. Eine soziologische Anthropologie (Köln – Opladen 1968) 145.

[17] In Deutschland ist dieser Grundgedanke der neueren Systemtheorie vor allem von Niklas Luhmann formuliert und in seiner Anwendung auf soziologische Problemstellungen verbreitet worden. Vgl. zur Einführung *N. Luhmann*, Soziologische Aufklärung. Aufsätze zur Theorie sozialer Systeme (Köln – Opladen 1970).

[18] *N. Luhmann*, Die Organisierbarkeit von Religionen und Kirchen, in: *J. Wössner* (Hrsg.), Religion im Umbruch (Stuttgart 1972) 245–285.

[19] Näheres hierzu siehe *F.-X. Kaufmann*, Sicherheit als soziologisches und sozialpolitisches Problem. Untersuchungen zu einer Wertidee hochdifferenzierter Gesellschaften (Stuttgart 1970) bes. 299 ff.

[20] Vgl. vor allem *A. Gehlen*, Nichtbewußte Kulturanthropologische Kategorien, a. a. O., sowie *M. Eliade*, Kosmos und Geschichte. Der Mythos der ewigen Wiederkehr. rde 260 (Reinbek b. Hamburg 1966).

[21] *H. R. Schlette*, Einführung in das Studium der Religionen (Freiburg i. Br. 1971)

[22] Vgl. hierzu *Schlette*, a. a. O. 151 ff.   [165.

SECHSTES KAPITEL: Reformierbarkeit kirchlicher Strukturen

[1] *J. Ratzinger*, Art. ‚Kirche‘, in: Lexikon für Theologie und Kirche, Bd. 6 (Freiburg i. Br. ²1961) Sp. 172 f.

[2] *G. May*, Art. ‚Kirchenrecht‘, in: Sacramentum Mundi, Bd. II (Freiburg i. Br. 1968) Sp. 1248.

[3] „Die Periode des Tiefstandes der kirchlichen Rechtswissenschaft im vergangenen Jahrhundert, in dem die Verwirrung und Vielfalt verschiedenster Systeme vor allem der Darstellung herrschten … fand ihr Ende mit der Herausgabe des einheitlichen kirchlichen Rechtsbuches, das allerdings bis heute keine neue Blütezeit der Kanoni-

stik heraufführte, die eher mehr oder weniger in der rein praktischen Exegese stecken geblieben ist" (*A. M. Sticker*, Art. ‚Kirchenrechtsgeschichte', in: Sacramentum Mundi, a. a. O. Sp. 1255). *G. May* (a. a. O. Sp. 1248) glaubt neben der „überwiegend... praktischen Exegese" auch ein tieferes Eindringen in die Rechtsgrundsätze und ein Erfassen der „inneren Zusammenhänge zwischen den Normen" feststellen zu können. Darin manifestiert sich jedoch eine ausschließlich juristisch und nicht theologisch fundierte Vorstellung kanonistischen Fortschritts. Obwohl die Kanonistik „von verschiedenen theologischen Disziplinen, namentlich der Dogmatik, ihre Grundlagen erhält" (ebd., Sp. 1249), scheint die katholische Kanonistik den Fortentwicklungen der dogmatischen Ekklesiologie nicht eben aufgeschlossen gegenüberzustehen. Vgl. z. B. die periodischen Berichterstattungen über das II. Vatikanum von *H. Barion*, in: Der Staat, Bd. 3 (1964) ff.

[4] Auf diesen Bruch hat *B. Welte* bereits 1953/54 aufmerksam gemacht. Vgl. Zum Strukturwandel der katholischen Theologie im 19. Jahrhundert, abgedr. in: *ders.*, Auf der Spur des Ewigen. Philosophische Abhandlungen über verschiedene Gegenstände der Religion und der Theologie (Freiburg i. Br. 1965) 380–409.

[5] *Y. Congar*, Heilige Kirche. Ekklesiologische Studien und Annäherungen (Stuttgart 1966) 22.

[6] Ebd. 38. – Zur Kritik an der impliziten soziologischen Kategorialität der Enzyklika vgl. auch *K. Rahner*, Die Gesellschaft in der Kirche nach der Lehre der Enzyklika Pius' XII. ‚Mystici Corporis Christi', in: Schriften zur Theologie, Bd. II (Einsiedeln [7]1965) 7–95.

[7] Vgl. vor allem *H. de Lubac*, Catholicisme (Paris 1938); *ders.*, Die Kirche – Eine Betrachtung (Einsiedeln 1968) (franz., Paris 1953). – *Y. Congar*, a. a. O.; *H. Küng*, Die Kirche (Freiburg i. Br. 1967) (Kurzfassung u. d. T. ‚Was ist Kirche?' ebd. 1970).

[8] Vgl. die Bibliographie (bis 1968) in Sacramentum Mundi, a. a. O. Sp. 1155–1157, sowie das starke Echo auf das Buch von Hans Küng, teilweise zusammengefaßt in: *H. Häring – J. Nolte* (Hrsg.), Diskussion um Hans Küng ‚Die Kirche' (Freiburg i. Br. 1971).

[9] Vgl. hierzu vor allem *T. Rendtorff*, Kirche und Theologie. Die systematische Funktion des Kirchenbegriffs in der neueren Theologie (Gütersloh 1966).

[10] Eine sehr anspruchsvolle Formulierung dieses Problems aus gesellschaftstheoretischer Perspektive gibt *N. Luhmann*, Religiöse Dogmatik und gesellschaftliche Entwicklung, in: *K. W. Dahm, N. Luhmann, D. Stoodt*, Religion – System und Sozialisation (Darmstadt – Neuwied 1972) 15–132.

[11] Ähnlich bereits *T. Rendtorff*, a. a. O. 13 ff., mit Bezug auf die evangelische Theologie.

[12] Vgl. hierzu: Dogmatische Konstitution über die Offenbarung, in: *K. Rahner – H. Vorgrimler*, Kleines Konzilskompendium (Freiburg i. Br. 1966) 367–382, sowie die Erläuterungen 361–366.

[13] Vgl. *H. Küng*, Unfehlbar? – Eine Anfrage, Freiburg i. Br. 1970, sowie *ders.*, Die Kirche des Evangeliums, in: *Häring – Nolte* (Hrsg.), a. a. O. 175–221, Zitate 217.

[13a] Eine Aufarbeitung dieser Problematik versucht z. Z. ein Gemeinschaftsprojekt evangelischer und katholischer ökumenischer Universitätsinstitute. Vgl. *P. Lengsfeld, M. Raske* et al., Zur Krise des kirchlichen Amtes in der Kirche. Eine Untersuchung des katholisch-ökumenischen Instituts der Universität Münster. Unveröffentlichtes Manuskript (1972).

[14] *W. Siebel*, Freiheit und Herrschaftsstruktur in der Kirche (Berlin 1971) 78.

[15] *K. Rahner,* Freiheit und Manipulation in Gesellschaft und Kirche (München 1970) 50, zit. *Siebel,* a. a. O. 75.

[16] Einen guten Überblick über die vorreformatorische Periode gibt *W. Ullmann,* The growth of papal government in the Middle Ages. A Study in the ideological relation of clerical to lay power (London [2]1962).

[17] Den hier vollzogenen Wandel seit dem II. Vatikanum sieht *Siebel* wie folgt: „Wurden die Theologen früher meist überhaupt nicht gehört, so muß ihnen heute Gelegenheit zur Stellungnahme gegeben werden. Diese für einen Strafprozeß ... höchst einleuchtende Regelung ändert den kirchlichen Vorgang der primär von der Zensur her zu sehen ist, tendenziell erheblich um. Denn die Erkundung dessen, was der Verfasser eigentlich gemeint hat, tritt stärker in den Vordergrund, und die Frage, ob die vertretenen Thesen eine Gefahr für die Ausbreitung der Wahrheit darstellen, Unruhe und Unsicherheit bei den Gläubigen schaffen, rückt auf den dritten Rang" (a. a. O. 78 f.). De facto scheint allerdings auch heute das Opportunitätsprinzip bei der Entscheidung zu dominieren. Geändert wurde der Stil des Verfahrens im Sinne heute gesellschaftlich verbreiteter Formen der Konfliktaustragung. Offensichtlich verträgt sich solch modifizierter Herrschaftsstil allerdings nicht mit Siebels Herrschaftsvorstellungen.

[18] Vgl. hierzu die Verfahrensvorschläge von 40 der Zeitschrift ,Concilium' nahestehenden Theologen, veröffentlicht in der FAZ vom 17. 12. 1968. Charakteristischerweise wird hier das Opportunitätsprinzip zwar nicht negiert, aber dem Prinzip der rationalen Prüfung und öffentlichen Begründung (als Prinzipien der wissenschaftlichen Kommunikation) untergeordnet. *N. Luhmann* wirft (a. a. O., Abschnitt IX) die bedenkenswerte Frage auf, ob im Zuge zunehmender funktionaler Ausdifferenzierung gesellschaftlicher Teilbereiche und der damit einhergehenden Spezialisierung generalisierter Kommunikationsmedien nicht auch die Religion eines spezifischen Kommunikationsmediums bedürfe. Im Unterschied zu ,Wahrheit' (als dem für den Teilbereich Wissenschaft charakteristischen Kommunikationsmedium) bezeichnet er dieses als ,Glaube'. Wenn die für Religion charakteristische Kommunikation sich als ,Glaube' zu realisieren hätte (ein auch theologisch keineswegs abwegiger Gedanke), ist zu fragen, ob nicht die Standards administrativ eingeschätzter Opportunität und die Standards wissenschaftlicher Wahrheitsfindung am eigentlich religiösen Problem vorbeigehen.

[19] Eine gute Einführung in die hier nur anzudeutende Problematik gibt die Aufsatzsammlung von *J. Habermas,* Technik und Wissenschaft als ,Ideologie' (Frankfurt a. M. 1968); vgl. auch *ders.,* Theorie und Praxis, Einleitung zur 4. Auflage (Taschenbuchausgabe Frankfurt a. M. [1]1971) 9–47.

[20] In die Religionssoziologie wurde dieses Thema übrigens bereits 1957 von *H. Schelsky* eingebracht: Ist der Dauerreflexion institutionalisierbar? Zum Thema einer modernen Religionssoziologie. Abgedruckt in: *ders.,* Auf der Suche nach Wirklichkeit (Düsseldorf – Köln 1965) 250–275.

[20a] Wie oben (vgl. 5.4) gezeigt wurde, richten sich die heute dominierenden Erwartungen an die Kirche allerdings auf ihre gesellschaftliche Funktion. Demgegenüber gehen wir hier von einer (angenommenen) kirchenimmanenten Problemstellung aus.

[21] In der katholischen Wochenzeitung ,PUBLIK' (vom 21. 5. 1971, S. 137), deren Gründung, ungenügende Unterstützung und Einstellung durch die verantwortlichen Gremien der Deutschen Bischofskonferenz mir ein Paradebeispiel ungenügender Problemlösungskapazität der Kirche zu sein scheint, hat Oswald von *Nell-Breu-*

ning über das Zustandekommen der Enzyklika ‚Quadragesimo anno‘ berichtet und darauf hingewiesen, in welch fahrlässig hohem Maße die Ausarbeitung der Enzyklika bis hin zur Endredaktion auf seiner Person ruhte. In gewissem Maße scheint jedoch das Vertrauen auf kompetente Personen (als traditionales Prinzip der Kirchenleitung) noch rationaler als das Vertrauen auf nicht nach der besonderen Sachkompetenz zusammengesetzte Gremien von Klerikern und Laienhonoratioren, wie man es in neuerer Zeit des öfteren in der Kirche beobachten kann.

[22] Die wenigen organisationssoziologischen Arbeiten über ‚Kirche‘ entstammen bezeichnenderweise ausschließlich dem evangelischen Raum: *G. Bormann*, Theorie und Praxis kirchlicher Organisation. Ein Beitrag zum Problem der Rückständigkeit sozialer Gruppen (Köln 1970); *Y. Spiegel*, Kirche als bürokratische Organisation (München 1969). – Zu den Grenzen organisatorischer Lösungen kirchlicher Probleme vgl. *N. Luhmann*, Die Organisierbarkeit von Religionen und Kirchen, in: *J. Wössner* (Hrsg.), Religion im Umbruch (Stuttgart 1972) 245–275.

[23] Zur Problematik religiöser Sozialisation vgl. vor allem *L. Vaskovics*, Religion und Familie – Soziologische Problemstellung und Hypothesen, in: *J. Wössner* (Hrsg.), a. a. O. 328–352; *L. Hoffmann*, Imperiale Vereinnahmung oder kenotischer Dienst. Über Ziele und Methoden einer zeitgerechten Kinderarbeit in den Gemeinden, in: *ders.*, Auswege aus der Sackgasse (München 1971) 185–224.

[24] *P. L. Berger*, Zur Soziologie kognitiver Minderheiten, in: Internationale DIALOG Zeitschrift 2 (1969), H. 2, 127–132, Zitat 131 f.

[25] *Nell-Breuning*, a. a. O. (vgl. Anm. 21) 14.

[26] *Berger*, a. a. O. 131.

[27] Den Begriff der ‚anonymen Sinnwelt‘ verdanke ich einem noch unveröffentlichten Manuskript von *L. Hoffmann*, Der Wirklichkeitsverlust des Glaubens in der modernen Gesellschaft (Bielefeld 1972), in welchem eine Reihe der zuerst von *Th. Luckmann* (Das Problem der Religion in der modernen Gesellschaft. Institution, Person und Weltanschauung [Freiburg i. Br. 1963]) formulierten Beobachtungen und Hypothesen präzisiert werden. – Bei Luckmann wie bei Hoffmann bleibt die Frage offen, inwieweit wir es hier mit einem spezifischen Problem der vom Liberalismus und Privatkapitalismus geprägten westlichen Industriegesellschaften zu tun haben. Die gegenwärtige neomarxistische Gesellschaftskritik will das offensichtlich glaubhaft machen. Aus strukturellen Gründen wie auch auf Grund der fragmentarischen Berichte aus sozialistischen Ländern scheint es jedoch unwahrscheinlich, daß dort die Etablierung einer – sozialistischen – ‚symbolischen Sinnwelt‘ gelingt, die den ‚Sinn von Gesellschaft‘ mit dem subjektiven Lebenssinn in allgemein akzeptierter Weise zu verbinden vermöchte.

[27a] Damit soll die Möglichkeit einer erneuten gesellschaftlichen Relevanz des Christentums – etwa im Zusammenhang mit der wachsenden Kritik einer bloß leistungsorientierten instrumentellen Vernunft – nicht verneint werden. Diese Möglichkeit erörtert neuerdings *J. Wössner*, Religion als soziales Phänomen – Beiträge zu einer religionssoziologischen Theorie, in: *ders.* (Hrsg.), a. a. O., 16–46.

[28] Vgl. vor allem: *K. Rahner*, Demokratie in der Kirche, in: Stimmen der Zeit 97 (1968) H. 7. – *H. Hoefnagels*, Demokratisierung der kirchlichen Autorität (Wien 1969). – Demokratisierung der Kirche in der Bundesrepublik Deutschland. Ein Memorandum deutscher Katholiken. Herausgegeben vom Bensberger Kreis (Mainz 1970); *J. Ratzinger – H. Maier*, Demokratie in der Kirche – Möglichkeiten, Grenzen, Gefahren (Limburg 1970); *H.-J. Salz*, Willensbildung in den Kirchen. Ein Ver-

gleich zwischen evangelischen und katholischen Synoden unter Berücksichtigung des Demokratisierungsproblems. Diss. Univ. Münster 1971. – Disput zum Thema Demokratisierung der Kirche, in: Herder-Korrespondenz 26 (1972) H. 1, S. 30–36.

[29] Wie die Ausführungen dieses Kapitels zeigen sollen, bringt eine Definition des Begriffs ‚Kirche' das Denken von Kirche nicht weiter, sondern nur das Ansprechen verschiedener Dimensionen des komplexen Phänomens. Dasselbe gilt von den Worten ‚Staat' und ‚Gesellschaft', die hier nur als Abbreviaturen komplexer Assoziationszusammenhänge eingeführt werden können. Daß die Assoziationszusammenhänge sich überschneiden (aus einer bestimmten Perspektive umfaßt ‚Gesellschaft' auch ‚Kirche', nicht jedoch ‚Staat', aus einer anderen ‚Staat' und ‚Kirche', aus einer dritten erscheint ‚Gesellschaft' als Restkategorie nach Bestimmung von ‚Staat' und ‚Kirche'), ist dem Autor bewußt, doch würde eine diskursive Erörterung der hierbei anzusprechenden Probleme vermutlich in Grundlagenprobleme der soziologischen Makrotheorie führen müssen.

[29a] Die verschiedenen Ebenen dieser Problematik macht die kürzlich erschienene Aufsatzsammlung von *Hans Maier*, Kirche und Gesellschaft (München 1972), deutlich.

[30] Deshalb eignet sich ‚Demokratisierung' auch nicht als analytischer Begriff; das Wort wird deshalb in der folgenden Analyse weitgehend vermieden. Vielmehr wird versucht, den Problemzusammenhang zu analysieren, in dem die politische Kategorie steht.

[31] Vgl. für viele andere *E. R. Wiehn*, Katholizismus und Liberalismus im Konflikt (Tübingen 1972).

[32] Diese in der Religionssoziologie neuerdings häufig vertretene These stützt sich vor allem auf bereits ältere Untersuchungen evangelischer Kirchengemeinden: *J. Freytag*, Die Kirchengemeinde in soziologischer Sicht. Ziel und Weg empirischer Forschungen (Hamburg 1959). – *R. Köster*, Die Kirchentreuen. Erfahrungen und Ergebnisse einer soziologischen Untersuchung in einer großstädtischen evangelischen Kirchengemeinde, Stuttgart 1959. – Im übrigen stützt sich die These jedoch vorwiegend auf theoretische Überlegungen (vgl. etwa *P. Berger*, a.a.O., und *Th. Luckmann*, a.a.O. 53ff.) sowie auf Beobachtungen von Einzelfällen, etwa aus der psychiatrischen Praxis. Die These hat eine gewisse Plausibilität für sich und paßt gut zum herrschenden Bewußtsein. Als im strengen Sinne bewiesen kann sie jedoch nicht gelten; es ist zu hoffen, daß bezüglich des Katholizismus in Deutschland das Material der Synoden-Umfragen des Instituts für Demoskopie in Allensbach zusätzliche Hinweise gibt. Die bisher veröffentlichten Daten (vgl. vor allem SYNODE, Nr. 4/1971, 25–44) lassen hinsichtlich derjenigen, die auf die Frage „Arbeiten Sie aktiv in der Kirche oder einer kirchlichen Organisation mit?" mit „Ja" antworteten, nichts erkennen, was auf eine besondere Marginalität dieser Gruppe hindeuten würde. – Zu den heute verbreiteten Vorstellungen über ‚Kirche' vgl. *O. Massing*, Die Kirchen und ihr ‚image'. Materialien und Meinungsprofile zu ihrer Situation in der Bundesrepublik, in: Die sogenannte Politisierung der Kirche (Hamburg 1968) 39–96.

[33] Ein zusätzliches Problem resultiert aus der unterschiedlichen Interpretierbarkeit derartiger Sachverhalte: Psychologisch und/oder soziologisch interpretierbare Faktoren können auch theologisch interpretiert werden: die Sprachbarriere zwischen Priestern bürgerlicher Herkunft und Arbeitern oder neurotische Bigotterie als ‚menschliche Schwäche', Ich-Schwäche als ‚Demut' oder ‚Gehorsam' usw. So kön-

nen auch die hier skizzierten Phänomene theologisch interpretiert (und legitimiert!) werden: als ‚Entkirchlichung‘, ‚Säkularisierung‘, ‚Kleine Herde‘ usw. Interessanterweise kommt dagegen der Begriff der ‚Kirche der Armen‘, der für die zu erwartenden sektenmäßigen Entwicklungen gar nicht so fehl am Platz wäre, aus dem Begriffsarsenal der ‚Progressiven!‘.

[34] *W. Kasper,* Zum Problem der Rechtgläubigkeit in der Kirche von morgen, in: *F. Haarsma, W. Kasper, F. X. Kaufmann,* Lehre der Kirche – Skepsis der Gläubigen (Freiburg i. Br. 1970) 37–96, Zitat S. 79.

[35] Weiterführende Gedanken zu diesem Problemkomplex bei *N. Luhmann,* Die Organisierbarkeit von Kirchen und Religionen, a. a. O., bes. 277 ff. In diesem Zusammenhang müßte wohl noch deutlicher, als dies bei Luhmann geschieht, das Problem der Glaubensvermittlung mitreflektiert werden. In hochdifferenzierten Gesellschaften, in denen Kirche und der durch sie konstituierte Sinnhorizont wiederum partikulär geworden sind, kommt der Glaubensvermittlung innerhalb *freiwilliger Gruppen* (also einer spezifischen Art ‚einfacher Sozialsysteme‘ i. S. Luhmanns) wachsende Bedeutung zu. Die spezifischen Möglichkeiten der Erhöhung struktureller Variabilität aus dem Zusammenspiel (und Konflikt) von Kirchenorganisation und freiwilligen Gruppen harren noch der Analyse.

[36] Hierauf macht zu Recht *E. Feil* in seinem Beitrag „Hermeneutische und ekklesiologische Gesichtspunkte“ im ‚Disput zum Thema Demokratisierung in der Kirche‘ aufmerksam: „Die Forderung einer ‚Demokratisierung der Kirche‘ kann von einer systematischen Ekklesiologie weder definitiv abgelehnt noch definitiv begründet werden ... Der Rekurs auf das Neue Testament hat demnach initiierende und kritische, aber nicht adäquat legitimierende Funktion; die neutestamentliche Vergewisserung kann und muß Impulse stärken, die sich aus der gegenwärtigen Situation der Kirche ergeben und in ihr fruchtbar gemacht werden müssen“ (a. a. O. [Anm. 28] S. 35).

[37] Vgl. etwa die Erklärung von *J.-P. Audet* und 32 weiteren Theologen ‚Wider die Resignation in der Kirche‘ (veröffentlicht in ‚Publik-Forum‘ Nr. 3 vom 24. 3. 1972), in der soziale Mißstände in der Kirche diagnostiziert und pragmatische Verhaltensempfehlungen ohne den Versuch einer theologischen Handlungslegitimation, jedoch im Horizont eines bestimmten ekklesiologischen Verständnisses, formuliert werden.

[38] Vgl. etwa die m. E. theologisch naiven Rezeptionsversuche der ‚kritischen Theorie‘ bei *H.-G. Geyer* und *H.-N. Jankowski* in dem zusammen mit *A. Schmidt* herausgegebenen Band ‚Theologie und Soziologie‘ (Stuttgart 1970). Eine angemessenere Auseinandersetzung mit sozialwissenschaftlichen Einsichten leisten dagegen m. E. *W. Kasper,* Zum Problem der Rechtgläubigkeit in der Kirche von morgen, a. a. O., und *K. Lehmann,* Die ‚politische Theologie‘: Theologische Legitimation und gegenwärtige Aporie, in: *H. Peukert* (Hrsg.), Diskussion zur ‚politischen Theologie‘ (Mainz – München 1969) 185–216.

Veröffentlichungshinweise

Kapitel 1:
Überarbeitete Fassung von ‚Fragen der Soziologie an die christliche Theologie', in: Bilanz der Theologie im 20. Jahrhundert, Band 1. Herausgegeben von Herbert Vorgrimler und Robert Vander Gucht, Verlag Herder, Freiburg – Basel – Wien 1969.

Kapitel 2:
Wenig veränderter Neudruck von ‚Zur Rezeption soziologischer Einsichten in die Theologie – Soziologische Anmerkungen', in: F. Haarsma – W. Kasper – F. X. Kaufmann, Lehre der Kirche – Skepsis der Gläubigen. Verlag Herder, Freiburg – Basel – Wien 1970.

Kapitel 3:
Überarbeitete Fassung von Thesen, die auf dem internationalen Moraltheologenkongreß der Dominikaner in Walberberg am 12. 3. 1969 vorgetragen wurden. Sie wurden – zusammen mit einem Korreferat von J.-M. Pohier – veröffentlicht in: Supplément de la Vie Spirituelle, numéro 90, Les Editions du Cerf, Paris, Sept. 1969 (französische Fassung) und in: Vita Sociale, Anno XXVI, No. 3, Pistoia 1969 (italienische Fassung); deutsche Fassung bisher nicht veröffentlicht.

Kapitel 4:
Überarbeitete Kurzfassung von: Wissenssoziologische Überlegungen zu Renaissance und Niedergang des katholischen Naturrechtsdenkens im 19. und 20. Jahrhundert, in: E. W. Böckenförde – F. Böckle (Hrsg.), Naturrecht in der Kritik, Matthias-Grünewald-Verlag, Mainz 1973.

Kapitel 5:
Bisher nicht veröffentlicht.

Kapitel 6:
Teile von 6.4 bereits veröffentlicht in: Herder Korrespondenz, 26. Jg. (197–, Heft 1, im übrigen unveröffentlicht.

Sachregister

Personenregister

(Auf den kursiv gedruckten Seiten befinden sich die bibliographischen Angaben der zitierten Literatur)

Zwischen Kirche und Gesellschaft

Forschungsbericht über die Umfragen zur Gemeinsamen Synode der Bistümer in der Bundesrepublik Deutschland.
Von Professor Dr. Gerhard Schmidtchen, Ordinarius für Sozialpsychologie und Soziologie an der Universität Zürich. In Verbindung mit dem Institut für Demoskopie Allensbach. Herausgegeben im Auftrag des Sekretariates der Gemeinsamen Synode der Bistümer in der BRD.

Diese Untersuchung der Umfrage zur Gemeinsamen Synode der Bistümer in der BRD – des größten religionssoziologischen Projektes, das bisher auf der Welt durchgeführt wurde – liefert eine Fülle von Informationen, die ohne Beispiel ist.

Hier wird nach modernen Auswertungstechniken – verdeutlicht durch 38 Schaubilder und 90 Tabellen – eine Situationsanalyse geboten, die auf subtile Weise das Verhältnis der Katholiken zur Kirche dokumentiert. Ein einmaliger Report, der nicht nur für die Synode, sondern gleichermaßen für die gesamte kirchliche Arbeit von grundsätzlicher Bedeutung ist.

So spricht Kardinal Döpfner in seinem Vorwort zu diesem Band von vielen, höchst bedeutsamen Befunden für die pastorale Planung, wie auch von theologischen, pastoralsoziologischen und pastoral-praktischen Auswertungsmöglichkeiten.

304 Seiten, kart. lam., ISBN 3-451-16591-0

Verlag Herder Freiburg · Basel · Wien

Befragte Katholiken –
Zur Zukunft von Glaube und Kirche

Herausgegeben von Prof. Dr. Karl Forster

Beachtliche Resonanz hat der Forschungsbericht über die Umfrage zur Gemeinsamen Synode der Bistümer in der BRD „Zwischen Kirche und Gesellschaft" gefunden. Das immense Datenmaterial dieser bisher einmaligen religionssoziologischen Erhebung erfordert eine Auswertung für Theologie und pastorale Praxis. Das ist das Ziel des von Prof. Forster herausgegebenen Kommentarbandes, in dem namhafte Theologen, Soziologen und Autoren, die mit praktischen und publizistischen Fragen der Kirche vertraut sind, erste, aus dem Forschungsbericht ableitbare Antworten zu drängenden Fragen um Situation und Zukunft von Glaube und Kirche geben. Eine Lesehilfe zum Forschungsbericht, die der Umsetzung in die Praxis dient, zugleich ein in sich stehendes Sammelwerk zu wesentlichen Aspekten der Umfrageergebnisse.

ca. 208 Seiten, kart. lam., ISBN 3-451-16744-1

Verlag Herder Freiburg · Basel · Wien